EL LECTOR Y LA OBRA

BIBLIOTECA ROMÁNICA HISPÁNICA

Dirigida por Dámaso Alonso

II. ESTUDIOS Y ENSAYOS, 368

LUIS A. ACOSTA GÓMEZ

EL LECTOR Y LA OBRA

TEORÍA DE LA RECEPCIÓN LITERARIA

BIBLIOTECA ROMÁNICA HISPÁNICA

EDITORIAL GREDOS

MADRID

EDITORIAL GREDOS, S. A.

Sánchez Pacheco, 81, Madrid. España.

Depósito Legal: M. 25366-1989.

ISBN 84-249-1394-9.

Impreso en España. Printed in Spain.

Gráficas Cóndor, S. A., Sánchez Pacheco, 81, Madrid, 1989. — 6264.

A ellas dos, esposa e hija

NOTA PRELIMINAR

En esta obra se afirma que las aportaciones de la teoría y estética de la recepción a la crítica literaria pueden muy bien parangonarse a las conseguidas por corrientes como, por ejemplo, el estructuralismo, el «New Criticism» o la «nouvelle critique». En efecto, desde la irrupción programática que supuso la lección inaugural que pronunciara Jauss en la Universidad de Constanza en 1967 hasta hoy, han pasado más de dos decenios, a lo largo de los cuales ha tenido lugar una eclosión bibliográfica tanto de trabajos sobre principios teóricos y procedimientos metodológicos como de estudios prácticos de recepción; sobre todo y de una manera muy especial en el ámbito de la crítica literaria alemana.

A pesar de todo, el recepcionismo no ha sido conocido ni dado a conocer en toda su amplitud en la crítica española, salvo contadas y honrosas excepciones (Gumbrecht y otros, *La actual ciencia literaria alemana,* Mayoral (comp.), *Estética de la recepción,* etc.), de las que se da aquí cuenta en la bibliografía, la mayor parte de las cuales son traducciones de algunos de los trabajos más representativos de Jauss, Iser, Stierle y otros.

Menos conocido parece ser el proceso de constitución de la teoría de la recepción, que comienza a producirse antes de los primeros trabajos programáticos. Un proceso a través del cual se ha ido estableciendo una serie de principios fundamentales, muchos de los cuales no se entienden si no se observan sus raíces en algunos de los fundamentos teóricos de la hermenéutica, la sociología de la literatura, la fenomenología, el estructuralismo de Praga o la pragmática.

La obra que aquí se ofrece pretende iniciar la tarea de cubrir la laguna mencionada en una doble vertiente: colaborar en el conocimiento del recepcionismo o teoría de la recepción como movimiento crítico en el ámbito de los estudios literarios españoles y analizar, para ello, el proceso que constituyen sus antecedentes, establecimiento y desarrollo tanto en el aspecto teórico como metodológico, fijando la atención en lo que considero las tres formas de manifestación más importantes: la historia de la recepción, la recepción efectual y la recepción empírica.

No quisiera concluir sin manifestar aquí mi agradecimiento por la ayuda que significó para la elaboración de este trabajo, especialmente en lo referido a la recogida de materiales, la beca que me concedió la Fundación Alexander von Humboldt, que hizo posible una estancia prolongada en la Universidad de Bonn; igualmente a esta Universidad por las facilidades que me ofreció para mi trabajo, de manera especial el Profesor P. Pütz.

                                                            Sevilla, otoño de 1987.

INTRODUCCIÓN

Dentro de la crítica literaria no es infrecuente encontrarse con trabajos que tratan de la manera como la obra de un determinado autor ha sido acogida a lo largo de su historia, partiendo del tiempo en que fue producida, hasta llegar, como norma más generalizada, al momento de la vida del crítico o historiador que se ocupa de ella.

Estos estudios consisten fundamentalmente en describir el grado de aceptación de la obra, teniendo en cuenta como unidades de tiempo, bien los períodos de mayor reconocimiento, bien los de menor aceptación o rechazo, o simplemente aquellos de desconocimiento u olvido.

Se trata de trabajos críticos que pueden ser realizados en espacios y medios históricos y culturales distintos; así son los casos de los que se ocupan de la historia de la acogida de las obras de un autor inglés o de un autor alemán dentro del espacio histórico-literario español, de las obras de un autor alemán en su propio país, o de las de un autor español en el suyo en un momento del devenir histórico, etc., sin con ello agotar todas las posibilidades de transmisión a que podría hacerse referencia aquí. En ellos se habla con relativa frecuencia de la poca suerte o del limitado favor del público lector de que tal o cual autor disfrutó todavía en vida; de cómo tuvieron que pasar años, decenios e incluso períodos más dilatados de tiempo hasta que su obra pudo contar con un cierto reconocimiento; del éxito inmediato y duradero de una obra, conseguido ya en la vida del autor, o de las múltiples vicisitudes, en fin, por las que la misma hubo de pasar a lo largo de su historia.

Estos trabajos pueden ocuparse también de las influencias de determinadas obras en autores que han escrito más tarde o en corrientes de estilo literario surgidas en épocas posteriores. Hay casos en que se considera y analiza también la historia de las diferentes manifestaciones críticas e interpretaciones que se han realizado sobre un texto literario o un autor, y que en múltiples ocasiones han fijado de antemano el grado de aceptación conseguido en un momento posterior.

Los ejemplos que de este tipo de estudios podrían aducirse son muy numerosos. Como ilustrativos muy bien pueden servir aquí títulos del estilo de *Goethe en China, El Cantar de los Nibelungos en Alemania, Ibsen en Alemania, La recepción de García Lorca en Alemania, Homero en la literatura alemana, La recepción de Heine en Thomas Mann, Werther y su época, Schiller y la época actual,* «El estilo de Lessing. Recepción de una crítica clásica». «Böll en Reutlingen. Un estudio demoscópico» [1].

Ya a partir de los títulos de estos estudios puede observarse la presencia de una peculiaridad común: se trate de Goethe en China, del *Cantar de los Nibelungos* en Alemania, de Heine en Thomas

---

[1] Vid. W. Bauer, «Goethe in China. Verständnis und Missverständnis», H. Reiss (ed.), *Goethe und die Tradition,* Frankfurt am Main, 1972, págs. 177-197. O. Ehrismann, *Das Nibelungenlied in Deutschland. Studien zur Rezeption des Nibelungenlieds von der Mitte des 18. Jh.s bis zum Ersten Weltkrieg,* Munich, 1975. D. E. R. George, *Henrik Ibsen in Deutschland. Rezeption und Revision,* Göttingen, 1968. J. Gorman, *The Reception of Federico García Lorca in Germany,* Göppingen, 1973. T. Bleicher, *Homer in der deutschen Literatur (1450-1740). Zur Rezeption der Antike und zur Poetologie der Neuzeit,* Stuttgart, 1972. W. Hansen, *Thomas Manns Heine-Rezeption,* Hamburg, 1975. J. W. Appel, *Werther und seine Zeit. Zur Goethe-Literatur,* Leipzig, 1855. C. Enders, *Schiller und die Gegenwart,* Wuppertal, 1948. G. Grimm, «Lessings Stil. Zur Rezeption eines Kanonischen Urteils», G. Grimm (ed.), *Literatur und Leser. Theorien und Modelle zur Rezeption literarischer Werke,* Stuttgart, 1975, págs. 148-180. Arbeitsgruppe. «Böll in Reutlingen. Eine demoskopische Untersuchung», *ibid.,* págs. 240-271.

Mann, del estilo de Lessing, etc., siempre aparece un fenómeno que podría denominarse de transferencia, bien de aspectos de la obra de un autor dentro de la obra de otro, bien de la obra de un autor en una realidad histórica y literaria distinta de aquella que le vio nacer, o bien de los estudios críticos que han ido sucediéndose sobre un aspecto literario. Se trata, en suma, de un fenómeno de acogida o recepción de la obra de un autor en otro autor, en un público determinado o simplemente en la crítica especializada de su tiempo, de su medio literario, de otro tiempo o de otro medio literario.

Los estudios que se ocupan de los temas anteriormente mencionados, o de otros que tienen por objeto la investigación de aspectos similares, han dado en llamarse estudios de recepción literaria.

A partir de estas observaciones, el fenómeno de la recepción podría, de entrada y de una manera amplia, ser definido como el conocimiento, acogida, adopción, incorporación, apropiación o crítica del hecho literario en cuanto operaciones realizadas por el lector, o como la adaptación, asimilación o incorporación de una obra en tanto que actividades llevadas a cabo por otro escritor. En consecuencia, la teoría de la recepción sería aquella que se ocupa de los fundamentos y principios básicos, de acuerdo con los cuales se orienta el estudio de todas esas actividades reseñadas, al igual que las fórmulas metodológicas necesarias para poder realizarlos de una manera científica.

Sin embargo, antes de continuar hay que hacer una diferenciación. Cuando se habla de recepción literaria, de ninguna manera se piensa en algo que haya de ser considerado nuevo en el ámbito en que se mueve el quehacer crítico, antes al contrario, se piensa, como se acaba de ver, en una forma peculiar de estudios literarios, que ha llenado no pocas páginas de la historia de la crítica. Otra cosa muy distinta es cuando se encuentran términos de nuevo cuño del tipo de *teoría de la recepción, estética de la recepción, teoría y práctica de la recepción, historia de la recepción, recepción y recepción efectual, acto de recepción,* y otros semejantes. En estos casos nos encontramos con que la perspectiva ha cambiado casi radicalmente de signo. Adelantando una diferencia fundamental, podría afirmarse que, mientras los estudios de recepción literaria que podrían denominarse clásicos, se han realizado normalmente desde los fundamentos y premisas de una historia literaria de carácter tradicional, la nueva recepción, y con ella todos estos términos, se explican a partir de unos planteamientos teóricos y metodológicos surgidos desde una conciencia más científica, que está presente no sólo en la teoría literaria, sino también en otros campos de las ciencias humanas. La historia de esta nueva actitud tiene apenas veinte años.

En el año 1967, J. R. Jauss pronuncia en la Universidad de Constanza la lección inaugural titulada «La historia literaria como desafío a la crítica literaria» [2]. En ella se desarrolla la primera formulación programática de las líneas maestras de la nueva corriente de estudios de recepción. Aunque no se trate del único trabajo que sobre el tema se elabora en aquellos años [3], su repercusión fue tal, que a partir de ese momento comienzan a afirmarse los principios plasmados en el mismo; de manera que, con el paso del tiempo, consiguen, junto con otras aportaciones, una entidad conocida hoy con el nombre de *Escuela de Constanza*. Y hasta tal punto ello ha sido así, que se han producido ya varias generaciones de estudios de recepción literaria; y tanto la teoría como la práctica de la misma ha sobrepasado las fronteras de la Universidad de Constanza y se ha extendido a otras muchas universidades. Con ello

---

[2] J. R. Jauss, *Lietraturgeschichte als Provokation der Literaturwissenschaft*, Constanza, 1967. El trabajo fue posteriormente revisado y publicado en *Literaturgeschichte als Provokation*, Frankfurt am Main, 1970, págs. 144-207. La traducción de los textos alemanes al español ha sido realizada por el autor de este estudio.

[3] También en el año 1967, H. Weinrich desarrolla un programa sobre la nueva historia literaria en su obra *Literatur für Leser*, Stuttgart, 1971. W. Iser pronuncia en 1968, dentro de la línea iniciada por Jauss, la lección inaugural titulada «Die Appellstruktur der Texte». Vid. más adelante.

se ha convertido en la aportación más significativa de la crítica literaria alemana de los dos últimos decenios.

Para destacar la relevancia de este movimiento crítico se ha llegado incluso a afirmar que sus consecuciones, en lo que a fundamentación teórica se refiere, pueden parangonarse con las logradas no hacía mucho tiempo por el formalismo ruso, el estructuralismo de Praga, la *nouvelle critique* francesa o el *New Criticism* americano. Sea como fuere, el hecho es que la corriente crea desde sus inicios unas fórmulas de procedimiento que han de ser consideradas propias, lo mismo que han de ser considerados propios sus principios teóricos fundamentales, hasta el punto de que puede hablarse de un nuevo capítulo en la historia de la crítica alemana. De hecho, el propio Jauss llega a afirmar de una manera más o menos acertada, que se trata de un fenómeno que constituye la manifestación más genuina del cambio de paradigma en la crítica, no sólo alemana, sino en la crítica general [4].

¿En qué consiste la peculiaridad de esta nueva forma de entender la recepción literaria? ¿Cuáles son las aportaciones de aquello que Jauss denomina el nuevo paradigma?

Si por paradigma se entiende una serie de principios científicos, cuya validez es reconocida de una manera generalizada en cuanto que ofrecen soluciones válidas a los problemas que se puedan plantear, la aportación de la nueva estética de la recepción ofrece la peculiaridad que consiste en el intento de liberarse del entramado desprovisto de referencia real y constituido por un sistema de signos falto de contenido y cerrado en sí mismo, que había sido elaborado por el estructuralismo y la lógica formal y cuya validez no comienza a ponerse en tela de juicio hasta prácticamente mediados los años sesenta.

---

[4] Vid. J. R. Jauss, «Paradigmawechsel in der Literaturwissenschaft», *Linguistische Berichte, 3* (1969), págs. 44-56. H. Link, «Die Appellstruktur der Texte und ein Paradigmawechsel in der Literaturwissenschaft?», *Jahrbuch der deutschen Schillergesellschaft, 17* (1973), págs. 532-583.

Ahora bien, si no se precisa con más exactitud, no parece que este intento de superación del estructuralismo y de la lógica formal constituya en realidad una aportación original ni mucho menos exclusiva de la nueva teoría de la recepción. Antes al contrario, ha de ser considerado como un fenómeno que va más allá de la teoría y crítica literarias y que se extiende a ciencias como la lingüística, la semiótica, la sociología, la antropología, la lógica e incluso la biología.

Efectivamente, la gran novedad y aportación de la teoría de la recepción literaria consiste, expresado de una manera muy general, en la rehabilitación del lector. Esta es además la nota característica y generalizada que proporciona unitariedad a la variedad y multiplicidad de los distintos puntos de vista representados por los distintos teóricos de la recepción. El descubrimiento del lector supone para la historia de la crítica literaria lo que para la lingüística supuso la inclusión en su ámbito de estudio de los contenidos de la pragmática. La investigación de actos lingüísticos y de situaciones comunicativas, sobrepasa los límites del estructuralismo estereotipado en la consideración de la *langue* o de la *competence*[5].

Con ello se proporciona la premisa que va a dar lugar al cambio de paradigma. Hasta este momento la crítica no se había ocupado más que del estudio de la obra, del estudio del autor o de las dos instancias a la vez. La historia literaria, por su parte, no iba más allá de ser una historia de obras y de autores; en sus consideraciones no incluía al lector; y si alguna vez lo había hecho, no había sido en ningún caso considerándolo como elemento fundamental y, mucho menos, constitutivo de la obra. Los estudios literarios se habían desarrollado, o bien partiendo de la consideración de un modelo o sistema de normas —procedimiento peculiar del paradig-

---

[5] En disciplinas como la antropología social, el fenómeno similar que se produce consiste en la inclusión en sus estudios de conceptos como *rol* o *medio;* la biología estudia no sólo el animal, sino también el *medio;* la sociología se renueva con conceptos como el de *interacción;* la lógica se hace dialógica y propedéutica y la semiótica descubre el concepto de texto como un fenómeno cultural.

ma clásico humanista—, bien sirviéndose de un método diacrónico, en que además se consideraban las relaciones entre distintas literaturas —procedimiento propio del paradigma histórico-positivista—, o bien partiendo de la consideración de la obra de estudio en cuanto sistema de lengua, sistema de estilo y sistema de composición —peculiaridad específica del paradigma estético-formalista—. En el mundo de habla alemana, dicho sea de paso, este último paradigma había tomado forma concreta en el procedimiento de análisis conocido como *interpretación inmanente*.

El descubrimiento del lector supone no sólo la inclusión en los estudios literarios de un tercer elemento, objeto necesario de consideración. El hecho va mucho más allá: lleva consigo una concepción ampliada y, por esta razón, distinta del arte en general y de la literatura en particular. Lo que, formulado de una manera muy simple, significa el reconocimiento del principio de que el arte al igual que la obra literaria, no se constituye como tal arte y como tal obra literaria, hasta el momento en que llega al lector, público u observador, esto es, hasta no haber llegado al receptor.

El lector es el punto de partida para el estudio de una obra. La obra literaria ha sido tenida por una realidad completa, acabada y cerrada en sí misma. Con la rehabilitación del lector la obra se entiende inmersa en un proceso dinámico, constituido por la confluencia simultánea de ella misma, el lector y el autor; un proceso comunicativo de mucha mayor amplitud, en el que, como en todo proceso de este tipo, se dan los tres elementos que lo configuran: el autor que emite la señal, la obra, constituida por signos portadores de mensajes y el lector que recibe la información, la interpreta y, como consecuencia de lo cual, reacciona de una u otra manera.

De esta manera el lector adquiere un papel fundamental que nunca hasta ahora había desempeñado en los estudios de historia literaria, pues raras eran las veces que se le había asignado una función en el proceso de constitución de la obra.

Esta es, en definitiva, la reflexión fundamental y específica de la teoría y estética de la recepción, que si, de un lado, hace posible el mencionado cambio de paradigma, por otro, constituye también el camino específico moderno, que hace que la crítica literaria se diferencie del camino tomado por otras disciplinas. La teoría de la recepción, involucrada en el proceso general de cambio habido en casi todas las ramas del saber, va más allá de las fronteras de la historia literaria tradicional y ofrece un intento de solución a sus problemas de una manera distinta a como otras disciplinas han resuelto los suyos.

Sin embargo, las aportaciones de la teoría de la recepción no se limitan al descubrimiento o rehabilitación del lector. Para poder entender mejor este movimiento estético-crítico han de ser tenidos en cuenta otros aspectos que han desempeñado un papel fundamental en la configuración del mismo. Aun así, conviene subrayar que todos los otros posibles múltiples aspectos de esta teoría están íntimamente relacionados, bien sea de una manera, bien sea de otra, con el descubrimiento fundamental.

La teoría de la recepción, como acaba de mencionarse aunque haya sido de una manera muy superficial, entiende la obra escrita como un medio de comunicación. Como todo medio de esta naturaleza, tiene la cualidad de poner en contacto a dos elementos no relacionados previamente entre sí; por un lado, el factor emisor de quien parten los signos dotados de contenido significativo y, de otro, el factor receptor que los recibe, comprende y, dado el caso, interpreta. Y no es algo de extrañar, puesto que la obra de arte literaria se conforma a partir de elementos verbales, es decir, toma configuración específica desde elementos lingüísticos, y el sistema de este tipo de elementos, la lengua, fenómeno social por excelencia, sirve para poner en comunicación y comunicar entre sí a individuos que forman parte de un grupo social [6].

Ahora bien, por otro lado es evidente, ya de entrada, que la forma como se produce la comunicación por medio de la obra lite-

---

[6] Vid. K. Bühler, *Sprachtheorie. Die Darstellung der Sprache,* Frankfurt am Main, 1982.

raria, hace que tenga que ser tenida por un caso específico. Es cierto que puede hablarse de un *yo,* de un tú y de un *ello,* de los tres elementos constitutivos del denominado *triángulo semiótico;* pero a diferencia de la comunicación a través de la lengua hablada, de la lengua utilizada *cara a cara,* los elementos que configuran el acto comunicativo en el caso de la lengua de la obra literaria, no hacen acto de presencia de una manera simultánea. Con todo hay que decir que, por su parte, y a diferencia también de la comunicación hablada, en la literatura, el proceso de comunicación se completa con un proceso de producción y un proceso de recepción que se implican mutuamente [7].

La teoría y estética de la recepción entienden la obra escrita como un *fenómeno histórico.* Al tiempo que al lector se le asigna una función histórica, la historia de este fenómeno es entendida como un proceso constituido por dos vertientes, una de las cuales es la de la recepción y la otra la de la producción. En él toman parte activa, además del escritor, también el simple lector o el lector crítico; el surgimiento de la obra literaria, de igual manera que su recepción, tiene lugar dentro de un determinado contexto y horizonte históricos configurados por el autor, los lectores y los lectores críticos. El lector histórico colabora con el acto de recepción de la obra o con los actos de recepción de otras obras en la fijación de un horizonte estético-literario; con sus experiencias de lectura y, dado el caso, con su actividad crítica, está emitiendo juicios, de una manera implícita, en el primer caso, o de una manera explícita, en el segundo. Sólo con el hecho de haberse decidido, dentro de las posibilidades que se le ofrecen, por la lectura de una u otra obra, y en consecuencia hasta cierto punto haber rechazado otras, ha puesto en evidencia sus apetencias y gustos literarios específicos; lo que significa que ha emitido un juicio de una manera implícita; ha llevado a cabo una selección y ha manifestado su reco-

---

[7] Vid. H. Link, *Rezeptionsforschung. Eine Einführung in Methoden und Probleme,* Stuttgart, Berlín, Colonia, Maguncia, 1976, págs. 53-60.

nocimiento. Ya en el momento de la lectura, con posterioridad, habrá de manifestar su conformidad o rechazo mediante la entrada en actividad de los principios según los cuales se ha ido conformando su sentido estético, que, en definitiva, son los que van a decidir si sus expectativas estéticas han sido o no cubiertas. En cualquier caso, con esta actividad, el lector colabora en la configuración de una tradición estética, esto es, de normas estéticas, que se proyectan hacia el futuro a partir de la continuidad, aunque sea alterada, de la tradición en la que el lector se encuentra de antemano. Por otra parte además, al igual que el lector determina esa tradición de normas estéticas y en definitiva la historia de la obra literaria, el autor, que se encuentra inmerso también en la tradición, se ve influenciado y hasta determinado para escribir de una o de otra manera. Podría decirse, en definitiva, que la historia de la obra literaria viene fijada por la *intervención* que han llevado a cabo los distintos lectores que a lo largo de la historia se han acercado a la misma, lo que, a fin de cuentas, no significa otra cosa que la historia de una obra literaria es la historia de sus recepciones, tal y como reconocen los teóricos de la estética de la recepción.

Otro aspecto muy importante de esta estética es la consideración de la obra en su *dimensión social*. La obra literaria es un fenómeno artístico que no termina en sí mismo; no constituye una realidad autónoma ni cerrada en sí, sino que va más allá de sus fronteras lingüísticas y contextuales internas, y tiene amplias y múltiples implicaciones extraliterarias, no sólo dentro del complejo y medio social en que tiene lugar su aparición y en que ha sido producido, sino también y de una manera especial en los medios y círculos sociales que la *reciben*. Y es así, bien se trate del momento histórico en que tuvo lugar su origen y surgimiento, bien se trate de momentos históricos posteriores. De entre los procesos en que toda obra literaria se encuentra inmersa, esto es, el de producción y el de recepción o consumo, para la teoría de la recepción, considerados como procesos parciales, el segundo tiene una relevancia mayor; le interesan más los efectos e influencias que la obra produce en el público, que la manera cómo fue creada o producida. Es más, y esto constituye una gran novedad, le interesan las influencias que el público ejerce en la producción literaria, lo que una vez más hace recordar la importancia del destinatario como factor fundamental en el estudio de la obra literaria. La obra se considera liberada del autor y de la intención que le movió a escribirla y es vista a partir de los diferentes comportamientos que en diferentes momentos de la historia han asumido diferentes públicos o grupos sociales, independientemente de si la intención del autor al escribirla coincide o no con las intenciones del público en el momento de *recibirla*. La investigación del *mercado del libro* y del *lector* es un aspecto que puede considerarse importante para la estética y la teoría de la recepción, completado con el hecho de que el objeto de trabajo no se centra exclusivamente en las grandes obras de la literatura, las obras consideradas clásicas, sino que abarca también aquellas manifestaciones escritas, a las que tradicionalmente no se les ha concedido valor estético alguno.

Pero la teoría de la recepción no se queda en el estudio de aquellos aspectos sociológicos de la obra que pueden ser comprobados empíricamente; centro de su interés es también la *función social* que puede ejercer la literatura, especialmente en el ámbito en que se desarrolla la actuación del lector, y en el que se incluyen las experiencias que con la lectura ha incorporado a su visión del mundo y de la existencia. A la teoría de la recepción le interesa, pues, el estudio de la obra a partir del aspecto de compromiso que pueda tener en la vida del lector.

La teoría y estética de la recepción desarrolla una *teoría del texto* propia; entiende la obra como una unidad estructural, una estructura significativa o de sentido. Pero teniendo en cuenta el papel fundamental que esta estética asigna al lector, la estructura significativa se manifiesta en dos momentos bien diferenciados: en primer lugar, como una estructura de signos de naturaleza puramente material y desprovistos de sentido hasta no haber llegado al lector, a la que el estructuralismo checo ha denominado *artefac-*

to, y, en segundo lugar, como una estructura que, en cuanto que asumida en su calidad de *artefacto* por el lector, se ha convertido en estructura significativa, y que los checos han denominado, a su vez, *objeto estético.* Podría afirmarse, en consecuencia, que esa estructura originaria material de signos no tiene propiamente un significado si no es en conjunción con ese segundo momento; lo que formulado con otros términos no quiere decir otra cosa que el texto sólo consigue la categoría de estructura significativa a partir de la recepción que del mismo lleva a cabo el lector.

La cualidad del texto es de naturaleza tal que incluye no sólo una posibilidad de sentido; los signos de que está formado pueden ser interpretados y entendidos de múltiples maneras; de ellas el lector se decide, por lo general, solamente por una. Es de este modo como han de entenderse los denominados *espacios vacíos* que forman parte de la constitución de un texto y que han de ser llenados por la actividad del receptor, hasta el punto de que diferentes receptores pueden llenarlos de maneras igualmente distintas. La razón radica en el hecho de que el texto en su manifestación como *objeto estético* es tenido por una entidad polivalente. ¿Cual será la forma concreta con que el lector va a llenar los *espacios vacíos* de la estructura de significado? Una estructura de significado conseguirá tal cualidad a partir, fundamentalmente, del contexto en que se halla inmerso el receptor y aquel en que la obra ha hecho su aparición; pues un contexto histórico determinado difiere de los numerosos posibles contextos en que hacen su aparición otras obras, al igual que el del receptor difiere también del contexto de otros receptores. El medio en que el lector desarrolla su actividad receptiva y el contexto de aparición de la obra pueden fijar la estructura de significado de una manera distinta a como lo fijaría el contexto de aparición en que se mueve otro lector en otro momento histórico. El código inicial de signos puede perderse al entrar en juego un nuevo medio.

No es necesario extenderse más aquí para apreciar que se trata de una diferencia fundamental de la teoría de la recepción con respecto a la crítica anterior. Para la crítica tradicional, la estructura de significado que constituye un texto es, por lo general, una estructura fija y ahistórica. Aunque el contexto en que surge la obra tiene un valor preferente para la teoría de la recepción, no obstante, en la determinación de su naturaleza, los distintos contextos históricos posteriores desempeñan un papel muy importante.

Para recapitular las peculiaridades de la teoría y estética de la recepción comentadas de manera superficial en esta introducción, podría decirse que de modo resumido son las siguientes: la primera y más fundamental es, sin lugar a duda, el descubrimiento del lector y la consideración del mismo como punto de partida para el análisis, comprensión e interpretación de la obra literaria. En segundo lugar, aunque a otro nivel de relevancia y siempre en relación con el lector, están las notas que definen el concepto de literatura, de entre las que hay que destacar, primero, que es un medio de comunicación; segundo, que es un fenómeno histórico; tercero, que es una realidad de un carácter profundamente social; cuarto, que es un sistema de signos de estructura significativa.

Si se analizan detenidamente todas estas peculiaridades, puede observarse que desde una perspectiva parcial, es decir, teniéndolas en consideración de una manera aislada e individualizada, las conclusiones a que se puede llegar son muy distintas si se analizan desde una perspectiva de totalidad. Efectivamente, ninguna de estas notas constituye aportación nueva en el sentido de que de una u otra manera no se hayan dado antes en alguna corriente de crítica literaria; son, por el contrario, aspectos que, de forma individualizada, han sido tenidos ya en consideración. Recurriendo al ejemplo del lector, en cuanto elemento que constituye una de las novedades fundamentales de la corriente, hay que decir que ya en el siglo XIX aparecen trabajos en Alemania que se ocupan del estudio del mismo, bien que en estos casos concretos es denominado público [8].

---

[8] Ejemplo característico es la obra de V. Hehn, «Goethe und das Publikum. Eine Literaturgeschichte im kleinen», *Gedanken über Goethe,* Berlín, 1888, páginas 49-185.

Tampoco puede afirmarse que sea nueva la consideración de la literatura como un fenómeno histórico, como una realidad de carácter marcadamente social, como un medio de comunicación o como una realidad semiótica de estructura de significados. Aunque en algunos casos haya sido por corrientes críticas de configuración muy reciente, todas estas notas del concepto de literatura han sido observadas ya.

Ahora bien, estos aspectos que la teoría de la recepción acumula, por así decirlo, en sus principios, pueden ser tenidos como algo nuevo, fundamentalmente por tres razones: en primer lugar, porque hasta ahora ninguna corriente de crítica literaria ha incluido simultáneamente en el análisis y estudio del texto literario todos estos aspectos. En segundo lugar, porque todos ellos adquieren una dimensión nueva desde la perspectiva que proporciona la consideración del lector en cuanto punto de partida obligado para el análisis. En tercer lugar, porque a pesar de que ninguno de ellos, considerados de manera aislada, son en sí nuevos, el tratamiento que cada uno recibe va más allá del tratamiento recibido por aquellas corrientes críticas que los habían tenido por fundamentales.

El resultado final constituye una corriente que reasume, siempre desde la perspectiva del lector, una serie de principios estéticos y críticos que de alguna manera habían sido desarrollados por otras escuelas y corrientes de crítica y metodología literarias, incorporándolos dentro de una sistematización reorientada y proporcionándoles nuevas posibilidades. No es más, en definitiva, que un determinado estadio de un proceso de desarrollo, configurado por el horizonte de la crítica literaria y la evolución que ésta va experimentando mediante la aportación de nuevas perspectivas y posibilidades.

Este trabajo se configurará desde las reflexiones elaboradas a lo largo de todas estas páginas. Su objetivo fundamental consiste en el estudio de la estética y teoría de la recepción. Para ello se considerarán, además de los aspectos básicos a que aquí se ha hecho referencia, todos aquellos otros, a partir de los cuales pueda deducirse la cualidad de este movimiento crítico en cuanto movimiento específico de metodología y crítica literarias.

Para ello se tendrán en cuenta cuatro momentos fundamentales en el surgimiento y desarrollo de la corriente: los *antecedentes* que de alguna manera han preparado, o son, al menos, presupuesto para el surgimiento y evolución posterior; los *inicios* de la fundamentación primera y terminológica, es decir, los primeros pasos; el *desarrollo y evolución* de los principios fundamentales; y por fin, las *perspectivas* de la teoría y estética de la recepción.

Parte I

ANTECEDENTES Y PRESUPUESTOS
DE LA TEORÍA MODERNA DE LA RECEPCIÓN

PARTE I

ANTECEDENTES Y PRESUPUESTOS
DE LA TEORÍA MODERNA DE LA RECEPCIÓN

LA SOCIOLOGÍA DE LA LITERATURA

A partir de las reflexiones realizadas en la introducción de este estudio, no se hace difícil deducir la procedencia de, al menos, algunos de los principios fundamentales en que la teoría de la recepción fundamenta su estética, además de las fuentes metodológicas a partir de las cuales configura una manera específica de procedimiento analítico. Se trata, en unos casos, de la asunción de principios ya desarrollados por otras corrientes de crítica o teoría literaria; en otros, tan sólo de la adopción de los mismos a partir de un momento concreto de su desarrollo; y en otros, de una mera asimilación, en la que son dotados de nuevas perspectivas y posibilidades. Desde estos principios y la aportación de los propios, se constituirá la cualidad de la teoría y estética de la recepción.

De entre aquellas corrientes de estudios literarios de que la teoría de la recepción ha tomado alguno de sus presupuestos en el sentido que acaba de mencionarse, son de destacar, en primer lugar, la sociología de la literatura; en segundo, la teoría de la interpretación de textos; en tercero, la teoría del texto desarrollada en los últimos decenios; y, por fin, la historia de la literatura. Es cierto que todos estos campos de estudio y crítica pueden, tanto desde una perspectiva teórica como desde una perspectiva metodológica, ofrecer de entre sus principios fundamentales algún aspecto común. Conviene, no obstante, hacer notar que el interés fundamental radica en la observación de aquellos puntos típicos y exclusivos, o al menos predominantes en cada una de estas corrientes, que han tenido un papel en la constitución de la teoría de la recepción.

La sociología de la literatura constituye en todas sus posibles modalidades una de las corrientes críticas a la que, por así decirlo, más debe esta corriente crítica. Hasta tal punto ello es así, que algunos autores han llegado incluso a considerarla una simple manifestación de aquélla o, a lo sumo, una variante que no ha llegado a aportar algo auténticamente nuevo. Huelga decir que la opinión aquí defendida no es coincidente con ésta.

Las dificultades que se presentan en el momento de indagar en los principios de la sociología de la literatura asumidos por la teoría de la recepción son, de entrada, no pequeños. Ello es debido fundamentalmente al hecho de que, en primer lugar, se ha llegado a pensar que la sociología de la literatura como tal y en cuanto metodología estrictamente autónoma no existe. Lo que ocurre es que como disciplina ha llegado en sus actividades incluso al campo de la literatura, y los sociólogos llegan a ocuparse del estudio de obras literarias en cuanto manifestaciones artísticas que ayudan a analizar y entender los comportamientos de aquellos grupos sociales que de alguna manera tienen que ver con la obra literaria; con lo que en vez de llegar al conocimiento de la producción artística, se consigue el análisis y conocimiento de los grupos sociales que la producen. Por otra parte además, aun aceptando que la sociología de la literatura lleve a cabo estudios de categoría literaria, que no coinciden con los genuinamente sociológicos, ocurre que las distintas corrientes en que se manifiesta han realizado aportaciones en muchos casos difícilmente conciliables. La existencia de una sociología de la literatura de naturaleza empírica y de peculiaridades muy diferentes a, póngase por caso, la sociología de la literatura marxista, es una prueba evidente de ello [1].

Pero se la considere autónoma, aunque sólo sea de una manera relativa, o no se la considere tal, el hecho es que esta corriente crítica ha logrado plantearse, partiendo de formulaciones teóricas propias, unos objetivos muy provechosos para un posterior desarrollo de la teoría de la recepción. Que no haya conseguido aún sistematizar una metodología específica es otro problema. En cualquier caso, ello no invalida en modo alguno sus aportaciones y es la razón por la que resulta necesario hacer unas consideraciones sobre sus planteamientos y objetivos.

Visto desde una perspectiva amplia, puede afirmarse que la sociología de la literatura centra el interés primero y más general en el estudio de las *relaciones* que tienen lugar entre la literatura y la sociedad que la produce, y de los condicionamientos que determinan esas relaciones. Formulado de esta manera, apenas si se delimita un campo que pueda ser de interés para el estudio de una obra de arte literario. Las relaciones entre literatura y sociedad pueden, de esta manera, limitarse a aspectos sólo sociológicos, en los

---

[1] Vid. A. Silbermann, «Kunst», *Das Fischer-Lexikon: Soziologie,* edición de René König, Frankfurt am Main, 1958, págs. 156-166. H. N. Fügen, *Die Hauptrichtungen der Literatursoziologie und ihre Methoden. Ein Beitrag zur literatursoziologischen Theorie,* Bonn, 1966. Del mismo (editor), *Wege der Literatursoziologie,* Neuwied-Berlín, 1968. L. L. Schücking, *Die Soziologie der literarischen Geschmacksbildung,* Leipzig, 1931. R. Escarpit, *Sociologie de la littérature,* París, 1958. Del mismo, *La révolution du livre,* París, 1965. L. Löwenthal, *Literatur und Gesellschaft. Das Buch in der Massenkultur,* Neuwied, 1966. W. Benjamin, *Angelus Novus. Ausgewählte Schriften 2,* Frankfurt am Main, 1966. G. Lukács, *Die Eigenart des Ästhetischen, Werke,* vols. 11 y 12, Neuwied-Berlín, 1963. K. Košik, «Historismus und Historizismus», *Sozialgeschichte und Wirkungsästhetik. Dokumente zur empirischen und marxistischen Rezeptionsforschung,* edición de P. U. Hohendahl, Frankfurt am Main, 1974, págs. 202-214. T. W. Adorno, *Ohne Leitbild. Parva Aesthetica,* Frankfurt am Main, 1967. Del mismo, *Noten zur Literatur 1,* Frankfurt am Main, 1958. L. Goldmann, *Le Dieu caché,* París, 1956. Del mismo, *Pour une sociologie du Roman,* París, 1964.

que lo literario como tal o la experiencia de lo literario no se tengan en consideración ni de una manera directa ni de una manera indirecta. Por ello, precisando algo más, puede decirse que su objeto consiste en el estudio de las relaciones que tienen lugar entre la obra literaria y los lectores que acceden a la lectura de la misma, poniendo el acento, según casos y sociólogos de la literatura, unas veces en los aspectos sociales que rodean el *surgimiento* de la obra, otras en su manera de *propagación,* otras en la de acceso al *público* y otras en la *influencia* y efectos producidos en el público o lector.

La sociología de la literatura, al proceder al estudio del fenómeno de la *génesis* y surgimiento de una obra literaria, centra más el interés en la consideración de los condicionamientos sociales de producción de la misma que en la consideración de las circunstancias personales del autor. En este sentido, la obra es vista como una totalidad, cuya función consiste en explicar de alguna manera la realidad o realidades sociales específicas. Ahora bien, esta totalidad otorga, por otra parte, también un sentido a ese hecho social que intenta explicar, si bien con la peculiaridad de que el sentido otorgado es de naturaleza múltiple, lo que constituye una de las notas características, generalmente aceptada, del discurso literario [2]. Esta realidad literaria está de tal forma organizada y estructurada que constituye una manera específica de ser; o lo que es lo mismo, es el resultado de una manera específica de escribir; dicho de otra manera, tiene un estilo determinado, que se explica a partir de la confluencia de tres factores: el escritor, la propia obra y el medio social en que ha hecho su aparición.

Sin ningún lugar a duda, uno de los problemas más complicados que se le presentan a la sociología de la literatura, consiste en determinar cómo se produce una manera concreta de esribir a

---

[2] Peculiaridad que será reconocida y aceptada por los teóricos de la recepción literaria de una manera generalizada en la determinación de la naturaleza del texto. Así, por ejemplo, J. S. Schmidt, W. Iser o el propio H. R. Jauss como se verá más adelante.

partir de la consideración de las relaciones que tienen lugar entre el fenómeno de la escritura literaria y la realidad o fenómeno social. No obstante, hay un hecho evidente en todo este complejo socioliterario, y es que entre todos los componentes existe una relación clara. Por otro lado, el otro factor fundamental que es el autor, es considerado igualmente desde presupuestos sociológicos. Por esta razón, centra su interés, de una manera muy especial, en la consideración de la procedencia social del mismo, para así explicar la forma concreta de escribir, su estilo, su intención o mensaje y los objetivos que determinan su ocupación estética. De este modo se hace mucho más fácil entender, póngase por caso, la utilización específica de la lengua que se lleva a cabo en una obra; igualmente puede explicarse si el autor es defensor, es un detractor o simplemente intenta algún cambio de la realidad y conciencia sociales.

Robert Escarpit es probablemente el autor que de una manera más acertada ha precisado los aspectos que constituyen el centro de interés de la sociología de la literatura en lo que a la *propagación* de la obra se refiere, aun habiéndose centrado en la consideración de aspectos que han sido tenidos por los detractores de la corriente, al menos en un principio, como factores meramente extraliterarios. De entre ellos hay que destacar el mercado de producción de libros y los condicionamientos dentro de los cuales se desarrolla la lectura. Tanto en uno como en otro caso, se parte de la consideración de las leyes económicas que determinan ese mercado en cuanto factores, por ejemplo, del éxito o fracaso de un producto de lectura [3].

Pero es el aspecto del acceso del *público* a la obra y la influencia que ésta ejerce sobre aquél el punto más relevante para la estética y teoría de la recepción. La sociología de la literatura considera necesario, aparte del estudio de la obra en cuanto tal y aparte del estudio del autor —ambos a partir de su medio social—, indagar

---

[3] Vid. R. Escarpit, *Sociologie de la littérature,* París, 1958.

en el efecto que en el lector o público produce el hecho literario consumido, y en el fenómeno de comunicación que se produce entre el emisor y el receptor. Ello es así por la sencilla razón de que, partiendo del estudio del efecto que produce en el receptor la experiencia de la realidad literaria nueva, pueden deducirse muchas, o al menos algunas, de las cualidades de la misma; y partiendo, por otro lado, del conocimiento del medio social en que se encuentra inmerso el lector o público, pueden igualmente explicarse las reacciones que, sean de aceptación o sean de rechazo, sean de comprensión o sean de incompresión, se producen necesariamente en el receptor. El *horizonte de expectativas* [4] del lector, surgido de su experiencia vital, dentro del cual se incluyen también las expectativas estéticas y literarias, es un fenómeno ciertamente individual, pero indudablemente y sobre todo de carácter social.

Conviene, no obstante, observar el hecho de que los principios y procedimientos de la sociología de la literatura que va a asumir la teoría de la recepción, no se observan por igual en todos sus representantes. La diferencia de orientación de las distintas escuelas o corrientes determina el nivel de aportación. A ello hay que añadir el hecho de que no todos los sociólogos de la literatura de una misma escuela o tendencia hayan de tener necesariamente alguna relevancia. Por esta razón y con el objeto de determinar con más exactitud aquellos aspectos que han desempeñado algún papel en la configuración de la teoría de la recepción, se hace necesario, en primer lugar, diferenciar distintas escuelas de sociología de la literatura; en segundo lugar y dentro de las mismas, analizar los conceptos básicos y los aspectos teóricos desarrollados por los representantes más significados de las mismas.

Por lo que al primero se refiere, hay que destacar, ante todo, la multiplicidad y variación de sus aportaciones; hecho que para el interés de aquí, podría simplificarse reduciendo todas ellas a fun-

---

[4] Sobre el concepto de *horizonte de expectativas* se volverá más adelante al tratar las aportaciones específicas y propias de la teoría de la recepción.

damentalmente dos: las corrientes marxistas, conocidas también como sociología materialista de la literatura, y las corrientes no marxistas o de sociología empírica de la literatura [5]. La diferencia fundamental entre ambas radica en que la sociología empírica de la literatura considera los aspectos sociológicos de la obra separadamente de aquellos estéticos y propiamente literarios, con lo que, frente a la sociología materialista, al menos en sus inicios, convierte a la obra en una realidad fáctica de producción, circulación y consumo, dejando para otro campo de los estudios literarios la consideración de sus cualidades propiamente estéticas. La sociología materialista intenta, al menos en su momento más avanzado de desarrollo, ver la relación que tiene lugar entre el ámbito sociológico y el ámbito estético [6], marginando un poco dentro del primero el aspecto de la producción.

LA SOCIOLOGÍA MATERIALISTA DE LA LITERATURA

La sociología materialista de la literatura ha aportado una serie de aspectos dignos de ser tenidos en consideración, si bien hay que adelantar aquí, que para el elemento de mayor relevancia de la misma, como es el lector, ha llevado sus principios teóricos y metodológicos a un nivel menor de desarrollo que la sociología empírica. Sin embargo, ha proporcionado una importancia mucho mayor al autor y a la obra literaria en cuanto fenómenos sociológicos que

---

[5] Si bien dentro de la sociología materialista de la literatura se hace necesario diferenciar la denominada *teoría crítica* o *estética crítica,* de la que es representante genuino T. W. Adorno, para los objetivos de este estudio no ofrece mayor relevancia. Las aportaciones de Adorno son importantes en cuanto crítica, precisamente, a los principios de la sociología empírica de la literatura.

[6] Para más información ver Peer E. Sørensen, *Elementaer litteratursociologi. Et essay om litteratursociologiske grundproblemer,* Kongerslev, 1973. La traducción alemana lleva el título de *Elementare Literatursoziologie. Ein Essay über literatursoziologische Grundprobleme,* Tübingen, 1976.

desempeñan una función muy específica, cuya efectividad se deja sentir a la postre sobre el lector. Ahora bien, este proceso de efectividad se entiende a partir de la consideración de la obra como una realidad autónoma, acabada y cerrada en sí misma, sobre la que el lector o público no puede ejercer, ni de hecho ejerce, influencia alguna.

Es en este sentido como hay que entender las aportaciones de los teóricos materialistas y, dentro de ellos, los de la estética crítica, de entre los que pueden servir como ejemplos representativos W. Benjamin, G. Lukács, y hasta cierto punto también K. Košik. No obstante, como se va a ver, en algunas de sus matizaciones teóricas se deja entrever, y ello es muy importante, un papel de cierta relevancia en el lector o público.

Aunque las aportaciones de W. Benjamin a la teoría y crítica literarias no sean de naturaleza fundamentalmente sociológicas, representan, desde una perspectiva de procedimiento, un interés especial para la teoría de la recepción. Ello se debe, sobre todo, al carácter renovador que presentan en el tratamiento y desarrollo del *pensamiento histórico*.

Desde este punto de vista, sus teorías suponen una diferencia muy importante con respecto a otros teóricos marxistas de similar signo, para quienes la obra es tenida por una realidad que disfruta de una autonomía muy importante —principio que ha sido objeto de no pocas críticas—, considerando de menor relevancia el estudio de la producción y recepción de la misma.

En su obra *Illuminationen* considera que la historia materialista ha de elaborar un concepto del tiempo presente y de la realidad presente, a partir del cual resulte posible entender la historia como fenómeno que tiene lugar dentro de un transcurso que no es homogéneo ni vacío, sino en cuanto tiempo que ha de ser llenado con el tiempo actual [7]. La consideración del presente se convierte, de

---

[7] W. Benjamin, *Illuminationen. Ausgewählte Schriften,* Frankfurt am Main, 1969, pág. 276.

esta manera, para la historia y el historiador de la literatura en un soporte de procedimiento que va a ser característico de la teoría de la recepción. Así, la historia de una obra se entiende como un proceso dialéctico que tiene lugar entre dos componentes, es decir, entre el sujeto observador de la obra y el objeto observado. No se trata, como el propio Benjamin dice, de entender las obras literarias y presentarlas dentro del contexto de su época, sino que se trata de hacer ver la época que se ocupa de las mismas, a saber, la época actual, la época nuestra [8].

Todo ello supone una nueva consideración de la obra pues, entendiéndolo como lo entiende Benjamin, viene a significar sacarla del entorno en que se produjo su surgimiento; lo que trae consigo, tenerla por una realidad no definitiva y abierta, como algo que, a la postre, puede, según los casos, recibir una configuración nueva, puede ser interpretada de una forma distinta o al menos complementaria a como lo había sido hasta el momento de la última interpretación. Puede ser, como afirmarán los teóricos de la recepción, *constituida* de una manera nueva, dependiendo de los condicionamientos en que se encuentra inmerso el lector, muchos de los cuales están fijados por el momento histórico en que vive.

El lector cobra, sin embargo, una importancia mucho mayor en la teoría de Luckács dentro del proceso de conocimiento de la obra, de acuerdo con los principios estéticos materialistas. En su teoría se desarrollan unas reflexiones, por un lado, sobre la *naturaleza* de la obra y, por otro, sobre el *efecto* que ha de producir en el lector y la reacción que ha de suscitarse en el mismo, diferenciando muy claramente entre el proceso de creación de la obra y el proceso de su recepción. Conviene, en todo caso, adelantar que al sujeto del primer proceso se le concede un protagonismo activo mucho más significativo que al sujeto del segundo.

La obra literaria es entendida por Lukács como una realidad fijada ya de antemano; una entidad independiente que tiene un ob-

---

[8] W. Benjamin, *Angelus Novus,* pág. 456.

jetivo que alcanzar y una función que cumplir. En el otro extremo y frente a ella, se encuentra el lector cuya naturaleza es meramente receptiva, en una situación de experiencia. La obra es una totalidad plena y cerrada, que se organiza como un mundo autónomo en el que se representa de una manera realista —en el sentido marxista del término— lo genuinamente típico de la naturaleza, entendido como portador de una síntesis que se extiende no sólo a lo general, sino también a lo particular de un carácter o una situación [9].

La obra de arte se convierte, de esta manera, en un reflejo de la naturaleza, que hace posible que el observador o lector adquiera un conocimiento de la misma, cuya dimensión no es la totalidad, sino la que proporciona la perspectiva parcial que sugiere el autor, es decir, no la de un reflejo auténtico, sino la de una reproducción de la misma. El objetivo fundamental de la obra de arte consiste en proporcionar conocimiento de la naturaleza al receptor proletario en el contexto de la lucha de clases.

En el receptor se produce un efecto que consiste en la comprensión de lo que ha leído o está leyendo, que le capacita incluso para describir de manera independiente lo que acaba de leer o de ver, dado el caso que se trate de una representación teatral. Desde la confrontación con las obras del pasado adquiere una idea de la evolución histórica dentro del horizonte de la lucha de clases, aunque sólo sea a partir de la perspectiva que puede ofrecer la literatura burguesa en cuanto horizonte literario al que el lector de ninguna manera puede sustraerse.

Con todo, el lector no participa de una manera activa en el acto de recepción, puesto que la identificación que en él se produce con la obra, es decir, con lo expuesto y presentado en la misma, es el resultado de una actitud de contemplación pasiva. El efecto producido, si es que llega de hecho a producirse alguno, es el pre-

---

[9] Vid. G. Lukács, «Balzac und der französische Realismus» (prólogo), *Schriften zur Literatursoziologie*. Selección e introducción de Peter Pütz, Neuwied-Berlín, 1970[2], págs. 242-245.

tendido por el autor, ha de ser el pretendido por el autor. Se trata, en definitiva, de una visión clásica de la obra de arte, de la que el título «La catarsis como categoría general de lo estético» [10] es una prueba evidente.

Si en el proceso de recepción la obra produce un efecto en el receptor, se trata entonces de una prueba clara del valor estético de la misma, dado que lo que ha tenido lugar ha sido una identificación entre el mensaje emitido por el autor y el receptor que lo ha asumido.

Sin embargo, para la teoría de la recepción, esta participación del lector en el proceso de recepción efectual de la obra, es del todo insuficiente, pues aunque se encuentre inmerso en un horizonte vital y literario determinado, lo que se produce es una transposición dentro de la obra, dado que en el proceso de apropiación de la misma, es ella la que fija la dirección que ha de tomar el lector y no éste. Cuando el lector, según esto, realiza un acto de lectura, ocurre que se aleja del contexto inmediato de la praxis vital para enmarcarse dentro de un aspecto concreto de la vida, aunque representado en la tipificación de una realidad más amplia y total. Formulado sucintamente, puede decirse que la postura del lector no consiste en una actuación que le permite ejercer una iniciativa personal, sino en la aceptación de las orientaciones que le ofrece la obra; actitud que de ninguna manera encaja con las peculiaridades con que la teoría de la recepción caracteriza la actuación del lector-receptor.

Independientemente de si el desarrollo del Marxismo literario resulta, en lo que al ámbito del lector se refiere, en sí suficiente o no, el grado de aportación a la teoría de la recepción llega a

---

[10] Vid. G. Lukács, *Die Eigenart des Ästhetischen. Werke,* vols. 11 y 12; especialmente los capítulos «Die Katharsis als allgemeine Kathegorie der Ästhetik» y «Das Nachher des rezeptiven Erlebnisses». Ver también traducción española, Lukács, G., *Estética,* I, *Peculiaridades de lo estético;* II, *Problemas de la mímesis,* Barcelona-México, 1972.

su momento más significativo justamente a partir de autores más modernos y más jóvenes. El propio Jauss, en su primer trabajo sobre recepción literaria, menciona a tres autores, sobre cuyos presupuestos y desarrollos teóricos piensa que se trata de aportaciones tardías del marxismo [11]. Los teóricos son W. Kraus, R. Garaudy y K. Košik, de los que el último reafirma de una manera más clara la importancia del lector, desarrollando una teoría en este sentido. Con ello no se pretende ni mucho menos menosvalorar la importancia expresa que Kraus otorga al lector [12] y la consideración que Garaudy hace sobre la realidad y el ser humano como entidad en proceso de formación permanente [13].

Este es precisamente el punto en el que Košik se aleja de Benjamin y de una manera especial de Lukács. Es cierto que este último considera al lector como un elemento que desempeña un papel muy importante dentro de la realidad literaria. El hecho es, no obstante, que no va más allá de verlo como meta y objetivo a alcanzar por la obra; el receptor no puede ir más lejos. La razón radica, como acaba de observarse, en que la obra es una realidad cerrada y acabada. Košik, sin embargo, establece un presupuesto fundamental e innovador que no había sido tenido en consideración por Lukács. No se hace necesario siquiera mencionar que este presupuesto es de carácter sociológico. Pero lo que sí hay que subrayar es que se trata de un planteamiento, cuya peculiaridad fundamental es la de ser de naturaleza *histórica*. Que el arte tiene lugar y se desarrolla dentro de una relación social es algo indiscutible. Lo que los marxistas no han aceptado tan fácilmente ha sido su carácter histórico.

El problema que se le plantea al marxismo literario es el de explicar la permanencia de obras pasadas dentro del momento his-

---

[11] J. R. Jauss, *Literaturgeschichte als Provokation der Literaturwissenschaft,* págs. 161-164.

[12] W. Kraus, *Studien zur deutschen und französischen Aufklärung,* Berlín, 1963, pág. 6.

[13] R. Garaudy, «Statt eines Nachwortes zu 'D'Un realisme sans rivages'», *Marxismus und Literatur,* edic. de F. J. Raddatz, Hamburg, 1969, vol. II, pág. 227.

tórico presente y en general en momentos posteriores de la historia. Esto es lo que Košík intenta resolver; y en su intento realiza simultáneamente una aportación valiosa para la teoría de la recepción. Si Lukács encuentra la solución a partir del concepto de lo *clásico,* en cuanto ejemplaridad ahistórica y no dialéctica y como reflejo que fue de una realidad externa de la obra, que todavía sigue produciendo su efectividad estética en el receptor, Košík encuentra una solución típicamente hegeliana que le permite al mismo tiempo deshacer las contradicciones de la *teoría del reflejo.*

En el proceso de desarrollo histórico, el pasado no es algo que con el paso del tiempo se convierta en una realidad inservible, una realidad que puede ser considerada ya superada y carente de efectividad en el presente. Antes al contrario, una visión dialéctica de la existencia y de la praxis humana entiende las distintas fases y etapas de la historia como realidades que se integran en épocas posteriores y por tanto también en el presente. Esta integración va produciéndose paulatinamente con la praxis del ser humano que actúa en todo momento de una manera crítica y valorativa.

Referidos estos principios fundamentales a la teoría y crítica literarias y de una manera más concreta a la consideración del proceso de recepción de la obra, los resultados y conclusiones a que se llega ofrecen unas perspectivas muy diferentes a aquellas sobre las que se elabora la teoría de Lukács. En «Historismus und Historizismus» [14] desarrolla su comprensión de la obra literaria a partir de ese principio hegeliano, entendiéndola como una realidad de la historia, que no consiste en un fenómeno del pasado que refleja unos determinados condicionamientos y circunstancias sociales, sino una realidad que se *concretiza* una y otra vez en el presente. En *Dialektik des Konkreten* [15] la entiende como una realidad dotada de una naturaleza de dimensión doble dentro de su unitariedad: la obra de arte al mismo tiempo que es expresión de la realidad, conforma

---

[14] Vid. nota 1 de este capítulo.

[15] K. Košík, «Historismus und Historizismus», pág. 206.

también una realidad nueva que sólo existe en la obra y no fuera de ella. Ahora bien, esta realidad que participa del proceso histórico, se manifiesta no sólo como el producto de un autor, sino que además se hace realidad por medio de la participación del receptor, lo que entendido de acuerdo con los principios de la teoría de la recepción, se puede formular como la interacción que tiene lugar entre los componentes autor y receptor. El efecto que la obra produce en el receptor, un efecto siempre dialéctico, consiste en llegar a la capacidad receptiva del mismo y además en afectarla. La obra literaria, por tanto, se manifiesta como poseedora de vida propia, como obra de arte en cuanto que actúa con efectividad en el receptor, es decir, en tanto en cuanto es consumida, en tanto en cuanto llega al público lector o al espectador [16]. Con todo ello se evidencia por primera vez en los estudios literarios marxistas la importancia del lector como elemento, si no constitutivo de la obra, sí al menos vivificador e incluso, hasta cierto punto, conformador de la misma.

LA SOCIOLOGÍA EMPÍRICA DE LA LITERATURA

Para el desarrollo de la teoría de la recepción, los principios teóricos y las fórmulas de procedimiento de la sociología empírica de la literatura representan un papel también importante.

Aunque de alguna manera ya se ha hecho referencia a sus principios fundamentales, se hace, no obstante, necesario realizar unas consideraciones, observando, de entrada, que esta sociología de la literatura se caracteriza, por lo que al procedimiento o procedimientos que utiliza se refiere, por ser una corriente más objetiva que la corriente marxista o la corriente de la teoría crítica. Su objetivo primero y fundamental consiste en la aportación, elaboración y estudio, de todos aquellos datos, hechos y circunstancias posibles y comprobables, que de alguna manera pueden ofrecer puntos de

---

[16] K. Košík, «Historismus und Historizismus», pág. 206.

apoyo y de referencia para el conocimiento de la obra literaria. Hay que hacer, no obstante, la observación de que, en realidad, el conocimiento de la obra se consigue de una manera mediatizada, pues todos los datos y hechos observados llevan a una ilustración de los individuos o los grupos sociales consumidores de un tipo de literatura en razón de los intereses específicos.

De entre los aspectos básicos de que se ocupa la sociología empírica de la literatura conviene destacar el contenido en el principio según el cual la creación literaria es entendida como un fenómeno que se constituye en un proceso que tiene lugar en el ámbito de determinados grupos sociales. Esta circunstancia se convierte en fundamental para poder conocer las reacciones que se producen en el autor; ello es así porque hay que partir del hecho de que el escritor no ejerce su actividad creativa de una manera aislada e independiente, sino que la ejerce de acuerdo con las pautas y los estímulos que sobre él ejerce el público lector o, en su caso, aquel grupo social con el que tiene más relación y que le conoce a través de la lectura. Esta es la razón por la que el grupo social, el público correspondiente, representa una dimensión importante, y el conocimiento del mismo, en cuanto tal grupo social que lee, es una fuente básica de conocimiento del objeto de la lectura.

Por otra parte, el camino que recorre la obra literaria hasta llegar al lector, se entiende como un recorrido a través de una serie de instancias e instituciones, cuyo conocimiento es igualmente fundamental. De entre todas ellas hay que destacar el trabajo realizado por los críticos, cuya actividad es, en la mayor parte de los casos, determinante en la acogida que una obra específica va a experimentar en el público lector; las decisiones tomadas por los editores a la hora de imprimir y publicar unas obras y no otras, decisiones que en muchos casos vienen determinadas por razones de mercado y no de calidad, y, no en último término, la estructura de organización de las librerías y la política de las bibliotecas. Como fácilmente se puede apreciar, el resultado a que lleva la consideración de todos estos aspectos, no es más que una prueba de la importancia que esta sociología de la literatura otorga en sus consideraciones al receptor de la obra.

Como muestra de sus aportaciones puede ser suficiente referirse a las realizadas por teóricos como H. N. Fügen, L. L. Schücking y R. Escarpit. En ellos se desarrollan prácticamente todos los principios que van a ser de importancia para la teoría de la recepción. Lo que no significa que se reste valor a estudios tan relevantes como los realizados por Fechter, Kuhn, Auerbach, Schalk, Dickmann, Greiner o Hauser dentro del ámbito de la crítica literaria alemana [17].

En los estudios literarios alemanes es una tradición, a partir especialmente de la constitución de la *Germanística* como disciplina autónoma, incluir la consideración del *lector* o público destinatario. Así, por ejemplo, llama la atención la circunstancia de que, como advierte Seeba [18], el núcleo de la estética teórica de F. Schlegel sea precisamente el fenómeno de la recepción de la obra por el público. La idea del teórico romántico sobre el denominado *lector total* se basa en el reconocimiento de la coparticipación activa del mismo en la fijación de la obra, al determinar con la actividad crítica el significado que ésta adquiere en la historia. Es cierto que todavía se encuentra un poco lejana la consideración del público como crítico y también como lector. Se trata de un hecho que se producirá

---

[17] Vid. W. Fechter, *Das Publikum der mittelhochdeutschen Dichtung,* Darmstadt, 1966. H. Kuhn, *Dichtung und Welt im Mittelalter,* Stuttgart, 1959. Del mismo, *Text und Theorie,* Stuttgart, 1969. E. Auerbach, *Das französische Publikum des 17. Jahrhunderts,* Munich, 1965. Del mismo, *Literatursprache und Publikum in der lateinischen Spätantike,* Berna, 1958. F. Schalk, *Das Publikum im italienischen Humanismus,* Krefeld, 1955. H. Dickmann, «Diderot et son lecteur», *Cinq leçons sur Diderot,* edic. de H. Dickmann, Ginebra, 1959. M. Greiner, «Literatur und Gesellschaft. Literatursoziologie als Wirkungsgeschichte der Dichtung», *Methoden der deutschen Literaturwissenschaft,* edic. de V. Žmegač, Frankfurt am Main, 1973, págs. 225-234: anteriormente en *Deutsche Universitätszeitung,* 12 (1957), 8, págs. 14-17. A. Hauser, *Sozialgeschichte der Kunst und Literatur,* Munich, 1982.

[18] Vid. Heinrich C. Seeba, «Wirkungsgeschichte der Wirkungsgeschichte. Zu den romantischen Quellen (F. Schlegel) einer neuen Disziplin», *Jahrbuch für internationale Germanistik III* (1971), 1, págs. 145-167.

ya bien entrado el siglo xx y del que H. N. Fügen es un representante típico.

El núcleo fundamental de sus estudios [19] es el tratamiento de dos aspectos que son básicos para la literatura; de un lado, el *público* y, de otro, los *mediadores* del fenómeno literario. El punto de partida radica en la diferenciación que establece entre dos principios, uno de los cuales pertenece al ámbito de la sociología de la literatura más genuina. Según Fügen, se hace necesario diferenciar, ante todo, en primer lugar, el aspecto que constituye lo que es demostrable empíricamente y, además, el aspecto de lo que es tenido por puramente estético. El primero de ellos se extiende a la consideración de las inter-dependencias que pueden comprobarse de una manera empírica, es decir, las formas básicas sociales de las relaciones y comportamientos susceptibles de ser conocidas por medio de un procedimiento científico y objetivo. El segundo se extiende a la reflexión sobre lo estético, que se caracteriza por la cualidad de no poder ser captado de una manera empírica, sino por la sola intervención de la capacidad de la intuición, ya que se trata de un fenómeno histórico-cultural que sólo puede apreciarse directamente en la obra y no fuera de ella.

De esta manera, lo estético se considera una experiencia única, individual e irrepetible; lo que trae como consecuencia la separación de la crítica literaria como tal de la sociología de la literatura. No obstante, en un trabajo posterior [20] intenta superar esta dicotomía y acercarse a una sociología de la literatura menos empírica, con lo que establece una teoría mucho más próxima también a la teoría de la recepción. En ella se ocupa no sólo de fenómenos sociales, sino también de cualidades literarias, de las interdependencias que se dan entre la literatura y los sistemas literarios y los fenómenos sociales más amplios.

---

[19] H. N. Fügen, *Die Hauptrichtungen der Literatursoziologie und ihre Methoden,* Bonn, 1964.
[20] Vid. H. N. Fügen, *Wege der Literatursoziologie,* Neuwied-Berlín, 1968.

La tarea fundamental, pues, de la sociología de la literatura, en el sentido que defiende Fügen, consiste en la observación, el estudio y el análisis de aquellas personas que participan en el proceso de producción y de consumo literarios, fijando fundamentalmente la atención en la relación que se produce entre el autor y el medio social en que se mueve y desarrolla su actividad como escritor, su comportamiento frente al mismo, además de la relación que establece con el público lector y el comportamiento que desarrolla frente al mismo. En este sentido, la sociología de la literatura se ocupa del hecho literario, visto como *objetivación de comportamientos sociales,* en los distintos momentos de la producción, difusión, tradición y recepción, que, en cuanto actuación comunicativa humana, puede entenderse como *comportamiento literario.*

Entendida la literatura de esta manera, se hace necesario tener en consideración no sólo las formas de comportamiento literario, sino también reconocer aquellas estructuras sociales que son de una naturaleza relativamente estable y que, como la *estructura de comportamiento literario,* se deben a una multiplicidad de factores que la sociología de la literatura no puede abarcar en su totalidad.

Para la determinación y fijación de las *estructuras de comportamiento literario* puede servir de gran ayuda analizar las instituciones que se han desarrollado como expresión de aquéllas y de las que hay que destacar la crítica, el mercado del libro y las bibliotecas. Resulta de igual manera necesaria la consideración de los escritores y del público en tanto en cuanto sujetos de comportamientos que se condicionan e interrelacionan.

Lo que con ello consigue realmente Fügen es establecer una relación directa, una dependencia mutua entre el productor literario y el consumidor de literatura. Ahora bien, esta relación es de tal naturaleza, que no puede considerarse todavía dentro de los parámetros de la teoría de la recepción. La relación que tiene lugar entre ambos es, en primer lugar, de carácter social, de la misma manera que lo son otro tipo de relaciones no literarias. Pero de ninguna manera, a pesar de las buenas intenciones del autor, presupone esa relación la consecución de lo estético como objetivo fundamental y a igual nivel que lo social. A lo más que se llega es a ofrecer, por así decirlo, una serie de orientaciones que pueden ser de utilidad, tal vez posterior, para el estudio de lo propiamente estético. Por otra parte, en la consideración de esta relación tampoco se trata el fenómeno o proceso de apropiación estética que tiene lugar en el receptor, sea crítico o sea simplemente lector de la obra, como tampoco del proceso de recepción histórica, aspectos básicos de los principios y estudios de la teoría de la recepción.

Con ello la sociología de la literatura sigue separada de la crítica literaria, puesto que la obra no es sometida a ningún tipo de estudio o de análisis con el fin de llegar a dilucidar y explicar sus cualidades estéticas.

Pero mucho tiempo antes que Fügen, otro crítico literario se había ocupado del desarrollo de principios de sociología empírica de la literatura, que con el paso del tiempo habrían de tener una repercusión importante en autores más modernos. Es L. L. Schücking y la época en que elabora sus obras más importantes son los años treinta; si bien ya en la segunda década del siglo [21] se había ocupado de contenidos de sociología de la literatura. Lo que más sorprende en este autor, por lo que tiene de innovador para la época en que escribe, es el hecho de considerar que el conocimiento y análisis de procesos socio-literarios amplios constituye la base de los estudios propios de sociología empírica de la literatura. En esto consiste el objetivo que ha de proponerse un estudio de este tipo.

---

[21] Vid. L. L. Schücking, «Literaturgeschichte und Geschmacksgeschichte. Ein Versuch zu einer neuen Problemstellung», *Germanisch-Romanische Monatsschrift,* 5 (1913), págs. 561-577. Del mismo, *Die Soziologie der literarischen Geschmacksbildung,* Leipzig-Berlín, Teubner, 1931. Del mismo, «Literarische Fehlurteile. Ein Beitrag zur Lehre vom Geschmacksträgertyp», *Deutsche Vierteljahrschrift für Literaturwissenschaft und Geistesgeschichte,* 10 (1932), págs. 371-386.

El medio más adecuado para adquirir conocimiento sobre literatura es la descripción de los procesos que tienen lugar dentro de una sociedad o grupo social, de entre los que lógicamente tienen una relevancia especial los artísticos y literarios. Para ello, propone servirse del estudio de un fenómeno presente en las manifestaciones artísticas que se producen dentro de una sociedad en un momento o en distintos momentos históricos y que determinan la dirección que toman las mismas: es el fenómeno de la evolución y transformación del *gusto* artístico y literario.

La base y razón de la transformación del *gusto estético* están directamente relacionadas con otro factor, que es muy importante en cuanto que es portador y sujeto determinante de ese *gusto estético,* es decir, el *público.* En consecuencia, *gusto estético,* entendido como realidad cambiante, y *público,* en cuanto receptor de las realizaciones del *gusto,* son los dos ejes sobre los que giran la teoría de Schücking. Sin el *público* no se puede entender el *gusto estético* y sin conocer el gusto literario no se pueden entender tampoco las manifestaciones del mismo.

El *gusto estético* es un fenómeno social. Su realización dentro de un desarrollo permanente responde a causas muy diversas, que no siempre pueden ser precisadas con exactitud. Lo que Schücking afirma es que el *gusto* es el resultado de un proceso que está movido por fuerzas de carácter material e ideológico. La obra literaria se constituye, dentro de este proceso, como portadora y manifestación de un *gusto estético* determinado de una época específica. Ahora bien, cada época histórico-literaria no se manifiesta como portadora de un solo *gusto estético,* sino que en cada momento de la historia de la literatura y del arte se desarrollan simultáneamente gustos estéticos diferentes. Este hecho lleva a la necesidad de una explicación teórica que se soluciona con la introducción del concepto de *sujetos de gusto estético,* cuyo significado encierra y concentra no sólo el gusto de que puede ser sujeto un individuo o un grupo social, sino también sus características típicas y fundamentales.

Es aquí, como muy bien puede deducirse, donde entra en juego el segundo elemento fundamental de esta teoría sociológica de la literatura: el *público* a través del cual se explica la aparición y el desarrollo del gusto estético y poético y, de esta manera, también el fenómeno socioliterario de la escritura como ocupación artística. Pues ocurre que la obra o las obras literarias son acogidas, es decir, *recibidas* en el sentido como aquí se entiende este término, por el público lector; un público lector cuya naturaleza no es unitaria, sino que se constituye en múltiples o en todo caso, al menos, en varias manifestaciones distintas. La obra literaria en su camino de aproximación al público llega a distintos grupos sociales, de los que cada uno de ellos se identifica sociológicamente en todos sus componentes por tener en común intereses similares y, en consecuencia, también gustos similares. De ello se puede muy bien concluir, que, según sean los intereses que cada grupo manifiesta por el tipo concreto de literatura que lee, así será también la tipología de los sujetos lectores. De lo que igualmente se deduce que hay distintos tipos de representantes o portadores de gustos literarios.

Con ello Schücking ha dado, según reconocen todos sus estudiosos, un paso muy importante en la consideración de las relaciones que tienen lugar entre los elementos que entran en juego en el proceso literario, acercando las posiciones a la teoría de la recepción. A lo que en su teoría ha llegado ha sido a poner en tela de juicio la cualidad del autor como elemento y factor exclusivo de creación y constitución de la obra. Si en realidad, como así parece, existen distintos grupos sociales que son representantes de distintos gustos, y como quiera que cada uno de ellos representa también intereses similares, ocurre que el autor se encuentra mediatizado y condicionado por esos gustos y esos intereses, viéndose obligado a tenerlos en cuenta a la hora de escribir, sea de una manera consciente sea de una manera inconsciente; pues es, en último término, el público el que determina las cualidades literarias, los estilos y también los contenidos. La tarea que se le reserva al autor es la de articular y organizar dentro de la obra que escribe las nor-

mas y los valores del grupo social que es su público. De esta manera, se podría concluir, el lector se convierte hasta cierto punto en
cocreador y coautor de la obra, principio no muy alejado del que
en la teoría de la recepción otorga al lector un papel de similares
características.

A partir del establecimiento de estos principios teóricos no resulta ya extraño que Schücking, al igual que todos los sociólogos
empíricos de la literatura, conceda también una importancia considerable a los factores y elementos que son relevantes en la determinación del gusto estético y literario. De entre ellos, como ya se vio
en las consideraciones realizadas sobre Fügen, son de destacar, junto a la propaganda y la crítica, los medios más comunes de transmisión y propagación literarias, tales como las universidades, las
escuelas, las bibliotecas y las mismas librerías.

Aproximadamente tres decenios más tarde de la aparición de
las obras de Schücking sobre sociología de la literatura, un sociólo-
go literario francés retoma los principios fundamentales de su teoría. Se trata de Escarpit; sus aportaciones a la estética de la recepción se refieren sobre todo a la consideración de la naturaleza de
la obra escrita tras la intervención que en ella realiza el lector [22].

La sociología de la literatura que desarrolla y a la que aquí
se ha aludido ya, se ocupa fundamentalmente del conocimiento del
complejo que forman la *producción,* la *propagación* y el *consumo*
de literatura. Su objeto no es más que, expresado de una manera
resumida, el estudio de la relación existente entre el autor de obras
de literatura y el receptor o lector de las mismas. La forma más
adecuada de acercarse a esta relación es el análisis de los medios
que ponen en contacto a estos dos extremos y que no son otros
que el complejo aparato de propagación y difusión del producto
que va a ser consumido. Del conjunto de interrelaciones que consti-

---

[22] Además de las dos obras de Escarpit aquí reseñadas, *Sociologie de la littérature,* 1958, y *La Révolution du Livre,* 1965, hay que añadir la que edita con el título
de *Le littéraire et le social. Eléments pour une sociologie de la littérature,* París, 1970.

tuyen y determinan la vida literaria, merecen una atención especial aquellas *leyes económicas* que orientan y dirigen la producción y el mercado de libros y los condicionamientos dentro de los cuales tiene lugar la *lectura*.

Por lo que al primer punto respecta, hay que decir que la edición de una obra no tiene en muchas ocasiones mucho que ver con lo que normalmente se entiende por cualidad literaria, por lo común, reconocida y aceptada, como tampoco con las expectativas del público lector; las leyes que fijan la producción, orientadas al beneficio económico, operan de una manera que, haciendo usos de resortes como, por ejemplo, la propaganda, hacen que lleguen al lector obras de nueva configuración estética y cuyas cualidades no están siempre necesariamente comprobadas. En cualquier caso, y por lo que al segundo aspecto se refiere, los condicionamientos de la lectura, fenómeno realmente importante para la sociología empírica de la literatura que desarrolla Escarpit, son los hechos y realidades prácticas dentro de los cuales se mueve la obra, cuya naturaleza específica quedará al descubierto respondiendo a cuestiones del tipo de *quién lee* realmente o *qué es lo que se lee* de hecho.

Un aspecto, sin embargo, que no incluyen las consideraciones de Escarpit es el de lo puramente literario o, expresado de otra manera, lo literario como cualidad interna a la obra; hecho que ha sido la causa de no pocas críticas, tal vez incluso la fundamental, a la sociología de la literatura. La exclusión de sus análisis de aspectos tales como el de la estructura del texto o el de los diferentes niveles de estilo, ha constituido la causa primera de esas críticas.

En cualquier caso, es algo que hay que resaltar, de todo este complejo campo de aspectos y factores, se considera básica la comprensión del público lector para el conocimiento de las relaciones literarias que tienen lugar entre el propio lector y el autor o productor. Una aproximación analítica adecuada se consigue a través de la observación de tres factores muy significativos en la estructura del público, como son la estructura social, los hábitos de lectura

y las expectativas literarias. Desde esta perspectiva puede entenderse que el autor cuando escribe, no lo hace de la misma manera
cuando la meta propuesta es un tipo concreto de público lector
o por el contrario, otro distinto. Las premisas teóricas de Schücking recobran aquí su validez. Por otra parte, el autor se ve obligado también a tener en cuenta esos hábitos de lectura, diferenciando
si son propios de un público culto o lo son de uno menos culto,
o si las expectativas de uno se identifican o no con las del otro.

Con todo, es decir, a pesar de la dependencia del autor respecto
a su público lector, no quiere decir que siempre se produzca un
acuerdo y coincidencia entre ambos. Este hecho constituye uno de
los problemas más relevantes en la sociología de la literatura de
Escarpit, porque el que el autor se deba al público, de ninguna
manera quiere decir que éste, por su parte, se deba al autor, tenga
que coincidir con él y oriente los mensajes literarios de acuerdo
con sus intenciones. Una prueba de ello es que el lector puede dar
una interpretación de la obra leída de una forma no coincidente
con la ofrecida por el autor en sus intenciones literarias. En suma,
la manera como se ha de entender este principio es que el autor
se debe al público y es responsable de él al menos desde un planteamiento teórico; el papel del público, por su parte, es el de interpretar el material que ha recibido del autor.

Con ello se ha llegado al punto que ha de considerarse más
importante en razón de las perspectivas que se abren para el desarrollo de la teoría de la recepción. Dentro de la relación que tiene
lugar entre el autor y el lector, la importancia que cobra este último
es tal que Escarpit, llegando con ello al punto máximo de aproximación a la teoría de la recepción, afirma que conocer qué
es un libro viene a significar, ante todo, saber de qué manera
ha sido leído [23]. Es decir, la naturaleza de la obra literaria puede
determinarse a partir de la observación de la manera como ha llegado al público, cómo ha sido la forma de recepción de la misma

---

[23] R. Escarpit, *Das Buch und der Leser*, pág. 119.

en el más amplio sentido de la palabra. Avanzando un paso más, Jauss completará este aserto diciendo que una obra literaria es una realidad abierta e incompleta, cuya recepción hace de ella lo que realmente es.

CAPÍTULO II

LA TEORÍA DE LA INTERPRETACIÓN

Uno de los puntos en que la teoría de la recepción ha centrado
más su interés ha sido la comprensión de la obra, el análisis del
texto leído y recibido. Por otra parte, y por lo que al acto de comprensión de la misma se refiere, ha considerado de importancia fundamental su peculiaridad histórica. Este hecho no ha de resultar
en modo alguno extraño, sobre todo si se tiene en cuenta que se
ha construido como alternativa a la historia o historiografía literarias o, si se prefiere, como superación de las mismas.

La comprensión, el conocimiento de una obra literaria puede
realizarse, de muy diferentes maneras. Puede ocurrir, por ejemplo,
que en el análisis prime el elemento subjetivo sobre todos los demás; puede darse también el caso en que se considere prioritario
un punto de referencia objetivo; puede ser, tal y como propondrá
Jauss, al menos desde un punto de vista teórico, que a la prioridad
concedida a la intervención subjetiva se añada, por otra parte, la
referencia objetiva que supone la consideración y el análisis de la
estructura y significado; esto es, la forma y contenido iniciales y
originarios con que el autor la ha concebido y realizado, en tanto
que puntos de partida inevitables para la intervención posterior de
la subjetividad del intérprete.

Ocurre por otra parte también que además de tratarse de un fenómeno de conocimiento y de comprensión, se trata del conocimiento y comprensión de un objeto que está dotado de unas peculiaridades muy específicas y genuinas, como son las propias del fenómeno literario. Porque no es lo mismo ni plantea idénticos problemas de comprensión un objeto, como puede ser el de las tradicionalmente denominadas ciencias experimentales, que el de aquellas ciencias conocidas, según la terminología de Dilthey, como del espíritu [1]. El objeto de estas últimas tiene como peculiaridad el haber sido intervenido por la capacidad intelectual del ser humano. Es el caso de la obra literaria, objeto primero y fundamental de la teoría de la recepción.

Nos encontramos, pues, ante dos problemas muy diferentes desde una perspectiva teórica o, si se prefiere, ante una cuestión de dimensión doble. Si en el primer caso se trata de una cuestión de naturaleza epistemológica, en la que se pretende dilucidar la manera de ser de un objeto de conocimiento, no importa cuál, en el segundo se añade una cuestión epistemológica sobre un objeto de conocimiento de naturaleza literaria. Para la teoría de la recepción el segundo constituye el punto de partida de su interés. Ahora bien, como este segundo aspecto no puede concebirse de manera separada del primero, los dos constituyen un interés a igual nivel.

La pregunta que procede plantearse en este momento puede formularse de la siguiente manera: ¿Cómo establece la teoría de la recepción el conocimiento de su objeto de estudio? Pregunta que sugiere inevitablemente también la siguiente: ¿Cuál es el concepto que tiene de su objeto? ¿Qué entiende la teoría de la recepción por literatura? Son dos preguntas que encuentran complemen-

---

[1] La referencia que aquí se hace a la diferenciación que establece Dilthey entre ciencias de la naturaleza y ciencias del espíritu no implica la aceptación de la misma. La evolución de la teoría de la ciencia y de las propias ciencias ha tomado hoy día, como es conocido, derroteros muy distintos. Esa diferenciación es tenida aquí en cuenta desde una perspectiva meramente metodológica.

tación en una tercera: ¿Cómo ha de estructurarse una historia literaria?

Para poder responder de una manera adecuada a estas cuestiones, se hace necesario considerar los aspectos en que la teoría de la recepción ha desarrollado unos planteamientos propios partiendo de los principios de la teoría de la interpretación. Para ello pueden, una vez más, servir de ejemplo algunas de las tesis elaboradas y defendidas por Jauss en su obra teórica fundamental [2]. Y aunque no se dé respuesta de una manera explícita a cada una de estas preguntas, las páginas siguientes intentarán ofrecer un análisis que permita sentar las bases correspondientes que serán completadas con otras aportaciones.

De entre los aspectos que Jauss aborda en la obra mencionada anteriormente son de destacar, ante todo, aquellos que tienen que ver con la teoría de la interpretación, uno de ellos de naturaleza metodológica y el otro referido al carácter artístico de la obra literaria. Es cierto que, como se verá, se ocupa también de otras cuestiones; no obstante, entre ellas y la teoría de la interpretación no existe relación alguna.

El punto de partida y de referencia que pone en relación a ambos, es la idea de que frente a lo que se pudiera pensar y en contra de lo que demuestran los estudios literarios, la historia literaria no ha sido superada, antes al contrario, puede muy bien presentarse como alternativa incluso a la crítica literaria al uso. Para ello Jauss elabora una serie de conceptos, de entre los que aquí se puede destacar los de *historicidad de la literatura, distancia estética, horizonte de expectativas, transformación de horizonte,* etc.,

---

[2] Vid. J. R. Jauss, «Literaturgeschichte als Provokation»; también «Paradigmawechsel in der Literaturwissenschaft», *Methoden der deutschen Literaturwissenschaft. Eine Dokumentation,* ed. de V. Žmegač, Frankfurt am Main, 1972, págs. 274-290; «Racines und Goethes Iphigenie. Mit einem Nachwort über die Partialität der rezeptionsästhetischen Methode», *Rezeptionsästhetik. Theorie und Praxis,* ed. de R. Warning, Munich, 1975, págs. 353-400.

todos ellos dotados de unas connotaciones tales que recuerdan inmediatamente otros conceptos similares, elaborados por la teoría de la interpretación, de cuyo representante más característico y fuente de que se sirve Jauss es H. G. Gadamer.

Puede decirse que la intención que orienta a los teóricos de la recepción literaria en su trabajo de investigación sobre la obra, coincide con la de Gadamer en relación con los textos, sean del tipo que sean, que han de ser sometidos a interpretación. Se trata de la superación del positivismo e historicismo, cuyo ideal de objetividad llevó a orientar los procedimientos propios de las humanidades según las normas por las que se rigen los de las ciencias experimentales. La teoría de la interpretación que desarrolla Gadamer significa una reorientación de la teoría general de la interpretación de textos, hecho que ha de considerarse en cierta medida coincidente con las aportaciones de Jauss en el campo de la historia literaria. Es, en último término, un problema de naturaleza epistemológica de repercusiones importantes en la metodología de esta disciplina.

La Teoría de la Interpretación, también denominada Hermenéutica, entendida como reflexión sobre los principios fundamentales y los condicionamientos generales que determinan la comprensión y formulación de esta comprensión por medio del lenguaje, antes de llegar al momento de desarrollo histórico que es aquí objeto de reflexión, ha pasado por otro anterior, cuya evolución ha sido la causa de que Gadamer lo pusiera en tela de juicio. Ambos forman parte de la denominada Teoría filosófica de la Interpretación, de la que el antecedente inmediato es la Hermenéutica tradicional, la cual resulta de menor interés para las reflexiones que se están realizando aquí.

La cuestión epistemológica que se le plantea a la teoría filosófica de la interpretación [3] consiste en la relación básica que en todo

---

[3] Vid. L. Acosta, «El procedimiento hermenéutico como modelo de conocimiento en la actual ciencia literaria», *Studia Philologica Salmanticensia* 2 (1978), págs. 25-51.

proceso de conocimiento se produce entre el sujeto y el objeto del mismo. Rechazada la fórmula cartesiana, según la cual ambos se encuentran en una situación como de aislamiento, oposición y enfrentamiento mutuo, por el hecho de que el contexto en que se mueven los objetos de interpretación de las ciencias, en la terminología de Dilthey, del espíritu, no es de la misma naturaleza que aquel en que se mueven los objetos de las ciencias experimentales, se hace necesario buscar un procedimiento adecuado al verdadero contexto del objeto de conocimiento. El modelo cartesiano de relación de enfrentamiento cede ante otro de naturaleza *circular,* conocido también como *hermenéutico.* Su peculiaridad frente al cartesiano se observa en un elemento nuevo que va a ser aceptado por todos los representantes de la hermenéutica moderna posterior. Se trata de la *conciencia histórica,* el reconocimiento tanto de la historicidad del fenómeno de la comprensión como de la historicidad de los objetos de comprensión. La *conciencia histórica* presupone partir de que existe una mediación entre las distintas manifestaciones llevadas a cabo a lo largo de la historia por parte del sujeto y las manifestaciones del objeto de conocimiento, es decir, por parte del intérprete que realiza la actividad cognoscitiva y por parte del texto que es sometido a interpretación. La relación de oposición entre ambos se convierte, de esta manera, en una relación dialógica.

LA EPISTEMOLOGÍA DE DILTHEY

Los principios epistemológicos de la teoría moderna de la interpretación cobra su fundamentación inicial en las aportaciones de Dilthey[4]. Sin con ello restar importancia a los logros de Schleiermacher[5], puede afirmarse sin grandes dificultades que Dilthey consigue crear un modelo y un método de comprensión muy definido

---

[4] Vid. W. Dilthey, *Gesammelte Werke,* Göttingen y Stuttgart, 1972.
[5] Vid. F. D. E. Schleiermacher, *Werke,* Leipzig, ²1927-28.

para realizar la tarea de conocimiento de los objetos de las ciencias del espíritu. Para la consecución de ese objetivo, el punto de referencia permanente es la tarea propia de los estudios filológicos, esto es, el análisis de textos.

Pues bien, de entre los conceptos básicos que Dilthey elabora para la consecución y desarrollo de un método, y que son de importancia tanto para la teoría general de la interpretación como para, en una forma evolucionada, la teoría de la recepción, son de destacar los de *conciencia individual, conciencia histórica y totalidad estructural.* Todos ellos son fundamentales para la descripción de la naturaleza del proceso de conocimiento, no sólo de textos, sino de conocimiento en general, entendido como el que va desde un momento precientífico hasta el momento definitivo de peculiaridades científicas y objetivas.

Así describe Dilthey este fenómeno: previamente al inicio del proceso por el que se llega al conocimiento de objetos de las ciencias del espíritu, el intérprete se encuentra, por lo general y de entrada de una manera inconsciente, inmerso en una situación. Este estado se entiende como *conciencia individual,* y su peculiaridad elemental consiste en la capacidad de determinar previamente toda comprensión que se va a producir más tarde. Todo sujeto de conocimiento se encuentra dentro de esta conciencia que, por ser individual, determina que el tipo de comprensión a que se puede llegar desde ella está cargado de un grado muy elevado de subjetividad [6]. La relación que se establece entre el sujeto de conocimiento y la vida y el mundo se describe como *vivencia,* como la forma de experimentar esas dos realidades. A partir de esta relación y desde la *vivencia* tenida por el sujeto conocedor, se capta la realidad exterior y la propia vida, fenómenos que se presentan como *contextos de totalidad estructural.*

---

[6] W. Dilthey, «Zusätze aus den Handschriften», *Gesammelte Werke,* vol. V, pág. 333.

De la misma manera que el sujeto capta esas realidades, puede comprender también la realidad exterior de los textos, denominados en la terminología de Dilthey de una manera genérica *manifestaciones de vida fijadas por escrito.* La experiencia primera que el conocedor tiene desde su *conciencia individual* con un texto es, asimismo, de naturaleza vivencial, por el hecho de que se trata de algo que forma parte del mundo que experimenta el sujeto conocedor.

Sin embargo, este contacto vivencial con esas *totalidades estructurales,* bien se trate del mundo, bien de la vida o manifestaciones escritas de la misma, sólo proporciona un conocimiento, si es que se puede llamar así, vivencial; la peculiaridad básica es la de ser un conocimiento precientífico que, como tal, no constituye más que un punto de partida de un proceso mucho más amplio. El final del mismo consiste en la culminación en un conocimiento comprensivo, caracterizado por ser científico y objetivo, meta que ha de conseguir en su labor el intérprete de textos.

El punto de partida para el paso siguiente sigue siendo, no obstante, la vivencia del concepto de *estructura,* puesto que es precisamente a partir de la misma como el sujeto deja de vivenciar algo que cae dentro de la experiencia individual, para percibirlo como algo que se refiere y relaciona con otros sujetos. De esta manera se hace posible acceder a aquellos aspectos del objeto de conocimiento más generales y más profundos. Ahora bien, para que el conocimiento sea realmente objetivo y científico, el proceso tiene que proseguir hasta llegar al punto en que se capta lo singular como una realidad que se encuentra en relación con otros singulares con los que puede ser sometida a comparación. Se trata de la fórmula de conocimiento conocida como *inducción* y constituye la esencia del método generalmente utilizado por las ciencias experimentales o ciencias de la naturaleza.

Pero ocurre que este método inductivo de conocimiento tiene la peculiaridad de no quedarse ahí, es decir, en el punto en que se comprende lo general a partir de la experiencia de lo particular y lo concreto. Según Dilthey esta metodología no se completa úni-

camente con el camino, por así decirlo, de ida, sino que, por el
contrario, para poderla cerrar se hace necesaria también la vuelta;
pues la vivencia de lo particular y concreto sólo puede conseguirse en toda su profundidad sobre la base de la comprensión de
lo general, dentro de lo cual se encuentra incluido lo particular.
De esta manera la comprensión se hace de naturaleza *circular,* añadido característico de la teoría filosófica de la interpretación al
procedimiento propio de las ciencias experimentales y que, referido
al conocimiento de textos, se entiende como un camino que va desde el individuo y los aspectos individuales hasta el todo y los aspectos generales y amplios; y viceversa, esto es, de la totalidad hasta
el individuo, en que el todo que constituye una obra, exige llegar
a la personalidad individual del autor y a la literatura con la que
está relacionado y dentro de la cual ejerce su actividad [7].

Con todo, no es intención de Dilthey quedarse en el procedimiento de las ciencias de la naturaleza. El punto de partida, contrario al dogmatismo empirista y a la metodología cartesiana, le obliga
a llevar los planteamientos hasta el objetivo que se ha propuesto,
y encuentra la solución en la relación del conocimiento objetivo
que proporciona la *inducción,* con la *conciencia individual,* forma
primera de acercamiento del sujeto al conocimiento del mundo y
de la vida. Ese conocimiento de inducción, por medio del cual se
relaciona entre sí a varios singulares, es llevado a cabo por una
conciencia individual; se trata de un proceso que consiste en la comprensión de la *totalidad estructural* del objeto de análisis, partiendo
de los efectos que produce en la totalidad del propio yo. Sólo así
se hace posible que el intérprete esté en disposición de apropiarse
de un mundo que es exterior a él; sólo de esta manera puede pasar
de la vivencia precientífica al conocimiento objetivo [8].

Con todo, la *inducción* como procedimiento metodológico realizado por una *conciencia individual,* de ninguna manera garantiza

---

[7] *Ibid.,* pág. 334.
[8] *Ibid.,* pág. 335.

que el resultado final sea un resultado científico y objetivo, dado que la naturaleza de los textos tampoco puede identificarse con la naturaleza de los objetos de las ciencias experimentales. Por ello se hace necesaria una instancia, un punto de referencia que se convierta en valedor de los resultados finales, que proporcione un fundamento sólido al último momento del proceso de conocimiento.

Llegado este punto, Dilthey desarrolla, dentro de la tradición historicista, una categoría que, sin duda, va a tener una importancia grande en el desarrollo posterior de la teoría de la recepción si bien, conviene hacer la observación, con las lógicas e inevitables transformaciones y correcciones que sufrirá con el paso del tiempo. Es la categoría de la *conciencia histórica,* cualidad que hace que el sujeto que está en disposición de la misma, pueda superar las limitaciones de comprensión a que están sometidas las perspectivas que desarrolla una *conciencia individual* aislada. Relacionándolas con el movimiento superior y la perspectiva externa de la historia, desaparece la relatividad de la misma.

La categoría de la *conciencia histórica* nace de la reflexión [9] de que la *conciencia individual* es algo limitado por tratarse de una realidad que es histórica. El sujeto experimenta realidades temporales que son igualmente limitadas; son, por ejemplo, las realidades objeto de las ciencias del espíritu; es más, su experiencia le lleva a la observación de una diferencia fundamental: mientras que los objetos de las ciencias experimentales se observan como realidades fijas, los de las ciencias del espíritu no se perciben así, pues a los ojos del observador se presentan como limitadas e históricas. Por lo tanto el problema que se plantea consiste en llegar a dilucidar cómo es posible que la *conciencia individual,* que es limitada, pueda superar los obstáculos propios de su limitación y acceder a aquella realidad que está por encima y que es garantía de conocimiento objetivo. La respuesta a esta pregunta y la solución a este plantea-

---

[9] Dilthey desarrolla estas reflexiones fundamentales en el volumen VII de las *Obras Completas,* si bien también aborda el tema en los volúmenes V y VII.

miento está en la *conciencia histórica,* cuya cualidad fundamental consiste en una forma de comportamiento de naturaleza temporal que confiere la capacidad de superar las trabas con que se enfrenta la subjetividad. Las realizaciones intelectuales del ser humano se configuran como manifestaciones de la vida, entendida no de otra manera que como espíritu, como una realidad absoluta, cuya correspondencia ideal es la *conciencia histórica.* Entre la vida intelectual superior y el conocimiento, el conocer y el saber, existe una relación que está sin más ahí. De esta manera se entiende el que la *conciencia histórica* se conciba como una forma de autoconocimiento.

LA HERMENÉUTICA DE GADAMER

Al analizar Gadamer las reflexiones epistemológicas de Dilthey [10], interpreta el fenómeno que se produce cuando un intérprete se enfrenta al estudio de un texto, como un encuentro del espíritu consigo mismo. Piensa, como se verá más adelante, que la naturaleza del mismo no es lo suficientemente extraña ni tampoco lo suficientemente conocida. Por ello, y en relación con lo primero, el texto ofrece una tarea que realizar; en cuanto al segundo aspecto, en cambio, por el simple hecho de ser texto, es decir, realidad escrita y, a la postre, intelecto, tiene ya fijada de antemano una solución elemental.

A pesar de todo, Dilthey no consigue el objetivo que se ha propuesto. En este sentido, Gadamer, además de criticarle el haber equiparado el carácter de objetividad de las ciencias del espíritu con el de las ciencias de la naturaleza, asegura, en primer lugar, que el conocimiento que se puede adquirir sobre los objetos de aquéllas, de ninguna manera puede lograrse por medio de un procedi-

---

[10] Vid. H. G. Gadamer, *Wahrheit und Methode. Grundzüge einer philosophischen Hermeneutik,* Tübingen, 1975, págs. 205-228 (capítulo «Diltheys Verstrickung in die Aporien des Historismus»).

miento inductivo. Por otra parte, sostiene que cuando Dilthey critica el dogmatismo empirista, lo que está haciendo en realidad es confirmarlo. Con ello el cartesianismo cobra nuevo vigor, dado que la *conciencia* no puede en modo alguno hacerse determinante. Sin embargo, hay que hacer aquí la observación de que el concepto de *conciencia histórica* evolucionado va a prestar fundamentos al desarrollo de la teoría de la recepción.

En *Verdad y Método,* Gadamer plantea el problema epistemológico de las ciencias del espíritu no, como podría parecer, en un ataque frontal a los principios de Dilthey, en el sentido de que desarrolle una teoría del conocimiento distinta con una solución igualmente distinta. Gadamer es un teórico de la interpretación y, como tal, se enmarca dentro del desarrollo histórico del pensamiento hermenéutico. Por esta razón, su posición crítica hay que entenderla, más bien, como un intento de superación y corrección de los aspectos que no habían sido desarrollados de forma adecuada.

El punto de partida de la crítica a Dilthey se dirige contra la confianza de éste, tal vez excesiva, en los métodos del pensamiento histórico. Hasta tal punto ello es así que llega a calificarla de ingenua y su pensamiento de enmarañamiento en el historicismo, lo que se demuestra en la consideración de los fenómenos de la vida y del saber como hechos de naturaleza originaria. Las vivencias de que es sujeto el ser humano no pueden tender el puente hacia las realidades históricas, por tratarse de realidades que están ahí y que, por ello, son previas a toda experiencia. Si ello fuese así, la historia quedaría reducida a una historia del intelecto humano, a una historia de la cultura del espíritu. Por otra parte, tampoco se hace posible equiparar el grado de objetividad a que pueden llegar los procedimientos de las ciencias de la naturaleza con el de los de las ciencias del espíritu, dado que esa objetividad no puede encontrarse, en el caso de las segundas, desde la consideración de la historicidad de la experiencia humana, sino en otra parte.

Gadamer piensa que entender no es tanto un asunto de la subjetividad cuanto una penetración en un *acontecer de tradición.* A partir de este supuesto se evidencia que de lo que de hecho se trata es de mejorar la teoría del conocimiento elaborada por Dilthey y, en último término, de dilucidar con más precisión el proceso de conocimiento. Pues bien, de entre las aportaciones al análisis de este proceso son de destacar los conceptos de *preestructura de la comprensión, prejuicio, distancia en el tiempo* y el principio de la *historia efectual del objeto.* Sobre estos conceptos y principio hay que subrayar que los dos primeros no son propios del pensamiento hermenéutico, sino más bien un resultado de la influencia del pensamiento existencial, donde Gadamer encuentra la fórmula que le da la solución a los planteamientos historicistas.

Como punto de partida para analizar y explicar el proceso de comprensión se apoya en la consideración de algunos de los principios ontológicos desarrollados por Heidegger en *Sein und Zeit* [11]. El más relevante es el que se refiere a la temporalidad del ser, a partir del cual se explica el primer paso, o paso previo, de la comprensión. El filósofo existencialista cree que el ser, en cuanto realidad existencial *está* siempre *ahí,* se encuentra en la existencia. Esta situación implica, por otra parte, que el sujeto que también *está ahí,* tenga que ser en todo momento sujeto de algo, puesto que resulta de todo punto imposible la experiencia de un ser absoluto y como tal independiente y aislado. Es más, por el hecho de que el sujeto se encuentra ya de antemano en relación directa e inevitable con el mundo, ocurre que lo está también, incluso antes de iniciar tareas como la de pensar, reflexionar o conocer. Cuando el ser se pone en disposición de iniciar la tarea, póngase por caso, de interpretar algo, se encuentra en una situación como de sometimiento a aquellos hábitos y costumbres propios que se han ido formando en su persona a partir de todos los actos de interpretación que haya podido llevar a cabo previamente; y aunque sea, con todo, el objeto de interpretación el que determina el trabajo y meta que se ha propuesto el intérprete, el sujeto se encuentra de entrada,

---

[11] M. Heidegger, *Sein und Zeit,* Tübingen, 1967[11].

en posesión de una idea de la totalidad que constituye el objeto
de interpretación. Se trata, pues, de un acto previo a la comprensión del objeto de conocimiento que, por el hecho de ser previo,
no llega a adquirir el carácter genuino de conocimiento, sino que
sólo se materializa como una especie de esbozo de comprensión,
que no va más allá de simplemente ofrecer posibilidades. Con el
desarrollo de este esbozo de comprensión se puede conseguir que
ese preconocimiento se vaya revisando y se sustituya por una nueva
comprensión que se logra con una penetración cada vez más profunda en el objeto de interpretación.

Conviene hacer, por otra parte, la observación de que la relación en que se encuentran el ser en cuanto sujeto de conocimiento
y el objeto de conocimiento, es de naturaleza histórica y está, por
tanto, condicionada históricamente. Pero como ocurre además que
el ser es tiempo y es dentro del tiempo donde realiza su actividad
de conocimiento, lo que el sujeto hace cuando conoce, es reflexionar sobre los *existenciales* que le condicionan para de esta manera
poder comprenderlos. El esbozo de conocimiento se produce en el
momento en que se fija el horizonte de la interpretación dentro
de las coordenadas de espacio y tiempo. La comprensión tiene lugar en un punto en el que se dan una serie de condicionamientos
que son resultado y consecuencia del proceso histórico general y
más amplio. La importancia de estos condicionamientos está en que
ejercen una influencia en cada uno de los distintos puntos por los
que discurre la secuencia temporal; y como el proceso va tomando
cada vez nuevas perspectivas a consecuencia del influjo de la serie
que forman cada uno de los momentos históricos concretos, la comprensión se produce dentro de un *círculo* denominado *de la historicidad*. Como observa Gadamer, la estructura de la comprensión
se concretiza en la comprensión histórica cuando se hacen efectivos
en el proceso el pasado constituido por hábitos y tradiciones y el
futuro de las posibilidades que están a disposición del intérprete [12].

---

[12] Vid. Gadamer, *op. cit.*, pág. 249.

Con ello, la descripcion fenomenológica que realiza Heidegger sobre la estructura de la comprensión, por una parte, y la categorización de la misma como histórica, por otra, constituyen el punto de arranque y al mismo tiempo de conexión de Gadamer con Heidegger para describir el proceso de comprensión de los textos y así superar el esquema cartesiano, al que al final había regresado Dilthey en contra, precisamente, de su intención de superarlo.

Gadamer parte, pues, de la aceptación del concepto de *preestructura de la comprensión* del pensamiento existencial de Heidegger, al igual que de la categoría de la *circularidad histórica* de la misma. Desde ahí entiende el *círculo de la historicidad* como una forma de historicidad que toma sentido desde una relación con el concepto de *prejuicio*.

Este concepto es considerado de tal importancia que llega a convertirse en la base de toda comprensión, y se explica desde el hecho de que el intérprete, antes de iniciar propiamente su tarea, está determinado por unos presupuestos que se derivan de la situación inevitable en que se encuentra inmerso y que tienen la capacidad como de sobrecogerle.

Prejuicio no quiere decir juicio falso, sino que en sus notas conceptuales se incluye el que pueda llegarse a una valoración, bien positiva o bien negativa; tiene una relación muy próxima al término latino *praejudicium* y no al correspondiente ilustrado [13]. El prejuicio proporciona de alguna manera conocimiento; crea una situación previa al mismo al adelantar, en cierto modo, un contexto de sentido. Ocurre que, si bien el objeto es algo cuya naturaleza es aún desconocida, en el momento de aproximarse al mismo, se lo ordena simultáneamente dentro de lo que es ya conocido y familiar. Plenamente en este sentido podría decirse que en la interpretación de un texto perteneciente, póngase por caso, al género narrativo, previamente ya el inicio del estudio del mismo, el lector que ahora ejerce la actividad de intérprete, enmarca ese texto dentro de la

---

[13] *Ibid.*, pág. 255.

idea general que se ha ido haciendo sobre el género épico y que es lo suficientemente amplia como para que pueda incluirse sin dificultad alguna dentro de ella también el caso en cuestión. Esa idea de lo que para el intérprete es la naturaleza de la obra narrativa es algo que se ha ido formando en él a partir de todas las experiencias que ha tenido con ese género literario, en las que el contacto con la *tradición* y la *autoridad* desempeña, como se verá más adelante, un papel decisivo. En el proceso posterior de estudio e interpretación, la tarea consistirá en verificar si los *prejuicios* son juicios auténticos, es decir, verdaderos y si, una vez que se ha concluido el proceso de análisis, pueden convertirse en juicios definitivos, después de que se les haya proporcionado la fundamentación científica de que carecían al comienzo de la interpretación.

En el análisis de la naturaleza de los *prejuicios,* Gadamer busca las razones por las que han de ser considerados positivos o verdaderos o, por el contrario, negativos o falsos; y encuentra que la razón última que los justifica es la *intersubjetividad.* En consecuencia, los prejuicios serán verdaderos si, aun siendo subjetivos, su origen se debe a una situación histórica intersubjetiva que les otorga justificación. Son, por el contrario, falsos si escapan a la validez que proporciona el estar enmarcados dentro de una situación histórica intersubjetiva. Ahora bien, y esto es un paso muy importante hacia adelante en la fijación de la hermenéutica filosófica de Gadamer, tanto la validez de los prejuicios positivos como la falta de validez de los negativos, pueden ser otorgadas solamente por la comunidad que se va constituyendo poco a poco con y a través de la *tradición,* único factor que, de hecho, puede adelantar un sentido coherente. Porque la anticipación de un sentido del texto, observa Gadamer, no es un acto de la subjetividad, sino que se trata de algo que se determina a partir de la comunidad que pone en contacto al intérprete con la tradición [14]. Y no es que haya que declarar definitivas esas anticipaciones de la comprensión que porporcionan los

---

[14] *Ibid.*, pág. 277.

prejuicios, sino que lo que en efecto se hace, concediendo Gadamer con ello la razón a Heidegger, es controlar sus contenidos. Aunque tampoco, por otra parte, es un asunto de defenderse frente a la fuerza de la *tradición,* cuya presencia aparece de manera implícita en todo texto. La postura adecuada del intérprete ha de consistir en intentar distanciarse de todo aquello que puede dificultar la comprensión, teniendo siempre como punto de partida aquella cuestión que ha determinado la acción interpretativa del sujeto. Son los *prejuicios* cuyas razones de ser no se conocen, los que impiden llegar al objeto que se manifiesta en *tradición.*

Esta argumentación no parece falta de una fundamentación sólida. Con todo, no llega a explicitar ni el lugar donde puede encontrarse ni el medio para conseguir la legitimidad y legitimación de los *prejuicios.* Gadamer recurre entonces a la reflexión sobre uno de los prejuicios o fuente de prejuicios que la filosofía de la ilustración ha tenido por tal en el sentido negativo del término: el *prejuicio de la autoridad.*

El pensamiento ilustrado había encontrado, como solución más adecuada a las dificultades del *prejuicio de la autoridad,* el principio del predominio de la facultad de la *razón,* el sometimiento de aquélla a los dictámenes de ésta, de tal forma que, con ello, se había establecido una oposición entre ambas: En principio, la aceptación del primado de la razón, independientemente de que sea el principio básico del entramado filosófico ilustrado, no parece que ofrezca dificultades. No obstante, Gadamer se ve obligado a hacer la observación de que, con todo, la ilustración no había llegado a ver que la *autoridad* puede ser también una fuente de verdad [15], pues a diferencia del aspecto negativo con que ese movimiento filosófico ha caracterizado a la *tradición,* la entiende, no a partir del acto de sumisión que su aceptación puede traer consigo, sino desde el conocimiento y reconocimiento de la misma.

---

[15] *Ibid.,* pág. 263.

La aceptación de la *autoridad* no tiene por qué significar un acto de obediencia ciega, sino que, por el contrario, puede ser también un hecho justificado por la validez que proporciona el conocimiento de su efectividad positiva.

Aparte de considerar el *prejuicio* más atacado por la ilustración, Gadamer se ocupa también de otro *prejuicio,* que puede ser igualmente fuente de conocimiento y al que ya se ha hecho mención aquí; es cualidad suya el hecho de ser una forma de autoridad y ha constituido uno de los grandes soportes del pensamiento romántico. Es el prejuicio de la *tradición.*

Desde aquí describe el fenómeno de la comprensión como un modo de «penetrar en un acontecer de tradición»; un acontecer en el que en todo momento se mediatizan el tiempo pasado con el tiempo presente, hasta el punto de que con ello se va constituyendo, de una manera paulatina pero continuada, una unidad de comunidad. Porque el proceso que va teniendo lugar en el transcurso del tiempo y a través de una y otra generación, esa comunidad va asimilando e incorporando todos aquellos *prejuicios* que son verdaderos, pero a la vez, también rechazando y eliminando los falsos, al tiempo que creando otros nuevos. Es más, todo aquello que es «sacralizado» por la *tradición,* encierra en sí un carácter de *autoridad* [16], de lo que ejemplos evidentes son la educación, como algo cuya base se asienta siempre en la tradición, y las costumbres, cuya razón de ser no puede entenderse si no es a partir de ese *acontecer de tradición.* La *tradición* es, con todo, todavía mucho más; la *tradición* es un momento de la libertad y de la historia; porque el hecho de que el hombre haya querido siempre conservar algo, esto es, mantener una tradición, lleva dentro, por principio, un acto de razón [17].

Pues bien, lo que intenta la teoría de la interpretación en su ámbito filosófico, y como representante del mismo también Gada-

---

[16] *Ibid.,* pág. 264.
[17] *Ibid.,* pág. 265.

mer, es servirse de la *tradición* como medio indispensable para comprender el objeto. La realidad existencial del ser humano, del intérprete y sujeto de conocimiento, es que, previamente a todo acto cognoscitivo, se encuentra inmerso en *tradiciones*. Es una realidad conocida y aceptada. Pero ocurre también que el sujeto, además de encontrarse en ese *estado de tradición,* lo entiende como algo propio, lo ve como algo que le sirve de modelo, al igual que de fuerza disuasoria en sus actuaciones [18]. Cuando el sujeto inicia la tarea de la interpretación no puede en modo alguno ni abstraerse ni prescindir de la pervivencia de *tradiciones,* al menos como presupuesto básico, porque sea de una manera, sea de otra, la *tradición* ejerce en todo momento su actividad.

A partir de este punto de reflexión a que Gadamer ha llegado, se plantea la manera de relacionar la presencia y acción de las *tradiciones* con la presencia y acción de la investigación histórica, concluyendo que en realidad se trata de dos factores que constituyen una unidad de acción, y que para poder analizarla sería necesario considerar un amplio complejo de interacciones e interinfluencias. La *tradición* es algo que está siempre ahí ejerciendo su acción y presencia. Pero ocurre, por otra parte, que la investigación histórica está también ahí ejerciendo su acción, en la que, a su vez, la tradición ha ejercido la suya. Para el intérprete será, pues, fundamental identificar cómo la *tradición* se ha comportado, por así decirlo, a través de su configuración histórica: «Lo que da plenitud a nuestra conciencia histórica es, en todo momento, una multiplicidad de voces en las que resuena el pasado. Es en la multiplicidad de esas voces donde se encuentra; es lo que constituye la esencia de la tradición en la que participamos y en la que queremos participar. La investigación histórica moderna no es tan sólo investigación, sino que además proporciona tradición. Sólo la percibimos desde la ley del progreso y de los resultados seguros; también en ella hacemos, por así decirlo, experiencia histórica, siempre que

---

[18] *Ibid.,* pág. 266.

en cada caso se oiga una voz nueva en la que resuene el pasado» [19].
Ahí ve Gadamer también, dicho sea de paso, la diferencia que hay
entre los objetos de las ciencias de la naturaleza y los objetos de
las ciencias del espíritu, en tanto que el objeto de las primeras se
puede determinar teóricamente como lo que podría llegarse a conocer después de un conocimiento pleno de la naturaleza. No tiene
mucho sentido, en cambio, hablar de un conocimiento pleno de
la historia.

Para explicar cómo se produce la presencia y acción de la *tradición* en el comportamiento histórico, acude al ejemplo de lo *clásico*. Después de la reflexión de que el proceso de investigación no
radica en la ampliación de nuevos campos o de nuevos materiales,
sino más bien en la consecución de un nivel más elevado en la manera de plantear las cuestiones, afirma que esto es precisamente
lo que ha ocurrido en el conocimiento de lo *clásico,* entendiendo
por tal una fase de desarrollo del devenir histórico de la humani-
dad, que trae consigo una plenitud de madurez [20]. En el concepto
diferencia dos notas fundamentales: un aspecto normativo y un aspecto histórico. Al tratarse de un momento de pleno desarrollo,
ese carácter de plenitud hace que, en la investigación histórica, consiga el reconocimiento que tiene todo aquello que sirve de modelo,
es decir, reciba el reconocimiento de lo normativo. Peculiaridad de
lo *clásico* es la capacidad de resistir a todo tipo de crítica histórica.
Su naturaleza permanece intocable ante cualquier tipo de interpretación y la razón de que ello sea así está en el hecho de que esa
intocabilidad histórica es previa a toda reflexión que sobre ella se
pueda realizar. Pero ocurre además que lo *clásico* es a su vez histórico y, como tal, pertenece a la conciencia histórica y está sometido
a su dictamen. Lo *clásico* surge «de la diferencia de la época que
cambia y de su gusto igualmente cambiante»; es una «especie de
presente atemporal, simultáneo a todo presente». En resumen, lo

---

[19] *Ibid.,* pág. 268.
[20] *Ibid.,* págs. 270-274.

básico del concepto lo constituye su sentido normativo, que referido a algo pasado se articula históricamente. Al final, Gadamer parece no tener otra alternativa que acudir a la idea hegeliana de que lo *clásico* es «lo que se da significado a sí mismo y con ello también se explica a sí mismo». Lo que es clásico no necesita superar el fenómeno de la distancia histórica, puesto que ello mismo se consuma en permanente mediación temporal. En consecuencia, lo que es clásico es ciertamente atemporal, bien entendido que esta atemporalidad es una forma de ser histórico [21].

De esta consideración lo realmente significativo para la comprensión en cuanto proceso de conocimiento, es el papel que en el mismo desempeña la *tradición* como medio por el que se pone en contacto y relación el presente con el pasado y viceversa. La reflexión clave sobre este proceso está en el reconocimiento de que la comprensión incluye e implica la conciencia del sujeto de pertenecer al mundo de la obra, y lo que es igualmente importante, de que la obra pertenece igualmente al mundo del sujeto. Ahí está, en último término, la base de todo comportamiento histórico y de todo conocimiento histórico. El que la *conciencia histórica* lleve al reconocimiento del movimiento histórico no sólo en el acontecer, sino también en el proceso de comprensión, le lleva a Gadamer a afirmar que «la comprensión no ha de ser tanto pensada como una acción de la subjetividad, sino como penetración en un acontecer de tradición en que se mediatizan el presente y el pasado» [22].

Hasta ahora lo que se ha desarrollado básicamente, ha sido una descripción de la estructura de la comprensión, para lo que ha servido, sobre todo, el concepto elaborado por Heidegger de la *preestructura* de la misma entendida como fenómeno existencial. A partir de ahí se desarrolla, a su vez, la idea de *prejuicio,* base en que se apoya el sujeto para la consecución de conocimiento. Sin embargo, no es suficiente; en el proceso de la interpretación se hace nece-

---

[21] *Ibid.,* pág. 274.
[22] *Ibid.,* págs. 274-275.

sario avanzar hacia adelante y encontrar la fórmula que permita cerrarlo y que garantice los resultados. Es la razón por la que Gadamer necesita seguir estructurando el procedimiento metódico.

Llegado este momento parece como si se produjese un giro en sus objetivos al advertir que no consisten tanto en la elaboración de un método específico, sino más bien en continuar explicando la estructura de la comprensión y que su meta última es la *descripción explicativa* de los condicionamientos dentro de los cuales se produce la misma. Aquí es donde en el pensamiento de Gadamer tiene lugar la desviación, por así decirlo, de la metodología hermenéutica tradicional, y donde al mismo tiempo se confirman los principios existenciales y fenomenológicos de Heidegger. Pues mientras que para la teoría de la interpretación tradicional el principio de la *circularidad* constituye la base metodológica, y la adecuación de los resultados conseguidos se deriva de la concordancia de las partes con el todo, tanto desde el aspecto del objeto como según una orientación subjetiva, Gadamer piensa que el *círculo metódico* lo que hace es describir la comprensión como un juego en que se entremezclan la tradición y el intérprete; es la razón, como se vio, de que la anticipación del sentido no sea un acto subjetivo. No es pues un *círculo metódico* ni lo es de naturaleza formal, sino que lo que por su mediación se consigue es describir el momento ontológico estructural de la comprensión [23].

Con todo, el objeto de discernir entre la naturaleza de los *prejuicios,* es decir, de diferenciar entre los *prejuicios verdaderos* y los *prejuicios falsos* no ha sido aún resuelto de una manera concreta. Todavía no se ha fijado ningún tipo de criterio que pueda ayudar a dilucidar esta cuestión. Gadamer piensa que ha sido así, porque en realidad no es posible; cree que esa diferenciación tiene lugar precisamente en el mismo acto de la comprensión. Con todo, se puede de alguna manera ayudar a separar unos prejuicios de los otros. A ello ayuda *distancia temporal*.

[23] *Ibid.,* pág. 277.

Cuando un intérprete se ocupa de la comprensión de textos del pasado, ocurre que entre él y los autores de los textos hay una diferencia que viene dada por el alejamiento en el tiempo. A esta diferencia se la denomina *distancia temporal,* y aceptada como tal significa que el texto es una realidad que no tiene por qué ofrecer dificultades de comprensión por el hecho de estar alejada; antes al contrario, cuando una realidad ha tenido lugar en el pasado y este pasado es accesible, constituye entonces una totalidad que, en principio, está acabada y cerrada; está ya plenamente constituida. Por esta razón y porque además el intérprete se encuentra suficientemente distanciado, la perspectiva desde la que puede observar su objeto es mucho más amplia. Además desde el punto en que hizo su aparición el texto y el momento en que tiene lugar la interpretación, no hay un vacío que tenga que ser llenado para poder ponerse en contacto con aquél, pues entra en juego la efectividad permanente de la *tradición* que hace que el pasado se manifieste de una manera continua en el momento actual, es decir, en el momento de la interpretación. Lo que quiere decir que el conocimiento del objeto, aparte de hacerse de esta manera mucho más fácil, no se ve como un fenómeno acabado en un momento cualquiera, sino que se trata de hecho de un proceso inconcluso y el objeto algo que nunca termina de ser conocido [24].

Aquí hay que ver precisamente el punto de contacto más próximo entre la teoría de la interpretación y la teoría de la recepción. A partir de la aceptación por Jauss del papel que desempeña la tradición y de la presencia permanente de la obra a través del lector, la teoría de la recepción sólo necesitaría trasladar el punto de gravedad constituido por la obra, al punto de gravedad que es el lector para llegar a su aportación más genuina. En la elaboración del concepto de *historia efectual* está la clave de todo ese desarrollo.

---

[24] *Ibid.,* pág. 282.

La *conciencia histórica* hace ver cuáles son los prejuicios que han venido determinando la manera de entender el objeto y, así, fijando también una tradición específica, al tiempo que suspendiendo la validez de aquellos que todavía tenían alguna. Porque el verdadero objeto histórico no es, en realidad, un objeto concreto, sino más bien la conjunción de lo que en el objeto es aportación del sujeto en cuanto realidad histórica y de lo que es otra cosa, es decir, lo que es aportación de otro u otros. En esta relación de los distintos factores está tanto la realidad de la historia, como la realidad de la *comprensión histórica* [25]. Pues una forma adecuada de interpretación ha de hacer ver esa realidad, fenómeno que Gadamer designa con el término *historia efectual* para quien comprender, a fin de cuentas, no es otra cosa que un *hecho histórico efectual*.

El principio de la *historia efectual* nace de la observación de que el conocimiento histórico propugna unos intereses que determinan la peculiaridad de la *conciencia histórica*. Por otra parte, la investigación que practica la teoría de la interpretación se centra fundamentalmente en la consideración de dos aspectos: por un lado, del estudio de la obra trasmitida a lo largo de la historia y, por otro, de la consideración de la presencia, actividad y efectividad de la misma, lo que implica también la historia de su *investigación*. Ello quiere decir que cuando un sujeto pretende conocer un texto histórico, está de antemano determinado por los efectos que produce la *historia efectual* del objeto. Y hasta tal punto ello es así, que éstos prefijan lo que del mismo ha de ser investigado. Al ser consciente de esta situación frente a la *tradición,* Gadamer lo formula como tener «conciencia de la historia efectual», si bien hay que observar que se trata de algo provisto de una serie de limitaciones, por el hecho de que tiene lugar en un presente que, como tal, es limitado y no infinito [26].

---

[25] *Ibid.*, pág. 283.
[26] *Ibid.*, pág. 286.

Para que el sujeto pueda salir de esa situación de limitación, necesita disponer de un punto de mira adecuado, disponer de un *horizonte,* que se define como «la perspectiva que abarca e incluye todo aquello que puede verse dentro de un punto» [27]. Estar en disposición de un *horizonte* presupone tener la capacidad de penetrar en el objeto a fin de poderlo entender. Ahora bien, este *horizonte* o *perspectiva,* necesario para poder observar desde un ángulo de mira más amplio y no tener que limitarse a la observación de lo más próximo, no consiste en algo que se pueda explicar a partir del sujeto, como tampoco en algo que determine la comprensión del sujeto a partir exclusivamente de aquél; este *horizonte* no es tampoco una abstracción de un horizonte aislado y cerrado; es, más bien, algo que está condicionado por el hecho de que el individuo nunca lo es tal de una manera independiente, sino que su situación se caracteriza por estar siempre con los demás, por estar con alguien con quien puede entenderse y con quien forma el horizonte real en que se encuentra todo sujeto conocedor. Gadamer explica su complejidad haciendo la observación de que, aunque en última instancia se trata de un único horizonte, sin embargo, al menos desde un punto de vista formal, explica la existencia de dos, siguiendo con ello para el círculo metódico la misma base teórica que se había seguido para el de la historicidad, es decir, de un lado el horizonte del presente y de otro el del pasado. El sujeto conocedor está siempre en disposición de conseguir una perspectiva dentro del propio presente. Ahora bien, para que esta perspectiva tenga validez, se hace necesario que haya surgido del contacto con los demás individuos con quienes convive; tiene que haber surgido de la confluencia del propio presente con el presente de los demás. La consecución, por otra parte, del horizonte del pasado, en cuanto perspectiva separada del horizonte del presente, se reduce de hecho a una operación, si es que se da, solamente metodológica; es más, su presencia se limita a una fase que tiene

---

[27] *Ibid.*

lugar dentro del proceso de comprensión, puesto que lo que en realidad tiene lugar es una *fusión de horizontes.*

Tener, en definitiva, conciencia histórico-efectual es ser consciente de este proceso y de esta situación en que se encuentra el sujeto conocedor, caracterizada por la limitación existencial, pero que puede al final paliarse desde la conciencia del horizonte. En el proceso de comprensión se produce entre el sujeto y el objeto, lo mismo que entre el presente y el pasado, una relación que, si por una parte es como de alejamiento, es por otra, también de aproximación. Por este motivo Gadamer defiende, como alternativa al modelo cartesiano, la *fórmula dialógica,* la fórmula de un modelo conversacional. Pues es propio de la naturaleza del diálogo que, con su comienzo se plantee un problema con el objeto de poderlo solucionar a lo largo de la conversación; que se llegue o no a idénticos puntos de vista por parte de todos los interlocutores, es otra cuestión; el hecho es que de esta manera surge, aunque sólo sea de una manera teórica, una base de entendimiento.

No obstante, Gadamer reconoce que la situación en que se encuentran dos o más personas cuando dialogan, si bien se asemeja a la situación hermenéutica, sin embargo no se identifica plenamente con ella. En la situación hermenéutica solamente uno de los componentes del *diálogo* lleva la iniciativa, mientras que el otro a lo más que puede llegar es a una comunicación, si es que puede denominarse así, pasiva y callada, en cuanto que puede hacer ver al intérprete cómo este segundo elemento debe ser interpretado y analizado. Con todo, al igual que en los diálogos de la vida diaria, se trata también aquí de una *temática* común que pone en relación al texto y al intérprete: junto a éste además a todos los demás intérpretes posibles siempre que, dentro del *acontecer de tradición,* sean receptores de los resultados que produce la fusión de horizontes.

Puede decirse, en suma, que la *historicidad* es una cualidad que condiciona todo conocimiento y que, expresado con la terminología de Gadamer, se entiende como un entramado *histórico efectual.* No quiere decir otra cosa que, refiriéndose al conocimiento de un texto, la comprensión del mismo se consigue a través de su *historia efectual*, esto es, a través de la huella que ha dejado tras de sí en la historia. La realidad contextual del mismo no es más que su historia; un texto es, al final, aquello que se ha dicho de él y probablemente se seguirá diciendo. Un texto es lo que sobre él han manifestado los primeros lectores y también el sentido que ha querido otorgarle el autor. Ahora bien, quien de hecho decidirá si ello es realmente así, será el lector futuro; él verá y hará ver que la verdad del texto viene determinada por lo que de él ha podido abrirse camino en la historia.

Capítulo III

LA FENOMENOLOGÍA
Y EL ESTRUCTURALISMO LITERARIO

A partir de las consideraciones realizadas hasta el momento, sólo ha podido vislumbrarse, a la espera de una confirmación posterior, que algunos de los aspectos más genuinos de la teoría de la recepción pueden explicarse desde principios de la sociología de la literatura o de principios de la teoría de la interpretación, según los casos. La importancia dada por la sociología de la literatura, de manera especial por la de tendencia empírica, a la forma de participación del receptor en la lectura de la obra literaria para el conocimiento de la misma, o bien la concedida por la teoría de la interpretación a la acción y presencia de la obra a través de su historia y a la huella dejada tras de sí en la misma, son aspectos que de alguna manera serán asumidos por la teoría de la recepción.

No obstante e independientemente de los principios que pueden explicarse por sí solos, esta teoría literaria ha elaborado todavía una serie de conceptos, parte de cuyas peculiaridades no pueden explicarse a partir de estas corrientes de crítica e interpretación textual, sino que para ese objetivo es necesario acudir a otra parte. Una vez más, las aportaciones de Jauss sirven de punto de referencia, bien que en este caso la alusión a Iser, como representante también de la Escuela de Constanza, se va a hacer inevitable. La fenomenología y el estructuralismo literario, como se verá, pueden dar explicación a algunos de sus respectivos planteamientos.

Así, por ejemplo, Jauss se refiere en varias de las tesis del tratado mencionado aquí ya en repetidas ocasiones, a un concepto cuyas notas y peculiaridades hacen de él una de las aportaciones, si por una parte más complejas, por otra también más ricas de su teoría. Concretamente, en la tesis número dos se habla de las *expectativas* del lector, entendidas como un *sistema* que puede ser verificado. Por otra parte, en la tesis cuatro se retoma la idea del *horizonte de expectativas,* cuando trata de la posibilidad de su reconstrucción en cuanto perspectiva, dentro de la cual un texto ha sido producido y recibido por el lector. Y avanzando un poco más, en la tesis número cinco, al referirse al aspecto diacrónico de la obra, introduce el término *serie literaria* como el lugar en que ha de ser insertada aquélla para poder apreciar el punto y significado históricos dentro del contexto de las experiencias literarias [1]. En su estudio sobre *Iphigenie* de Goethe, parte de una concepción según la cual se hace necesario relacionar de una manera directa la *estructura preexistente* del texto, el aspecto puramente significante, con el momento en que se convierte en *objeto estético*; operación que tiene lugar cuando el lector realiza el acto de *recepción* o *concretización.* Hasta tal punto ello es así, que llegar a entender el significado y sentido de una obra, sólo es posible a partir de la convergencia del texto con la recepción del mismo [2].

Por otra parte, Iser en sus consideraciones, referidas fundamentalmente a la estructura de la obra literaria y a la teoría del lenguaje de ficción, se ocupa del análisis y descripción del fenómeno de la lectura, sirviéndose para ello de conceptos como el de *indetermina-*

---

[1] Vid. H. R. Jauss, *Literaturgeschichte als Provokation der Literaturwissenschaft,* págs. 173-189.

[2] H. R. Jauss, «Racines und Goethes Iphigenie. Mit einem Nachwort über die Partialität der rezeptionsästhetischen Methode», *Rezeptionsästhetik,* pág. 355.

ción, y desarrollando otros como los de *espacios vacíos, polifuncionalidad, multivalencia,* etc. Por lo que al primer aspecto se refiere, en la obra que lleva el título sugestivo de *La estructura de apelación de los textos* [3], la categoría de la *indeterminación* constituye el núcleo sobre el que gira el entramado de este estudio; es el elemento que sirve para poner en contacto al texto con el lector. Como consecuencia de este carácter de indeterminación, o tal vez como causa del mismo —ambos puntos de vista son aceptables—, es posible observar en el texto una serie de *espacios vacíos* que tienen que ser llenados por el lector a fin de poder realizar la experiencia estética. El sentido que la estructura del texto pueda encerrar, se fija a lo largo del acto personal de la lectura, de forma que el lector, mediante este acto, interviene en la constitución de la obra artística, una de cuyas peculiaridades básicas es la *polifuncionalidad.* Con ello, Iser se ve sumido en la elaboración de una teoría del lenguaje literario, dentro de la que son notas características, en primer lugar, la relación especial que establece entre la realidad y la ficción y, en segundo, el contexto como punto de referencia en el sentido de la lingüística pragmática [4].

Pues bien, observando detenidamente el contenido de estos puntos, puede verse que la complejidad de los mismos es tal, que no resulta fácil sistematizarlos de una manera adecuada. Una primera aproximación hace inmediatamente reconocibles aspectos muy próximos a la teoría de la comunicación, otros, en cambio, parecen estar más cerca de una teoría semiológica estructural, otros se ofrecen como de la fenomenología literaria, y otros, en fin, son propios de una teoría del texto de naturaleza pragmática. Así, cuando Jauss describe la cualidad del concepto de *horizonte de expectativas,* se está refiriendo, de un lado, a las expectativas latentes en el texto, en tanto en cuanto que están codificadas por medio

---

[3] W. Iser, *Die Appellstruktur der Texte. Unbestimmtheit als Wirkungsbedingung literarischer Prosa,* Constanza, 1970.

[4] W. Iser, *Der Akt des Lesens. Theorie ästhetischer Wirkung,* Munich, 1976.

de unos signos que no son claros, sino que se encuentran ocultos y que son los que corresponden a la idea de los géneros, la temática y la expresión formal de la misma y la oposición existente entre la lengua poética y la lengua práctica. De otro lado, está también el aspecto hermenéutico de ese horizonte, que frente al anterior, que es fijo, tiene la peculiaridad de ser variable y modificable. Su concepción de la obra de arte, por otro lado, de carácter fenomenológico y semiológico, como él mismo dice, tiene al final una apoyatura muy firme en una concepción estructuralista, que se deja también notar en la consideración diacrónica de la historia literaria. Algo similar se observa en Iser: en su concepto de la obra de arte pueden verse claramente elementos de la teoría de la comunicación, como la relación activa que establece entre el lector y el texto a través de los espacios vacíos que éste presenta, lo mismo que elementos de la fenomenología en la acción de la concretización y recepción de la obra, y aspectos propios de la lingüística pragmática en la consideración del contexto como determinante de la naturaleza del lenguaje de ficción.

En consecuencia e intentando una sistematización de todos estos elementos y aspectos comunes, se observa que tanto en la teoría de Jauss como en la de Iser, hay unos presupuestos propios de la teoría de la comunicación, que implican una concepción específica del medio por el cual se pone en contacto entre sí a los componentes del proceso comunicativo. En ambos autores se encuentra también una apoyatura teórica en los principios desarrollados por la filosofía fenomenológica, de manera especial en la consideración tanto del texto, entendido como *feno-texto,* como del proceso a través del cual el lector se *apropia* del mismo. Por fin y en tercer lugar, es de destacar una idea del texto, desarrollada por el estructuralismo de Praga.

Aunque muchos de los elementos propios de estas corrientes no aparecen en los autores siempre de una manera aislada, sino que se ofrecen en muchas ocasiones entremezclados, dependiendo de la mayor o menor relevancia que se les proporcione para la elabora-

ción posterior de la teoría que cada uno desarrolla, se hace necesario, por razones de tipo metodológico, examinar por separado aquellos postulados, tenidos por significativos para la teoría de la recepción, en primer lugar, de la teoría de la comunicación, en segundo
lugar, de la fenomenología en su manifestación literaria, y en tercer
lugar, del estructuralismo de Praga, entendidos estos últimos como
dos formas específicas de comprensión y solución de la comunicación literaria.

LA TEORÍA DE LA COMUNICACIÓN

Desde el momento en que la teoría de la recepción sin con ello
pasar por alto ni la obra ni tampoco al autor, centra la fundamentación de su estética en el lector, ello significa el reconocimiento
de que en el proceso de apropiación y recepción de la obra se produce un acto de comunicación en el que entran en juego los tres
factores mencionados, esto es, *emisor, medio* de comunicación y
destinatario, que básicamente constituyen de una manera simplificada el denominado *triángulo semiótico.* Nos encontramos, por
tanto, con que en el proceso de recepción literaria tiene lugar, en
primer término, el fenómeno en que un emisor, haciendo uso de
un medio o señal, se pone en contacto comunicativo con un receptor. Ocurre, además, que esta comunicación tiene la peculiaridad
de que el medio por el que se pone en contacto comunicativo a
emisor y receptor, lo constituye un *código* de una naturaleza muy
específica como es la *lengua,* con la particularidad de que se trata,
excepción hecha de casos como el de la representación teatral, de
la lengua en su manifestación escrita. Con todo, la comunicación
que produce una obra escrita no termina ahí; una cosa es poner
en contacto a un emisor con un receptor por medio de un signo
o una serie de signos; otra distinta es hacer lo propio con un sistema de signos lingüísticos; y otra muy distinta es esa operación realizada por unos signos de naturaleza literaria.

Para poder entender lo que podría denominarse el nivel específico y de mayor complejidad del proceso comunicativo que tiene lugar en la obra literaria, parece necesario realizar unas reflexiones sobre otros modos de comunicación, como son, el más elemental y simple y aquel en que el medio que pone en relación al emisor y al receptor es el signo lingüístico.

Muchos son los momentos de la vida de todos los días en que se producen fenómenos de comunicación, y eso dejando de lado los que puedan tener lugar entre animales. Así, una llamada telefónica, la asistencia a una clase o a una conferencia, escuchar la radio, ver la televisión, tener una conversación, conducir un coche, etc. En todos estos casos se trata de hechos en que la presencia de dos elementos básicos es de todo punto necesaria para que pueda darse el fenómeno de la comunicación. Estos dos elementos son, de un lado, el *emisor,* que es de quien, al menos en un momento inicial, parte el estímulo comunicativo, y, de otro, situado al otro extremo, el *receptor,* entendido como el sujeto que capta los efectos del estímulo provocado por aquél. Ahora bien, entre estos dos factores se intercala un tercer componente, básico también, aunque posterior a los otros dos, que pone en contacto a ambos; su constitución es de naturaleza material y es conocido por el nombre de *canal* de emisión o medio a través del cual se envía una serie de señales. El objetivo inmediato del contacto producido entre el emisor y el receptor es la transmisión de *información* del uno hacia el otro componente, de tal manera que el primero tiene que estar provisto de la capacidad de enviar señales y el segundo, por su parte, de la de poder captarlas. Las señales enviadas a través del canal y entendidas como entidades materiales, son las que transmiten la información desde el punto de partida hasta el punto de llegada. Eso quiere decir que las señales disponen de una doble cualidad o de un doble aspecto; además de un componente material, que es soporte de lo que se denomina expresión o forma, otro que se refiere al contenido, significado o información. Se entiende que entre estas dos realidades hay una relación

directa, hasta el punto de que la una no tiene sentido sin la otra
y viceversa. Con todo, no se trata de una relación causal y al margen del emisor y del receptor, sino que como señal que es, debe
su razón de ser a un complejo de normas fijadas ex profeso para
esos dos componentes. Ahora bien, esas normas según las cuales
se pone en relación al contenido con la forma de expresión, tienen
la peculiaridad de estar determinadas y fijadas no sólo para un emisor y un receptor concretos, sino que su fijación se realiza sobre
la base de un grupo de emisores y receptores, lo que significa que
esas normas son de carácter social, y con ello de carácter convencional. En consecuencia, la relación que se produce, de esta manera, entre los dos componentes iniciales de la comunicación es de
doble naturaleza, según se considere el medio o canal que los relaciona, en cuyo caso es material, o el contenido transmitido por
ese canal, que ha sido asignado en cada caso y que los dos pueden
entender, siendo entonces de naturaleza social [5].

Dentro de las posibles modalidades de comunicación, la forma
de comunicación lingüística, se configura como un caso especial.
Sin con ello pretender aquí una descripción exhaustiva de sus peculiaridades, conviene no obstante hacer unas reflexiones sobre aquellas características que hacen que se ofrezca a la vez que como una
forma de comunicación sin más, también como una diferenciada,
fijando de manera especial la atención en aquellas cualidades que
pueden más tarde ayudar a explicar la otra específica que es la
literaria.

De entre las diferencias que, de entrada, sin ser importantes,
llaman más la atención, están las referidas a los componentes y

---

[5] Para más información sobre la teoría de la comunicación y sus principios y
conceptos fundamentales vid., *Wörterbuch der Kybernetik,* edic. de Klaus Georg,
Frankfurt am Main, Hamburgo, 1969; *Kommunikation, Forschung und Interpretation,* edic. de Otto W. Haseloff, Berlín, 1969; Cherry Colin, *Kommunikationsforschung - eine neue Wissenschaft,* Frankfurt am Main, 1967; Georg Meggle, *Grundbegriffe der Kommunikation,* Berlín-Nueva York, 1981.

factores que constituyen el proceso de comunicación: aquello que
en el acto comunicativo general se conoce con el término de emisor,
en este caso se denomina *hablante*; lo que allí se entendía por
receptor, se llama aquí *oyente*; el canal se constituye ahora como
ondas que se propagan a través del espacio y la señal se entiende
como *series sonoras*. Es también de señalar que los componentes
que se encuentran en los dos extremos del proceso pueden desempeñar alternativamente dos papeles distintos. Mientras que el hablante manifiesta un interés claro por transmitir de la manera
más adecuada la información que pretende dar, a fin de que llegue
al oyente y pueda ser captada por él, por su parte éste, en circunstancias normales está en disposición igualmente adecuada de aceptar lo que le llega de la otra parte, y viceversa. Por lo que se refiere
al tercer componente básico, hay que decir que las señales que pueden emitirse y que están codificadas, es decir, el código que conocen los otros dos, no es necesariamente idéntico en el proceso de
comunicación lingüística, sino que, como consecuencia, como se
verá, de unas causas que pueden fácilmente determinarse, lo es sólo
en parte [6].

Al igual que en la comunicación general, también en la lingüística, no es la información lo que se transmite físicamente, sino
más bien la señal que, por así decirlo, se mueve desde el punto
de origen que es el hablante hasta el punto de destino que es el
oyente a través del canal. La información es algo que está implícita
en la señal y es algo que tiene que ser deducido y, aunque, como
antes, también aquí tiene un carácter marcadamente convencional,
está además cargada de un componente individual muy significativo. Cuando el hablante envía hacia el oyente una expresión lingüística, en éste se desatan inmediatamente una serie de asociaciones
que activan información y que están en relación con las experien-

---

[6] Vid. F. de Saussure, *Cours de linguistique générale,* Ginebra, 1916. Hans Hörmann, *Psychologie der Sprache,* Berlín, 1970. B. Badura, *Sprachbarrieren. Zur Soziologie der Kommunikation,* Stuttgart, 1971.

cias personales tenidas en situaciones similares. Por otra parte, el *código,* que es garante, por razones de convencionalidad, de que la información incluida en la señal sea la misma para el hablante que para el oyente, no se manifiesta en todos los contextos de una manera constante en lo que al contenido de la información se refiere, pues ocurre que, mientras en la expresión se encierra un contenido general que es válido para todas las ocasiones y que se conoce como *denotativo,* puede en ella estar incluido también, pero según los casos, otro de carácter ocasional conocido como *connotativo.*

Como esta diferenciación de los contenidos es un factor muy importante para determinar la naturaleza del lenguaje literario, podría ser el momento de preguntarse cuál es la razón por la que ante la posibilidad de que ambos contenidos sean activados, prevalezca al final uno sobre el otro. ¿De qué depende esta circunstancia? Para poder contestar a esta cuestión, se hace todavía obligado reflexionar sobre la naturaleza de la comunicación que se realiza por medio de la lengua. La comunicación lingüística es un proceso dinámico en el que destacan dos operaciones relacionadas entre sí de una manera directa, pero que son realizadas, según los casos, unas veces por el hablante y otras veces por el oyente. Son las operaciones conocidas por *codificación* y *decodificación,* entendiendo la primera como aquella parte del proceso en que tiene lugar la traslación en una forma de lengua, esto es, en estructura lingüística de una idea surgida en la mente del hablante; estructura que es transformada, a su vez, en series sonoras que percibe el oyente como realización en el habla. La *decodificación* es, en cambio, el proceso en otra dirección; consiste en una retrotraducción de una estructura lingüística en una idea del oyente. La lingüística tradicional, en el sentido más estricto del término, que ha centrado sus principios sobre todo en la competencia gramatical, ha establecido tanto para el proceso de *codificación* como para el de *decodificación* tres niveles diferentes, que corresponden a tres grandes partes en que esa lingüística ha estructurado su gramática: *codificación,* o en su caso *decodificación,* semántica, sintáctica y fonológica.

Con todo, esta consideración de la comunicación lingüística no ofrece los medios teóricos adecuados para poder resolver los problemas de tipo comunicativo que se plantean en la relación que se establece entre hablante y oyente, como tampoco puede explicar el tipo específico de comunicación que se da en la lengua literaria. Aquí la lingüística tradicional llega a la frontera que necesariamente hay que sobrepasar y así invadir el campo o los campos reservados a otras disciplinas.

La razón fundamental de este paso radica en el hecho de que esa idea que ha desarrollado sobre la comunicación es de todo punto insuficiente. La comunicación lingüística no se explica sólo a partir de la consideración de formas y estructuras, puesto que se trata de un proceso que incluye algo más que todo eso; incluye otros aspectos que tienen un papel muy importante en las codificaciones semántica, sintáctica y fonológica. Es el *componente pragmático,* cuya presencia es fundamental en el análisis no sólo de la comunicación lingüística general, sino también de la que se produce a través del texto, entendido como unidad de lengua superior a la frase, en cuanto punto de partida para la comprensión de la comunicación literaria.

Este no es en modo alguno el momento ni el lugar adecuados para hacer una reflexión sobre la naturaleza de la disciplina que se ocupa de aquellos aspectos de la lengua necesarios para la comprensión adecuada de la comunicación lingüística, como es la conocida por el nombre de pragmática [7]. Conviene en cualquier caso

---

[7] Sobre los fundamentos de la Pragmática, vid. J. L. Austin, *How to do things with words,* Cambridge, Mass., 1962; *Pragmatics of Natural Language.* Edic. de Y. Bar-Hillel, Dordrecht, 1971. D. Breuer, *Einführung in die pragmatische Texttheorie. Beiträge zur Grammatik und Pragmatik.* Edic. de V. Ehrich y P. Finke, Kronberg/Ts., Munich, 1975. J. Hennig, L. Huth, *Kommunikation als Problem der Linguistik,* Göttingen, 1975. H. J. Heringer, *Praktische Semantik,* Stuttgart, 1974. R. M. Martin, *Toward a Systematic Pragmatics,* Amsterdam, 1959. B. Schlieben-Lange, *Linguistische Pragmatik,* Stuttgart, Berlín, Colonia, Maguncia, 1975. J. R. Searle, *Speech Acts,* Cambridge, 1969. D. Wunderlich, «Pragmatik, Sprechsitua-

hacer la observación de que, gracias a ella, ha sido posible llegar
a dos aportaciones verdaderamente importantes para el objetivo que
aquí constituye el centro de interés. Esas aportaciones son, por un
lado, la ampliación del concepto de *comunicación lingüística* y, por
otro, la elaboración de una teoría del *acto lingüístico*; si bien, hay
que subrayar que se trata, en último término, de dos aspectos de
un mismo contenido. Para ello la pragmática ha tenido que recurrir
a la colaboración de otras disciplinas, de entre las que destacan
la sociología, la psicología y la teoría de la comunicación fundamentalmente.

Por lo que al primer aspecto se refiere, la pragmática entiende
que la competencia como capacidad lingüística de codificación y
de decodificación de la que disponen tanto el hablante como el oyente, ha de ser entendida desde dos perspectivas distintas; bien como
competencia puramente *gramatical* o capacidad de generar expresiones de lengua, esto es, estructuras lingüísticas, o bien como *com-*
petencia comunicativa o capacidad de utilizar de manera adecuada
esas estructuras, en cuanto que son parte de la acción comunicativa. Antes de que un texto, una unidad lingüística superior, haya
tomado su forma definitiva, se produce la intervención de los factores que se conocen como pragmáticos; son los que hacen que
haya de ampliarse el concepto de comunicación lingüística conocido
hasta hace poco.

Sin con ello pretender totalidad, Wunderlich se refiere a una
serie de aspectos que han de ser tenidos en consideración para poder entender la naturaleza del acto lingüístico comunicativo [8], de
entre los que destacan el que los interlocutores se comuniquen sobre algo que se localiza dentro de un mundo específico no lingüístico; que para hacer posible la comunicación, el hablante y el oyente
se sirven de un horizonte contextual, en el que convergen, en forma

---

tion, Deixis», *Literaturwissenschaft und Linguistik* 1 (1971), págs. 153-190; *Lingui-*
stische Pragmatik. Edic. de D. Wunderlich, Frankfurt am Main, 1972.

[8] Vid. D. Wunderlich, «Pragmatik, Sprechsituation, Deixis».

de comprensión intersubjetiva, presupuestos que tienen lugar en el pasado y efectos y consecuencias de realización futura. —Aquí se hacen ostensibles reminiscencias del pensamiento de Gadamer, lo mismo que principios de la teoría de la recepción de Jauss—; que el marco comunicativo puede comenzar a abrirse cuando confluyen en el hablante un punto inicial y originario del aquí y del ahora propio del yo y una intención u orientación encaminada hacia el tú, lo que ha de entenderse como el fenómeno de la base comunicativa; que los interlocutores se conceden papeles sociales recíprocos; que ambos pueden comunicarse sobre la comunicación que están estableciendo entre sí, es decir, que ambos pueden realizar un acto de metacomunicación; que en la comunicación hay que diferenciar por parte del hablante entre los niveles de la articulación, de la manifestación y de la expresión y, por parte del oyente, entre los de la percepción, audición y comprensión; y que, además de medios de comunicación propiamente lingüísticos, existen otros que son de naturaleza paralingüística.

Hay que decir, sin embargo, que, con todo, Wunderlich no tiene en cuenta otros aspectos considerados de relevancia en la determinación de la competencia comunicativa, si bien, en último término, podrían deducirse de los que se acaba de señalar o, en cualquier caso, servir de complemento de los mismos, tales como los conocimientos acumulados en los interlocutores, el estado psicológico de cada uno de ellos, aspectos de tipo temporal, espacial o socioeconómico, al igual que las expectativas desarrolladas en el oyente como reacción a la función comunicativa iniciada por el hablante. Como se verá más adelante, la teoría de la recepción tendrá en consideración prácticamente todos estos presupuestos.

De las aportaciones de la Lingüística Pragmática es, sin duda, la teoría del *acto lingüístico* una de las más significativas. Y será la estética de la recepción de Iser la que asuma sus principios fundamentales. Como acaba de observarse, la comunicación lingüística es algo más que un mero intercambio de contenidos lingüísticos. Su objetivo fundamental es la consecución de una relación entre, al menos, dos personas. Ahora bien, el acto por medio del cual se consigue ese objetivo no es un acto, por así decirlo, compacto y unitario, antes al contrario, es un acto que se estructura en varios actos parciales que tienen lugar de una manera simultánea. Con pequeñas diferencias de detalle, Austin y Searle han establecido respectivas teorías sobre el acto lingüístico, dentro del cual diferencian los parciales *locutivo, ilocutivo* y *perlocutivo* [9], de los que el segundo es de mayor relevancia para una semiótica pragmática y en general para la lingüística y la teoría de la comunicación.

Por medio de este acto lingüístico estructurado en otros parciales, el hablante, simultáneamente a la emisión articulada de sonidos, palabras y contenidos semánticos *(acto locutivo),* está realizando una acción lingüística dentro de un *contexto* social en el que se dan unas determinadas predisposiciones y unas normas generalmente aceptadas. La realización de la acción lingüística trae como consecuencia que los interlocutores puedan continuar organizando el proceso comunicativo que han iniciado, por el hecho de que ambos han aceptado, por así decirlo, las normas del juego. El *acto ilocutivo* proporciona al acto lingüístico total la cualidad de la relación interpersonal, a diferencia del *perlocutivo,* por el que el hablante espera la realización de ciertas consecuencias como objetivo pretendido. La función comunicativa desarrollada en el acto parcial *ilocutivo* depende, como puede deducirse de lo dicho anteriormente, del *contexto* en que se mueve toda esa actividad. Como ya se vio, su naturaleza puede ser lingüística o extralingüística. En cualquier caso la convencionalidad, entendida como hábito de comportamiento lingüístico desempeña un papel decisivo. Cuando los interlocutores realizan una acción lingüística, el uno espera del otro, con el fin de poderse entender, la aceptación y observancia de las normas.

Tampoco a partir de esta descripción, de ninguna manera detallada ni tampoco completa, de la comunicación lingüística que se acaba de acometer, se ha tocado para nada el tercer aspecto del

---

[9] Vid. J. L. Austin, J. R. Searle, *op. cit.*

proceso comunicativo considerado aquí de interés, como es la naturaleza de la *comunicación literaria,* a fin de cuentas el aspecto de mayor relevancia para la teoría de la recepción. Aparte de ello, tampoco se ha hecho referencia hasta ahora al hecho de que los signos lingüísticos, por medio de los cuales se transmite la información, no siempre se materializan en una forma sonora, sino que puede ocurrir que su utilización tenga lugar en una forma de identificación visual. Los signos lingüísticos pueden ser signos escritos; ésta es la forma más frecuente de manifestación de la lengua literaria.

Aun así, este último aspecto no cobra especial relevancia, pues las cuestiones que podría plantear, pueden muy bien ser solventadas acudiendo a la fuerza que proporciona la aceptación generalizada de que, mientras la lengua hablada constituye una forma de comunicación en sistema primario, la escritura es un sistema de codificación secundario. Baste hacer aquí la observación de que característica del sistema primario es la presencia y consiguiente actividad y efectividad de los denominados factores reactivos, elementos que son básicos en todo diálogo o conversación. Se trata de un hecho que no es posible en el sistema secundario. Por otra parte, el factor tiempo no tiene en este sistema el papel que tiene en el sistema primario. Además la función específica que desempeña cada uno de ellos, es otro factor de diferenciación; mientras que el uno se utiliza en unas situaciones determinadas, el otro se utiliza en otras, sin que ello excluya la infrecuencia de interferencias e influencias mutuas.

¿En qué consiste la *comunicación literaria*? ¿Cómo se produce? Con esta doble pregunta nos hemos acercado a la cuestión más compleja de todas las planteadas hasta el momento. No en vano la teoría de la recepción se ha constituido en sus representantes más significativos, como una estética de orientación pragmática. Hay que decir además que precisamente el planteamiento de esas dos preguntas responde a esa orientación.

Entre las distintas concepciones de lo literario se encuentra la que lo entiende como un *hecho semiológico*. No es, sin embargo,

la única posibilidad. Todo depende del sistema de relaciones que
se establezca en la consideración de la realidad literaria. Así, si se
tiene en cuenta una relación *mimética,* esto es, de la obra con la
realidad imitada o presentada, se parte de una idea mimética de
lo literario; si la relación considerada es la de la *expresión,* o relación entre la obra y el autor, la concepción literaria será expresiva;
si es una relación *retórica,* se está considerando entonces a la obra
como una realidad autónoma; si la relación es *receptiva,* o relación
entre la obra y el receptor de la misma, el concepto de literatura
es entonces receptivo [10]. Hay que hacer, con todo, la observación
de que no siempre se encuentra una teoría de lo literario que corresponda de una manera perfecta y exclusiva a una sola de las posibilidades mencionadas. Así, por ejemplo, Jauss intenta, como se verá,
una conjugación de la teoría de la recepción con la de la producción y de la representación, aunque sea a partir de la base que
constituye la primera.

En la concepción del fenómeno literario como hecho semiológico se parte, bien que desde otras perspectivas y matizaciones, del
mismo esquema, de acuerdo con el cual se determina la naturaleza
de todo acto de tipo comunicativo; hay en primer lugar un emisor,
que es el autor de la obra; en segundo lugar también un receptor
de la misma, que es el lector; en tercer lugar un inventario de signos
o código que es la lengua literaria.

Naturalmente, con ello no se explica ni la naturaleza de la *comunicación literaria,* ni los fundamentos diferenciadores del fenómeno literario, ni tampoco la peculiaridad de la lengua que es vehí-
culo del mismo. Sin embargo, a partir de estas consideraciones han
quedado claros dos puntos: primero que la comunicación literaria
es una forma específica de comunicación lingüística, y segundo, y

---

[10] Vid. H. F. Plett, *Textwissenschaft und Textanalyse,* Heidelberg, 1975. Para
la fijación de estas distintas concepciones de lo literario se basa en M. H. Abrams,
The Mirror and the Lamp: Romantic Theorie and Critical Tradition, Nueva York,
1953, págs. 8-29.

consecuencia de lo anterior, que el criterio pragmático de la función comunicativa es el criterio adecuado para poder resolver la cuestión fundamental. Ha sido el lugar al que se pretendía llegar y los presupuestos que se quería considerar, a fin de, antes de examinar la solución de la teoría de la recepción, propiamente dicha, analizar aquellas que dentro de una visión de orientación pragmática o cuasi-pragmática, preparan la de aquélla. La fenomenología y el estructuralismo literarios son dos ejemplos característicos.

LA FENOMENOLOGÍA DE INGARDEN

Aunque no sea de una manera explícita, sin embargo para la consideración de la naturaleza y el conocimiento de la obra literaria Ingarden parte del supuesto de que en el proceso de lectura que realiza el receptor, se produce un acto de comunicación estético-literario. Por ello su interés teórico se centra fundamentalmente en el análisis de la relación semiótica que tiene lugar entre los signos escritos, esto es, la lengua literaria y el destinatario de la misma o lector. Es cierto que en sus reflexiones el emisor o autor no adquiere la misma relevancia que los otros componentes del acto comunicativo; ello no es, en cualquier caso, razón suficiente para pensar que se altere la estructura del esquema de los componentes comunicativos. Su objetivo consiste, sobre todo, en analizar los efectos que los signos producen en el receptor, bien entendido que no pierde de vista que, como sistema literario que son, han sido organizados en su estructura por un emisor.

Ahora bien, como el análisis del sistema de lengua literaria implica un acto de conocimiento, se hace necesario dar con los presupuestos, de acuerdo con los cuales se pueda desarrollar el acto de conocimiento correspondiente. Ingarden encuentra estos presupuestos en los principios del pensamiento fenomenológico, entendido, desde una perspectiva muy general y amplia, como la reacción al psicologismo de Dilthey, a partir de la línea tradicional marcada por el idealismo transcendental de Kant. Su idea básica es que el conocimiento tiene como peculiaridad el ser objetivo, el estar relacionado con el objeto y no con el sujeto empírico; la fenomenología analiza los condicionamientos del conocimiento de objetos realizado por sujetos. El objeto de conocimiento son los *fenómenos* que están referidos a un sujeto, y la forma de conseguir el conocimiento de esos fenómenos se desarrolla a través de unos pasos denominados de *reducción,* de entre los que son de destacar el de la *reducción fenomenológica,* el de la *reducción eidética* que, pasando por el de la *reducción universal absoluta* o *reducción transcendental,* lleva a la esfera transcendental [11].

A grandes rasgos, éstos son los presupuestos teóricos semiológicos y fenomenológicos que Ingarden intentará aplicar al conocimiento del fenómeno literario a través de la determinación de una teoría del mismo. Dos son, según esto, los objetivos que se plantea: en primer lugar, la observación fenomenológica de la obra literaria y, en segundo, y como consecuencia del mismo, el conocimiento de esa obra, tareas que acomete en sus dos obras fundamentales [12].

Para Ingarden la obra literaria está de tal manera estructurada, que en ella pueden observarse cuatro *fenómenos* distintos que corresponden a cuatro niveles, capas o estratos de un entramado simbólico múltiple. Estos niveles son el de las *estructuras sonoras,* el de las *unidades significativas,* el de los *aspectos esquematizados* y el de los *objetos presentados.* De la conjunción de todos resultará una *estructura polífona de estratos*; y es a partir de la observación de estos *fenómenos* como se puede explicar la actuación del sujeto lector-conocedor, teniendo de una manera especial en cuenta, por

---

[11] Vid. E. Husserl, *Ideen zu einer reinen Phänomenologie und phänomenologischen Philosophie,* en: *Husserliana,* E. Husserl, Gesammelte Werke. Edic. de W. Biemel, vols. III, IV y V, La Haya, 1950-52.

[12] R. Ingarden, *Das literarische Kunstwerk,* Tübingen, 1931. Del mismo, *Vom Erkennen des literarischen Kunstwerks,* Tübingen, 1968.

tratarse de los más importantes, los dos referidos en último lugar: los *aspectos esquematizados* y los *objetos presentados.*

El proceso a través del cual el lector adquiere conocimiento de la obra literaria, es decir, realiza la experiencia estético-literaria, es denominado *concretización,* que en el más amplio sentido de la palabra no es más que la apropiación o recepción de aquélla. Por otra parte, la obra que se *concretiza* es vista como una *creación intencional* en el sentido que la fenomenología proporciona a este término y cuya multiplicidad aspectual tiene la cualidad de la regularidad. La razón de que ello sea así hay que encontrarla en los *aspectos esquematizados,* los cuales proporcionan una coordinación sistemática, pues se constituyen como una especie de *esqueleto* a partir del cual se *concretiza* en la conciencia receptiva el objeto intencional, esto es, los *objetos presentados.*

¿En qué consiste, entonces, el fenómeno de la *concretización* tanto de los *objetos presentados* como de los *aspectos esquematizados*? ¿Cómo se produce la recepción de una *creación intencional*? El proceso correspondiente es descrito por Ingarden en la obra *Vom Erkennen des literarischen Kunstwerks* [13], tal y como a continuación se expone de una manera simplificada.

En toda obra literaria algunos, al menos, de los estratos de que está estructurada presentan una serie de *puntos de indeterminación,* sobre los que el texto, a lo más que llega es a hacer algunas insinuaciones. La razón de que ello sea así se explica a partir del hecho de que en una obra no pueden encontrarse incluidos los detalles de todas las circunstancias de tipo, por ejemplo, temporal o espacial, o de la personalidad de los caracteres de que están dotados en la vida real. Por ello se hace necesaria una *concentración.* Ante una circunstancia de este tipo al lector se le ofrecen dos posibilidades: una de ellas sería la de pasar por alto esos *puntos de indeterminación* y la otra la de proveerlos de determinación, es decir, llenarlos de un contenido explícito.

---

[13] *Op. cit.,* págs. 49-63.

Este es el lugar donde comienza la actuación, difícil y complicada, que ha de afrontar el lector, y donde, por otra parte también,
Ingarden desarrolla los aspectos más significativos y productivos
para la teoría de la recepción. Pues bien, dado que la realidad contenida en la obra literaria es presentada sólo de una manera *esquematizada,* es decir, en *esquemas,* se hace entonces necesaria la coparticipación de una fuerza que sea capaz de completar o *concretizar* esa realidad. Esta actividad que puede considerarse creadora,
depende de dos factores distintos: al mismo tiempo que del *lector,*
con todas las implicaciones derivadas de sus circunstancias intelectuales personales, postura ante la vida, visión de la existencia, etc.,
también de la *obra* y las peculiaridades que la constituyen. El lector, en su actividad de *concretización,* se concenta reduciendo la
percepción únicamente a algunos de los múltiples objetos contenidos en la obra. Ocurre que, por otra parte, los distintos aspectos
que aparecen en la misma y que están referidos a los *objetos presentados* constituyen sólo una potencialidad. Lo cual quiere decir
que han de ser vividos de una manera concreta, que no es otra
cosa que ser actualizados por un sujeto. De otro lado, la, por así
decirlo, actividad de la obra, consiste básicamente en *sugerir* al lector que experimente, que tenga la vivencia de aquellos aspectos
que están en ella dispuestos para esa finalidad. La actividad que
desarrolla el lector no puede estar orientada de una manera capri-
chosa; su papel consiste en una adaptación a las sugerencias procedentes de la obra, y de acuerdo con las mismas actualizar aspectos
que, a su vez, desempeñan una función muy importante en su experiencia estética.

Continuando con la descripción del proceso, Ingarden observa
que los *aspectos esquematizados* son estructuras constantes que se
presentan como tal en las posibles percepciones realizadas por un
sujeto en distintos actos de lectura o por otros sujetos distintos [14].
En el lector se produce un fenómeno muy complejo de reacción

---

[14] *Ibid.,* pág. 62.

ante estos esquemas, dado que puede darse, o bien el caso de que en la obra aparezcan hechos o realidades conocidas, o al menos de naturaleza similar a otras ya experimentadas por él en alguna ocasión, o bien que sean completamente desconocidas. Si se trata de las primeras, su actuación no se hace difícil, dada la similitud con otras experiencias; la solución para las segundas sólo se encuentra en la activación de la fantasía.

Con ello se ha llegado a la situación en que el lector con los aspectos actualizados experimenta momentos de cualidad estética. Una vez más se encuentra ante la necesidad de tener que elegir entre las posibilidades que se le ofrecen y que dependen de una *cualidad metafísica* o *ambientación dominante* contenida en la obra; no es otra cosa que el medio por el que se forma el momento de máximo desarrollo, cuya función es de gran relevancia para la *concretización* estética que se realiza durante la lectura.

Es en este punto donde surge el problema de la *concretización adecuada,* entendida como manera fiel y segura de concretizar estéticamente una obra literaria. Para explicar esta operación se hace necesario volver a los *puntos de indeterminación* y observar que, mientras que de ellos, unos han de ser necesariamente determinados o llenados de contenido, otros en cambio no necesitan de esta operación. Esto quiere decir que llenar de sentido los *puntos de indeterminación* es algo que, desde una perspectiva estética, puede o no tener relevancia. En cualquier caso la verdadera dificultad radica en determinar cuáles de las soluciones tomadas son relevantes estéticamente y cuáles no lo son. Ingarden cree que un presupuesto es determinar, desde las *sugerencias* que ofrece el texto, los puntos de referencia que regulan el proceso de determinación de los *puntos de indeterminación* y que son, en primer lugar, el *contexto* en que se mueve cada uno de esos puntos, en segundo lugar, la *dependencia* de posibles determinaciones de otros puntos y, en tercer lugar, la *coherencia armónica* [15]. A partir de aquí es posible fijar de

---

[15] *Ibid.,* pág. 301.

alguna manera previa el tipo de *concretización* estética de la obra
a que se puede llegar.

¿Dónde radica el valor estético de una obra? La respuesta a
esta pregunta puede casi presumirse: el punto de referencia es, una
vez más, doble, y una vez más también, lo son la obra y el lector,
que se encuentran de tal manera alternativamente condicionados,
que las aportaciones del uno no pueden explicarse sin la presencia
del otro. Porque si el valor estético ha de estar en la obra, es cierto
también que este valor está condicionado por el correspondiente
que puedan tener las concretizaciones que el lector realiza de una
manera nunca independiente de aquella. El valor estético necesita
de una *base óntica,* una presencia de determinadas peculiaridades,
que caso de que no disponga de factor determinante, es entonces
asunto del lector proporcionarlo. Ello no quiere decir que, de esta
manera, se garantice el valor estético; porque si falta el fundamento
que proporciona la base óntica y a pesar de ello se llega a una
concretización, significa que se trata de una invención del lector
y, en consecuencia, de una valoración no objetiva. A fin de que
no sea así, la valoración ha de basarse en un contingente de cualidades relevantes desde una perspectiva estética.

Para que, en consecuencia, el valor estético pueda calificarse
de tal, necesita de la conjunción de dos factores: de un lado, una
fundamentación óntica, junto, por otro, con una capacidad de influencia sobre el lector a través de las sugerencias enviadas por la obra.
De acuerdo con ello al receptor no le queda otra labor que la de
indagar dentro de la obra a fin de encontrar aquellos elementos
y aquellos momentos que hacen y determinan la multiplicidad de
las posibles concretizaciones. Tarea suya es, además, descubrir los
lugares en que se encuentre la razón que mueve al lector a llevar
a cabo una concretización [16].

Puede decirse, en suma, que a fin de que en el lector pueda
tener lugar la *experiencia estética,* se hace necesaria la presencia

---

[16] *Ibid.,* págs. 310-311.

de un estímulo que sólo puede proceder de las *cualidades metafísicas* del texto, cuya influencia hace que en el lector surja una compenetración emocional. Con la concretización conseguida se llega a una visión de la obra como realidad armónica, en la que concuerdan todos los estratos de que está estructurada; se llega a una visión de la misma como *armonía polífona*. Es evidente que, al final, se trata de una concepción del arte, en la que como característica fundamental predomina el *sustancialismo*. Los valores estéticos, presentes en la obra previamente ya a la intervención del lector, concretizados después como cualidades metafísicas o en una compenetración emocional, son prueba de ello. El procedimiento de decodificación que realiza el lector, encuentra, en la práctica, identificación plena con el correspondiente de codificación, llevado a cabo por el autor. La teoría de la recepción posterior, en cambio, entenderá esta relación de otra manera; al menos en sus intenciones, no desde una perspectiva sustancialista.

EL ESTRUCTURALISMO DE PRAGA

Aunque los puntos de partida sobre los que el Estructuralismo elabora sus teorías son similares a aquellos sobre los que se apoyó Ingarden, no obstante, el procedimiento de análisis, al igual que los resultados presentan diferencias notables; si bien con la observación necesaria de que, cuando aquí se habla de estructuralismo literario, se está haciendo referencia a la variante desarrollada por la Escuela de Praga sobre la base de muchos de los principios del formalismo ruso. Unos principios que, como observará Jauss, no consiguieron resolver de manera satisfactoria las tareas encomendadas a la crítica literaria. Pues bien, si se intentase establecer de forma concreta las diferencias, en un sentido amplio, entre los presupuestos de que parte Ingarden y aquellos de los que lo hace la Escuela de Praga, podría afirmarse que, mientras que el primero, en su aceptación de la teoría de la comunicación, se centra casi exclusivamente en el análisis de tan sólo dos de los componentes del triángulo semiótico, los estructuralistas checos van a tener en cuenta la totalidad de los mismos. En el proceso de *concretización*, como acaba de verse, Ingarden consideró el centro de su interés la relación existente entre la obra literaria y el lector, siendo la obra el elemento determinante en el proceso de fijación de su naturaleza, mientras que el lector se limitaba a aceptar las *sugerencias* que a partir de ella se le hacían. En cambio, los estructuralistas de Praga se valen de una teoría de la comunicación, por así decirlo, más completa, pues en ella son tenidos en consideración, no solamente los tres elementos constitutivos del proceso comunicativo, sino también el ámbito de referencia del símbolo lingüístico-literario, esto es, la realidad extraliteraria, bien que se trate de una existencia transformada de la misma. Por otra parte además, mientras que Ingarden considera determinantes en el proceso de *concretización* las *cualidades metafísicas* de la obra, los estructuralistas introducen en su análisis otros elementos y otros factores fundamentales. De entre ellos son de destacar, ante todo, la *evolución histórica,* esto es, la historia de la obra que se quiere concretizar, además de la historia de la recepción de la misma, la historia de sus concretizaciones. Pero hay un punto común: En la teoría estructural de la Escuela de Praga se nota una influencia clara, al igual que ocurría en Ingarden, del pensamiento fenomenológico, de una manera especial en el campo de la relación del sujeto lector con el objeto de concretización.

Los autores del estructuralismo literario checo que aquí interesan de una manera especial son sobre todo dos: Jan Mukařovský y Felix Vodička. Los sistemas de teoría literaria que desarrollan ofrecen las premisas suficientes para entender las aportaciones de la escuela a la teoría de la recepción.

En *Kapitel aus der Ästhetik* [17] Mukařovský considera la obra de arte, en general, y la literaria, en particular, como un *hecho*

---

[17] J. Mukařovský, *Kapitel aus der Ästhetik,* Frankfurt am Main, 1970. Versión alemana de *Studie z Estetiky.* El acceso a la obra de este autor, al igual que ocurre

semiológico, para cuya comprensión en totalidad exige enfrentarse
a los siguientes problemas surgidos de la reflexión sobre los aspectos fundamentales del mismo: que la obra literaria tiene la naturaleza de un *signo,* que está constituida de *forma estructural* y que
tiene un *valor* que, como tal, puede ser determinado y sopesado.
Expresado de otra manera, puede decirse que, para comprender su
naturaleza es necesario entenderla, en primer lugar, como un signo
portador de un significado, en segundo lugar, como un signo literario y, en tercer lugar, a partir del proceso de recepción realizado
por el lector.

En las consideraciones realizadas más arriba sobre la cualidad
del signo lingüístico en su forma literaria, no se llegó a una solución satisfactoria, dado que el objetivo propuesto, no consistía en
la determinación de la naturaleza del mismo. ¿Cuál es la solución
de Mukařovský? En sus reflexiones sobre esta cuestión se sirve como punto de partida del modelo desarrollado por Bühler [18] sobre
las funciones del lenguaje, resumiendo todas ellas en las denominadas *funciones prácticas* y distinguiendo claramente de ellas la *función poética.* Característica fundamental de esta función es el hecho
de que va dirigida a sí misma, a su *composición como signo lingüístico,* está centrada en sí misma y no persigue objetivos de cualidad
práctica, tal y como ocurre con las otras funciones del lenguaje [19].
A partir de esta afirmación pueden deducirse la semejanza con la
teoría desarrollada por Jakobson para justificar la posibilidad del
estudio de textos literarios desde perspectivas lingüísticas, lo mismo
que reminiscencias de unos de los principios básicos del formalismo ruso.

---

con Vodička, ha sido posible sólo a partir de las traducciones realizadas al alemán.
Es el caso también de las obras del mismo *Kapitel aus der Poetik,* Frankfurt am
Main, 1967, y *Studien zur strukturalistischen Ästhetik und Poetik*. Mit einem Nach-
wort: Die Strukturalistische Ästhetik und Poetik Jan Mukařovský, Munich, 1974.

[18] Vid. *op. cit.*

[19] *Kapitel aus der Poetik,* pág. 60.

Hay que decir, no obstante, que las aportaciones de Mukařovský en modo alguno representan una teoría del *arte por el arte,* antes al contrario; lo mismo que, hasta cierto punto, ocurre en Jakobson, el reconocimiento de la referencia del texto literario a una realidad extraliteraria, es un hecho que avala esta afirmación. Es verdad que en el texto predomina, de entre todas, la *función estética,* lo que es lo mismo que decir que hay una prevalencia de la relación del signo lingüístico con el contexto lingüístico; pero la realidad extraliteraria desarrolla también un papel muy significativo. Por otra parte es cierto que hay textos no poéticos o no literarios, cuya diferencia de contenido va más allá de su manifestación lingüística. A medida que se profundiza en el asunto, la diferencia se hace más complicada, si los criterios utilizados son de naturaleza exclusivamente lingüística.

Con todo, aparte del predominio de la *función estética,* en los textos, según Mukařovský, hay además un aspecto histórico-genético muy importante, consistente en una *transcreación* que del material de la realidad se produce en los mismos; una realidad cuyos componentes se extienden también a la realidad psíquica del autor y a las expectativas que él mismo observa en los posibles lectores de su obra. Por todo ello, si bien la realidad de referencia del signo está representada en cualquier modelo comunicativo, en el modelo correspondiente a la comunicación literaria hay, junto a una situación o situaciones comunicativas entre el autor y el lector a través del texto, también referencias a otros elementos. Trátese de personas, trátese de contenidos, siempre son tomados como componentes de una realidad recreada y tfansformada para la que se han tenido en cuenta las *expectativas* de los lectores. Puede llegarse, en consecuencia, a afirmar que en el proceso de comunicación estético-literaria, la relación entre el emisor y el receptor es de naturaleza ficticia en mayor o menor grado, y que, sobre todo, la relación que se produce entre el signo textual y la realidad es una relación muy específica. Es en esta relación específica donde ha de encontrarse la diferencia que existe entre el signo puramente lingüístico y el signo literario.

Toda obra artística, también la literaria, dice Mukařovský [20], tiene el carácter de una señal y consiste en un *objeto estético* que tiene su existencia dentro de una colectividad; la *obra material* no es más que el símbolo externo en oposición al *objeto inmaterial*. En el caso de la obra literaria, se trata de un signo autónomo, constituido por tres componentes: un símbolo que es perceptible, denominado *artefacto,* un *objeto estético* que tiene sus raíces en la conciencia colectiva y una *relación* con la realidad designada, que hace referencia a todo un contexto de fenómenos sociales, que incluye tanto ciencia como religión, filosofía, política, economía, etc. Esta realidad del signo artístico-literario es la base de la *función semiológica* autónoma. La segunda función de la obra o *función comunicativa* hace referencia al significado; el portador de la misma es el contenido. Ahora bien, la relación que tiene lugar entre la obra y la realidad designada no está provista de un valor existencial, hecho que supone una diferencia muy importante con respecto a una señal puramente lingüístico-comunicativa.

Con ello nos encontramos ante una dualidad, pues en el desarrollo artístico, dentro del proceso de aproximación o distanciamiento de la realidad designada, unas veces se produce un desplazamiento del platillo de la balanza hacia un lado, otras veces se produce hacia otro. Dentro de la más pura tradición estructuralista, Mukařovský entiende que ninguno de los elementos de que está constituida una obra literaria puede ser entendido de una manera aislada, bien sea la estructura como se organiza, bien sea la realidad a que hace referencia. Esta estructura total y amplia se entiende como *estructura estética.* Dentro de ella se incorporan los elementos significantes extraliterarios de tal manera, que automáticamente pierden la relación que hasta ese momento tenían con el sistema

---

[20] Vid. *Kapitel aus der Ästhetik,* págs. 138-149.

a que pertenecen y que les proporcionaba su significado normal, pasando a tomar el significado que determina la *estructura estética* dominante. Con todo, este esquema sufre una invalidación que se explica a partir de lo que se acaba de decir: como realidad estructural total la obra literaria ya no sólo hace referencia a sí misma, sino que se refiere de igual manera a la realidad extraliteraria, con la peculiaridad, además, de que la relación predominante es la segunda [21]. Por otra parte, el signo literario, para poder cumplir satisfactoriamente su función comunicativa ha de llegar a su destinatario-lector, tarea que se ve entorpecida por la activación que realiza el texto de la función autónoma o estética. Esto es, la relación con la realidad, como resultado de la activación de la función comunicativa, resulta *desautomatizada* por la otra comunicación. La solución a este juego de distintas fuerzas se encuentra en una compensación producida por la relación de la obra, entendida como una totalidad, con las experiencias vitales tanto del sujeto creador como del sujeto receptor [22].

Es aquí donde el lector comienza su intervención, en cuanto elemento sobre el que la obra ejerce su actividad, como sujeto que, reaccionando a los estímulos de aquélla, la transforma de *artefacto* en *objeto estético*. Esta transformación se consigue por medio del acto, denominado por Ingarden de *concretización,* que Mukařovský asume en su terminología. Cuando el lector realiza un acto de este tipo, lo que en realidad hace, es enmarcar la obra dentro de la *evolución literaria,* dentro de una tradición supraindividual, valorándola además según un *sistema de normas,* que es válido en su época, y dotándola así de unas cualidades estéticas. Con todo, puede ocurrir que esta tarea de complementación estética, por la que el sujeto lector proporciona significados y contenidos al *artefacto,* lleve a resultados distintos, según sea realizada por uno o

---

[21] *Kapitel aus der Poetik,* pág. 146.
[22] *Ibid.,* pág. 54.

por otro sujeto. En este sentido, Mukařovský piensa que el significado literario no es una cualidad inherente a la obra, sino que se trata, más bien, de algo que se produce con el proceso de recepción de la misma. Para poderlo explicar se hace necesario acudir a la diferencia básica que se ha establecido entre *artefacto* y *objeto estético.*

Es un hecho que el *artefacto* es una realidad fija, una realidad que no está sometida a ningún tipo de transformación. El *artefacto* es, por otra parte, el elemento portador de *objetos estéticos* que tienen la cualidad de poder ser cambiados en los distintos actos de concretización. Sin embargo, el *valor estético* no se encuentra en el *artefacto;* la complementación realizada con la provisión de contenidos y significados no se encuentra en el significante, sino en otra parte; está precisamente en la *tensión* surgida entre los dos componentes: el *artefacto* y el *objeto estético.* Ya no se trata, como en Ingarden, de una *armonía polífona,* sino de una totalidad dinámica en que están presentes no sólo correspondencias armónicas, sino también contradicciones y enfrentamientos. De estos factores, los primeros hacen que se preserve esa totalidad y los segundos que se ponga en permanente movimiento [23]. Se trata de una tensión que va más allá de la estructura del *artefacto,* de una tensión entre la actualización y la no actualización de componentes de la totalidad estructural. Cuando el receptor concretiza unos componentes y desestima otros, se está produciendo una tensión, puesto que los elementos desestimados son los de uso normal y los primeros pertenecen al mundo de lo inusual. La razón de que unos sean actualizados y otros no, ha de encontrarse en el *mundo histórico* en que se produce la concretización. Por esta razón, la solución a la cuestión del valor estético de una obra ha de buscarse en el proceso de transformación y evolución del sentido de la misma. Ello, no obstante, no oculta a nadie el peligro de la subjetivi-

---

[23] *Kapitel aus der Ästhetik,* pág. 106.

dad que solamente puede evitarse, según Mukařovský, por el procedimiento de, partiendo en cualquier caso del *artefacto,* acudir a
la objetividad que proporciona el criterio de la *conciencia colectiva*
de los lectores, en la que, al final, está el *objeto estético.*

Así pues, mientras que para Ingarden la instancia por la que
podía ser medida la adecuación de la concretización de una obra
había que buscarla en el *correlato intencional* del elemento material, según Mukařovský, esta instancia hay que buscarla en la *estructura del signo.* Sin embargo hay una diferencia mucho más importante: mientras que para el primero las concretizaciones nunca
llegan de una manera plena a captar esa *entidad intencional,* sino
que han de ser entendidas como algo que se enmarca dentro de
un proceso de comprensión permanente, en el que se actualizan
de una manera más o menos adecuada, para el segundo, todas las
concretizaciones tienen una justificación, independientemente de si
se acercan o no, coinciden o no con la intención del autor; todas
ellas son actualizaciones del sentido del signo literario, que puede
ser leído de maneras distintas, dependiendo de si se trata de uno
o de otro contexto histórico.

Otra de las aportaciones del estructuralismo literario que ha
de considerarse de gran relevancia para la teoría de la recepción,
es la consideración de la *diacronía* en el estudio de la literatura
y de las obras concretas. *Diacronía* que de ninguna manera se limita a estos dos aspectos posibles, sino que se extiende al de la recepción de las mismas, que es aquí, en definitiva, el más importante
de todos. *La estructura literaria,* entendida como el conjunto de
obras, es una realidad que se configura dentro de un desarrollo
constante; por otra parte, la forma como una obra se actualiza
en el lector, está sometida a un proceso de cambio igualmente continuo. Por esta razón, la *historicidad de la recepción* se convierte
en una categoría elemental dentro del proceso de comprensión, naturalmente con las diferencias que implica el estructuralismo, dado
que se compare con la idea de historicidad, por ejemplo, de la her-

menéutica. Vodička en su trabajo *Struktur der Entwicklung* ha elaborado los principios teóricos referidos a este aspecto [24].

En la consideración de la naturaleza de la obra literaria, sus planteamientos apenas si difieren de los elaborados por Mukařovský. Sin embargo, sí llaman la atención las reflexiones que realiza sobre la misma, al entenderla como una entidad que se enmarca dentro de un ámbito más amplio. También aquí la obra es tenida por un signo que está cargado de información, que se convierte en *objeto estético* en el momento en que es percibida dentro de una comunidad de lectores y, dado el caso, interpretada y valorada por alguno de los componentes de ella. Ahora bien, la valoración crítica de una obra tiene directamente que ver con la percepción estética. Ello quiere decir que, por el hecho de tratarse de un acto de valoración, se hace obligado un punto de referencia por el que pueda justificarse y que sólo puede encontrarse dentro de un sistema de medidas de valor. Con todo, se observará que los valores estéticos no constituyen un sistema de cualidades fijas y estables, sino una realidad que está en transformación permanente [25].

Las obras literarias hacen su aparición coincidiendo con el proceso de evolución del sistema de valores. Consideradas de manera aislada, se configuran como elementos componentes de un desarrollo, se actualizan en cuanto miembros que forman parte de una serie sucesiva amplia que tiene su existencia dentro del tiempo. La obra concreta, aparte de ser un *objeto estético,* es también un *valor estético,* y es a partir de la observación de estas dos cualidades como puede llegar a ser entendida. Para ello un camino inevitable es el estudio del desarrollo de la *conciencia estética* que, como tal conciencia, además de tener un carácter supraindividual, está relacionada directamente con la literatura de la época. Se trata

---

[24] F. Vodička, *Struktur der Entwicklung,* Munich, 1975.

[25] Vid. F. Vodička, «Die Rezeptionsgeschichte literarischer Werke», *Struktur der Entwicklung.* Recogido en *Rezeptionsästhetik,* edic. de R. Warning, Munich, 1979, págs. 71-72.

de la *restitución* de las normas literarias dentro del desarrollo histórico, de seguir las relaciones mutuas que existen entre la historia de las normas y la historia simultánea de las obras o estructura literaria, entre las cuales se produce una tensión que con su dinamismo hace surgir obras nuevas. Dentro de este proceso ocurre que, si bien el punto de partida de una obra son las normas hasta entonces conocidas, con la constitución de la misma, las normas no se identifican ya con las que determinaron su origen. Con todo, son éstas las que fijan el punto de partida para la apreciación estética. Así se entiende que en la consideración de la literatura de una época se tenga en cuenta, además de la amplia serie de obras literarias, también aquellos valores que han orientado la *conciencia estética* del momento, que se refleja de una manera especial en las reacciones y comportamiento del público.

En consecuencia, la tarea de la *historia literaria* consiste en comprender las relaciones múltiples que surgen de la polaridad producida entre la obra y la realidad, además de la surgida entre la propia obra y el lector [26]. En este sentido, cuatro son los objetivos que Vodička le asigna: en primer lugar, la reconstrucción de las *normas* y postulados literarios de una época; en segundo lugar, la reconstrucción asimismo de la *literatura* de la época que es objeto de valoración y la descripción de la jerarquía de *valores* literarios de la misma; en tercer lugar, el estudio de las *concretizaciones críticas* que se han desarrollado, bien en el tiempo presente bien en el pasado; en cuarto lugar, el estudio de la *influencia* de una o varias obras dentro del ámbito literario como del extraliterario. Se trata de una serie de aspectos, cuya presencia no se produce de una manera aislada, sino que todos ellos se condicionan e influyen mutuamente [27].

A partir del establecimiento de la tarea fundamental de que ha de ocuparse la historia literaria, Vodička desarrolla una serie de

---

[26] *Ibid.,* pág. 73.
[27] *Ibid.,* pág. 74.

orientaciones específicas que colaboran en la consecución del objetivo propuesto. Se trata, ante todo, de la fijación de la *norma literaria,* para lo que sugiere acudir a varias fuentes distintas. Las normas pueden buscarse, en primer lugar, en las obras que han llegado a la comunidad de lectores y, de entre ellas, de manera especial en aquéllas que han conseguido ser populares. En las obras leídas se encuentran no sólo las normas consideradas de validez generalizada en una época histórica concreta, sino que están también, de una forma más o menos desarrollada, aquéllas que comienzan a abrirse paso y que luego se establecerán de manera definitiva. Pueden encontrarse también en las poéticas normativas que han sido elaboradas en distintas épocas, en que están contenidas las directrices y las reglas, según las cuales se orientan las diferentes manifestaciones literarias. Otra fuente de determinación de los postulados normativos son las observaciones críticas sobre el valor de la literatura de una época o *crítica literaria* y los *métodos* y procedimientos utilizados en la valoración. Las *concretizaciones críticas* no son sino manifestaciones de la manera de entender y sentir desde la perspectiva estética y literaria de una época. Pero con todo, no se trata sólo de normas de carácter puramente técnico; el estructuralismo checo se extiende más allá de las fronteras de la propia obra: el objeto de sus consideraciones se amplía a postulados y normativas de naturaleza también ideológica, bien entendido que nunca más allá de lo que en este sentido es necesario para entender la obra y dentro de ella la construcción estructural, a la vez que la realidad sobre la que se orienta y de acuerdo con la cual está construida [28].

Otro de los aspectos de la tarea de la historia literaria es el análisis de la *jerarquía de valores.* Partiendo del reconocimiento de la tensión a que se ha aludido arriba al referirse a Mukařovský entre la estructura de la obra o de las obras y la estructura de la

---

[28] *Ibid.,* págs. 75-82.

norma literaria, que es lo que el lector percibe, se puede observar el *equilibrio permanente de esa tensión* y determinar el grado de la escala en que puede enmarcarse una obra. Ello requiere el estudio de la *conciencia literaria* de la época, dentro del que hay que incluir el análisis de las causas de tipo social determinantes de distintos gustos estéticos; lo que a su vez lleva consigo el estudio de la relación e implicación del gusto literario y el desarrollo existencial de los individuos portadores de esos valores, bien entendido que en ningún caso se trata de una relación de causa a efecto. Por otra parte, la consideración de la norma literaria, y de manera especial su desarrollo, requiere analizar las *causas* por las que determinados elementos estructurales hacen su aparición dentro de esa norma, teniendo en cuenta que no ha sido así en otro momento del desarrollo. La búsqueda de una explicación estructural no excluye, de otro lado, la reflexión sobre otro tipo de factores, de entre los que habría que destacar, por hacer referencia a alguno de ellos, el trabajo de las editoriales, la organización del mercado del libro, etc. Son factores, cuya naturaleza puede de alguna manera frenar o agilizar el desarrollo autónomo de la norma, no tanto su constitución esencial [29].

Por lo que se refiere a las *concretizaciones* elaboradas bien en el tiempo pasado, bien en el presente, es básico tener en cuenta que la norma es algo que está en permanente *evolución* en la conciencia del receptor. Como se ha repetido ya aquí, las obras literarias no fundamentan ni la aceptación en el público ni la vitalidad continuada en *cualidades metafísicas,* como defendía Ingarden, sino que lo hace en las concretizaciones; es en ellas donde hay que buscar esa aceptación y esa vitalidad. La tarea que se ha de desarrollar consiste en seguir los cambios a que las concretizaciones están sometidas a través de las relaciones que se producen entre la *estructura de la obra* y de la *estructura literaria* en su desarrollo. Aquella obra que en un momento histórico tiene todavía algo que decir, lo debe

---

[29] *Ibid.,* págs. 78-80.

al hecho de que en ella está contenido todavía un potencial normativo muy vigoroso. Ello significa que, cuando llega el momento en que se produce un cambio dentro del desarrollo de la norma, es necesaria una concretización nueva.

Sobre la tarea de la investigación de la *influencia* en el público dentro de la historia literaria, Vodička entiende que, en primer lugar, consiste en observar cómo la obra ha llegado a determinar tanto el pensamiento del lector, como su manera de sentir y de actuar; además, en observar cómo ha podido determinar el desarrollo del gusto literario, no sólo de los autores, en cuanto lectores que son también, sino asimismo de los lectores; también en el análisis de la relación que tiene lugar entre la problemática fundamental tratada a través de medios estéticos y la correspondiente de la práctica vital. Aquí tienen cabida implicaciones de tipo moral, religioso, social, económico e incluso en algún caso también nacional, etc. Son todos aquellos aspectos que, por lo general, se entienden como extraliterarios [30].

---

[30] *Ibid.*, págs. 82-83.

TEORÍA Y ESTÉTICA DE LA RECEPCIÓN

CAPÍTULO IV

EL CAMBIO DE PARADIGMA

En el estudio hasta ahora realizado sobre el proceso de constitución de la teoría de la recepción, se ha indagado en los principios y presupuestos básicos sobre los cuales se fundamenta esta teoría. Con ello se ha podido comprobar que la procedencia distinta y múltiple de los mismos, hace que todavía no se pueda hablar de algo completo que permita ser calificado de sistema. En este sentido, no es necesario acudir a la búsqueda de argumentos para llegar a la conclusión de las diferencias existentes, desde un punto de vista teórico, entre los principios de la sociología de la literatura, sea del signo que sea, y los de la teoría de la interpretación o hermenéutica, los del estructuralismo de Praga, la teoría de la comunicación o la fenomenología. Así, puede afirmarse, que muchos de los conceptos elaborados por alguna de estas corrientes son desconocidos en el ámbito de otras, y ello con independencia de casos poco frecuentes, como es el que algunos aspectos mínimos de la sociología de la literatura sean, en último término y sin que ello haya de ser considerado de relevancia especial, asumidos por el estructuralismo de Praga; o que éste, por su lado, converja en puntos de partida con los de la fenomenología.

Para que la teoría de la recepción pueda completarse como un sistema de estudios literarios tiene todavía que dar un paso muy importante; un paso que no se consumará hasta no haber conseguido conjugar estos principios teóricos procedentes de distintas corrientes; algo que les proporcionará el carácter nuevo y específico que supone tanto ese proceso de acercamiento y conjunción como la necesaria evolución que exige cualquiera fundamentación teórica. La inclusión dentro de una misma teoría del concepto de *historia efectual* y del de *norma,* sería un ejemplo de lo primero; por su parte, la transformación del mismo concepto de *historia efectual* por el de *historia de la recepción* o del de *norma* por el de *código,* sería la prueba de un proceso de evolución y superación. Si a ello se añade la novedad y cambio que supone el que la teoría de la recepción se convierta en una teoría del texto y de aquí en una ciencia de la comunicación, para lo cual necesita acudir a disciplinas afines, como la lingüística en su calidad textual, la sociología o la hermenéutica filosófica, se muestra con más evidencia el camino que la teoría tiene aún que recorrer.

Pues bien, este paso inmediato que supone la aproximación de principios teóricos de distintas procedencias dentro de un mismo esquema, al mismo tiempo que el desarrollo y hasta superación de los mismos, será la gran aportación de la Escuela de Constanza, y dentro de ella, de las formulaciones teóricas de dos de sus máximos representantes: H. R. Jauss y W. Iser.

Si hubiera que resumir en pocas palabras las aportaciones de Jauss a la teoría de la recepción, habría, en primer lugar, que decir que en ellas convergen algunos de los principios fundamentales de la teoría de la interpretación de textos, de la teoría de la comunicación, de la fenomenología filosófica y del estructuralismo de Praga. Sin embargo, mientras que, póngase por caso, la hermenéutica de Gadamer, a la hora de realizar la tarea del conocimiento del texto, concede prioridad al elemento subjetivo, se trata, en este caso, de la introducción de un punto de referencia objetivo, como es, tanto la forma como el contenido con que el autor ha conformado la obra. Si allí era tarea fundamental la reflexión sobre los *prejuicios* transmitidos en la *tradición,* dentro de los que se encuentra inmerso el intérprete, se trata aquí de la remisión a los *horizontes* cambiantes *de expectativas* y de los actos de recepción que dependen de ellos. Algo similar podría afirmarse de las variaciones a que son sometidos el estructuralismo de Praga y la fenomenología. En segundo lugar habría que decir que el hecho de relacionar principios teóricos procedentes de diferentes escuelas, implica someterlos de alguna manera a una transformación, que ha de ser entendida como evolución y, en consecuencia, como superación, o al menos como una interpretación específica de los mismos. En tercer lugar hay que hacer notar que en el proceso de constitución de la teoría de Jauss tiene lugar una revisión de sus principios, que se extiende desde las primeras formulaciones, hasta el momento en que puede afirmarse que da por concluida la sistematización teórica, es decir, desde «Literaturgeschichte als Provokation der Literaturwissenschaft» hasta *Ästhetische Erfahrung und literarische Hermeneutik,* pasando por «Racines und Goethes Iphigenie».

PARADIGMAS O MÉTODOS DE ANÁLISIS

Previamente a la constitución de su teoría, Jauss realiza una reflexión por la que intenta justificar la necesidad de una nueva fórmula de procedimiento en el estudio de la obra literaria. En relación con ello conviene no olvidar que la teoría de la recepción, al mismo tiempo que elabora un concepto de literatura, desarrolla un procedimiento metódico de análisis y estudio, cuyas peculiaridades se entienden precisamente a partir de ese concepto. Pues bien, Jauss parte de la idea de que los procedimientos de análisis científico o fórmulas metodológicas pueden encontrarse con que, llegado un momento determinado, dejan de tener validez debido al hecho de que ya no ofrecen posibilidades para resolver los problemas que les han sido planteados. Ello constituye una razón suficiente, al tiempo que una necesidad, para el surgimiento de nuevas soluciones metodológicas. No obstante, ni la falta de validez de los métodos en desuso, como tampoco la aparición de nuevos planteamientos, son hechos que se producen de la noche a la mañana; antes al contrario, son fenómenos que han tenido lugar a lo largo de procesos amplios e incluso a lo largo de toda la historia de la cultura [1]. Se trata de hechos, cuya presencia se ha dejado notar de una manera especial en las ciencias experimentales y que por los efectos que han producido se les ha otorgado la categoría de auténticas revoluciones.

Para explicar los cambios que han tenido lugar en los métodos de los estudios literarios, Jauss se sirve de un esquema elaborado para explicar los correspondientes a las ciencias experimentales y que Kuhn ha denominado *cambio de paradigma* [2].

Por *paradigma* entiende Kuhn todo método nuevo, cuya fundamentación reside en conocimientos revolucionarios, tiene un carácter sistemático y proporciona a una comunidad de expertos, durante un cierto tiempo, modelos y soluciones. Un cambio de paradigma habría estado provocado, por ejemplo, por las explicaciones que sobre ciertos fenómenos de la naturaleza proporcionara Newton a partir de los primeros pasos que supusieron los descubrimientos de Kopérnico. En este sentido puede decirse que un cambio de paradigma es algo así como una revolución científica que al mismo tiempo responde a la necesidad de resolver las anomalías que trae consigo la observación de fenómenos que sobrepasan las expectativas comunes. Un cambio de paradigma tiene lugar a través de un largo proceso que se inicia a partir del surgimiento de una crisis que se supera con la transformación de los procedimienstos utilizados hasta entonces y la aparición de una nueva tradición [3].

---

[1] J. R. Jauss, «Paradigmawechsel in der Literaturwissenschaft», *Linguistische Berichte* 3 (1969), págs. 44-56.

[2] Jauss, en el artículo citado en la nota anterior hace referencia a las siguientes obras, que en el campo de las ciencias experimentales se ocupan de este asunto: H. Blumenberg, *Die Kopernikanische Wende,* Frankfurt am Main, 1967. Del mismo, *Die Legitimität der Neuzeit,* Frankfurt am Main, 1966. Th. S. Kuhn, *Die Struktur wissenschaftlicher Revolutionen,* Frankfurt am Main, 1967.

[3] Vid. J. R. Jauss, «Paradigmawechsel in der Literaturwissenschaft», págs. 46-47.

En breves palabras éste es el esquema correspondiente al cambio de paradigma en las ciencias experimentales, que Jauss pretende transferir a un fenómeno similar en los estudios literarios. Sin embargo, hay que hacer la observación de que, aunque considere aceptable el criterio de la similitud de ambos campos, con todo, en un primer momento, no se atreve a afirmar su existencia en la crítica literaria del momento. Es algo que tendrá lugar más tarde, justamente ocho años después, en que cree estar en disposición de afirmar que ese cambio ha tenido lugar [4]. Hasta llegar ese punto en el tiempo ha de pasar antes por unos planteamientos teóricos nuevos, que necesitan ir afianzándose poco a poco y no pocas críticas y discusiones provenientes tanto de los defensores de la nueva teoría como de aquellos que la detractan.

Elaborando un análisis de las fórmulas como los estudios literarios han procedido en sus investigaciones a lo largo de la historia, Jauss llega a la conclusión de que han sido tres los paradigmas de que se ha servido esta ocupación intelectual: el surgido del *humanismo renacentista,* el de *la explicación histórica* y el que desarrolla la *estilística* con todas sus escuelas y variantes correspondientes. El primero de ellos se basa en las aportaciones realizadas por la Antigüedad, entendida como modelo y sistema de normas; como método y procedimiento de trabajo consiste en la elaboración de una crítica de peculiaridades siempre normativas, fundamentada en la poética clásica, además de encontrar en ella su justificación.

Es un paradigma, cuya validez es puesta en tela de juicio a raíz de los grandes cambios que el movimiento historicista trajo consigo desde premisas establecidas por el romanticismo. El resultado es la aparición del segundo gran paradigma, cuyas líneas fundamentales de acción convergen en el estudio de los aspectos de la obra literaria que pueden explicarse tanto según las coordenadas

---

[4] J. R. Jauss, *Ästhetische Erfahrung und literarische Hermeneutik,* I, Munich, 1977, pág. 11.

de espacio y de tiempo como según el medio en que aquélla ha
hecho su aparición. Si en el paradigma de la Antigüedad el modelo
de referencia eran los autores clásicos, se trata en este caso de los
modelos aportados por autores más modernos. Los procedimientos
propios de la literatura comparada serían una variante del mismo.

La insuficiencia mostrada por el paradigma histórico-positivista
hace, por fin, surgir a comienzos del siglo xx el paradigma de la
estilística, cuya peculiaridad fundamental consiste en la observación
de la obra literaria en cuanto sistema constituido por los elementos
lengua, estilo y composición. Como ejemplos representativos de este procedimiento de estudio, habría que hacer referencia, además
de a la nueva crítica americana («New Criticism»), a la teoría y
práctica desarrolladas por el formalismo ruso y a la denominada
interpretación inmanente.

Pero de la misma manera que llegado un momento los dos primeros paradigmas se muestran incapaces para resolver los problemas que les habían sido planteados o que ellos mismos habían planteado, el paradigma de la estilística, enraizado profundamente en
la teoría del *arte por el arte,* se ve sometido a un fenómeno de
naturaleza similar: parece encontrarse agotado. Que es necesaria
una salida de una situación así, es algo que nadie pone en duda;
otra cosa muy distinta es que esa necesidad pueda aportar resultados suficientes. Así, Jauss en un principio no parece encontrarse
en situación de poder ofrecer una alternativa clara; antes al contrario, a finales de los años sesenta no hace sino limitarse, por un
lado, a la pregunta de si de hecho nos encontramos ante un nuevo
paradigma y, de otro lado, a reflexionar sobre las tareas que ha
de abordar en este momento histórico el estudio de la obra literaria,
cuya solución no puede ser aportada procediendo de acuerdo con
los presupuestos de paradigmas carentes ya de validez. Así pues,
sólo se podrán cubrir las exigencias que hoy se le presentan a la
investigación literaria, si se procede de manera que se tengan en
cuenta los siguientes puntos: en primer lugar, la mediación de un
análisis estético-formal e *histórico-recepcional* junto con la que pro-

duce el arte en sí, la historia y la realidad social; en segundo lugar, la conjugación de *métodos estructurales* y *métodos hermenéuticos;* en tercer lugar, la experimentación de una estética referida no sólo a la forma de *representación* sino también a la *recepción* y a la necesidad de una retórica que incluya, además de las grandes obras, fenómenos literarios de otros niveles y trabajos realizados por los medios de comunicación de masas [5]. Como muy bien puede observarse, ninguna de estas exigencias de los nuevos estudios literarios han sido cubiertas por ninguno de los tres grandes paradigmas mencionados. Que de todo ello surja algo nuevo, es algo sobre lo que Jauss no puede aún manifestarse; en su lugar lo que hace es limitarse a sugerir una solución, válida al menos desde un punto de vista teórico, que permita a la crítica literaria salir del callejón sin salida a que se ha visto avocada. De ello se ocupa en su estudio «Literaturgeschichte als Provokation der Literaturwissenschaft», en que, por primera vez y de una manera sistematizada, se desarrollan los principios que constituyen la teoría moderna de la recepción.

HISTORIA LITERARIA VERSUS CRÍTICA LITERARIA

Uno de los aspectos que llaman la atención en este trabajo y que se puede observar ya en el título, es la defensa de la historia literaria frente al dominio ejercido por la ciencia de la literatura, de manera especial en el campo de la interpretación. Ello ha de entenderse como manifestación de una preferencia por el pensamiento histórico, por otra parte nunca olvidado en los ámbitos intelectuales de los años sesenta; lo que no quiere decir que Jauss se manifieste partidario de la historia literaria que en ese momento se está cultivando; de la misma manera que se muestra en desacuerdo con el desarrollo de la hermenéutica, es contrario también al

---

[5] Vid. «Paradigmawechsel in der Literaturwissenschaft», pág. 56.

tipo de historia de aquellos años. Hay que hacer con todo la observación de que ello no quiere decir que sus principios supongan un rechazo total de la una o de la otra; si es que lo hay, puede, a lo sumo, vislumbrarse respecto de la Interpretación; de ninguna manera es el caso de la historia de la literatura. El programa consiste simplemente en una revalorización de ésta frente a aquélla, además de frente a sí misma, es decir, frente a la manera como se ha desarrollado comúnmente: una historia que no ha ido más allá de ofrecer una simple cronología.

Una muestra evidente de la acentuación del pensamiento histórico es, en primer lugar, la observación que realiza sobre la evolución de los movimientos literarios que, o bien confirman la validez del paradigma en vigor o bien muestran que ya no sirve; además de, en segundo lugar, la aceptación y, por tanto, continuación de los principios desarrollados por los mismos. Dos son las corrientes de crítica literaria que le merecen una especial atención, destacando de ellas el hecho de haber logrado superar el empirismo positivista y ofrecer, como ya se vio, unos puntos de partida para una evolución posterior. Son el marxismo literario y las escuelas formalistas.

Por lo que al marxismo se refiere, Jauss diferencia entre las aportaciones del marxismo clásico y las orientaciones dadas por críticos más modernos. En la teoría clásica encuentra que, frente a un aspecto positivo que todavía puede ser aprovechado, hay otro que ha constituido la causa de que la corriente haya llegado a encontrarse en un callejón sin salida. Ese aspecto positivo se puede apreciar ya en las primeras obras, como *Die deutsche Ideologie (1845-46)* de Marx y Engels, en que se establece el principio de que la historia del arte y de la literatura es un proceso que no puede ser considerado al margen de la producción material, ni de manera independiente de la vida social del hombre. En el proceso vital de apropiación de la naturaleza la producción artística participa de una manera muy importante y como la historia cobra vitalidad cuando se describe ese proceso, ocurre que tanto el arte como la literatura pueden ser descritos sólo como componentes del proceso general de la historia.

Sin embargo, al marxismo le surgen una serie de contradicciones y un problema insoluble cuando se ocupa de la cuestión de la *imitación literaria* y de la explicación de la *teoría del reflejo.* Partiendo del concepto clásico de la *imitatio naturae,* sustituye el segundo elemento, es decir, la *naturaleza,* por el elemento *realidad,* entendida como ejemplo y norma, como naturaleza mejorada y superada; lo cual no significa otra cosa que limitarse al ideal del realismo burgués. Por otra parte, tampoco parece un acierto reducir los fenómenos culturales a fenómenos económicos, sociales o de clase. Jauss piensa que la literatura puede referirse, sólo en parte, a condicionamientos concretos del proceso económico. Por otro lado cree también, que la *teoría del reflejo* de la realidad sólo puede entender la relación existente entre la producción de lo nuevo y la reproducción de lo antiguo, volviendo a su naturaleza diacrónica, lo que trae como consecuencia una comprensión dialéctica de la literatura y a la vez la abolición de la propia *teoría del reflejo* [6]. El punto de partida para solucionar esta aporía y, de esta manera, salvar el carácter histórico de la literatura, está en los marxistas modernos. Košík defiende abiertamente que toda obra artística posee un doble carácter dentro de la unidad inseparable que constituye: al tiempo que es expresión de la realidad, conforma también esa realidad, la cual no existe ni junto a la obra ni antes de la misma, sino que existe en ella [7]. Además, la obra de arte no se manifiesta sólo como algo individual y aislado en cuanto producto específico que es de un autor, sino que lo hace de una manera dialéctica, participando en el proceso de la historia y poniendo en interacción al autor con el público, tal y como ya se vio aquí al tratar de la sociología marxista de la literatura.

---

[6] Vid. J. R. Jauss, «Literaturgeschichte als Provokation der Literaturwissenschaft», *Literaturgeschichte als Provokation,* pág. 159.

[7] Vid. K. Košík, *Dialektik des Konkreten,* pág. 123, citado según Jauss, *ibid.,* pág. 162.

Algo similar ocurre con el formalismo, aunque en este caso sea en un sentido muy diferente. Las dos cuestiones fundamentales se refieren, la primera de ellas a la fijación de la *naturaleza* de la obra artística; la segunda al *carácter histórico* de la literatura. Son dos aspectos que serán asumidos por los estructuralistas de Praga y que, como se ha visto también aquí, constituirán un punto básico de referencia y de partida para la teoría moderna de la recepción. No obstante, los planteamientos del formalismo y el desarrollo que elabora de los mismos, aun constituyendo una solución a la crisis del paradigma positivista, no ofrece la adecuada a la crisis que se plantea dentro del mismo. La naturaleza peculiar de la obra literaria se entiende desde la oposición entre el lenguaje práctico, objeto fundamental de estudio de la lingüística, y el lenguaje poético o literario. Este último se caracteriza por la capacidad que tiene de tratar de tal manera el lenguaje práctico que lo convierte, por así decirlo, en otro cargado de fuertes dosis de artificialidad. Por ello y con el objeto de poder captarlo, se hace necesario que el observador sea consciente del procedimiento utilizado por el autor en la fijación de las formas. Por lo que al segundo aspecto se refiere, los formalistas, que en un principio habían descuidado la consideración de la historia literaria, se ven con posterioridad obligados a tenerla en cuenta. Para ello distinguen entre los aspectos de la sincronía y la diacronía en la reflexión sobre la historia de las formas y de los géneros, de acuerdo con los cuales se configura el lenguaje poético. Así, el surgimiento de nuevas formas, lo mismo que de nuevos estilos, se explica desde el principio de la *evolución literaria* que, frente a la *tradición,* opera como un proceso dialéctico en el que la oposición y enfrentamiento entre formas y géneros distintos, hacen que aparezcan necesariamente otros nuevos [8].

---

[8] Vid., V. Erlich, *Russischer Formalismus,* Munich, 1964. T. Tynjanov, *Die literarischen Kunstmittel und die Evolution in der Literatur,* Frankfurt am Main, 1967. V. Sklovskij, *Theorie der Prosa,* Frankfurt am Main, 1966.

Sin embargo, la historicidad de la literatura no puede terminar ahí —aquí radica precisamente la crítica de Jauss a los formalistas—, dado que no puede reducirse solamente a su aspecto inmanente, sea sincrónico o diacrónico; la historicidad de la literatura ha de fijarse en su relación con el proceso general de la historia.

La cuestión que se plantea es precisamente la de superar la distancia que separa a la literatura de la historia. Ello se puede conseguir a partir del punto a que ambas corrientes críticas habían llegado y en que se habían detenido. Jauss cree que tanto el marxismo como el formalismo se quedaron cortos por el hecho de no haber tenido en consideración un factor muy importante del fenómeno literario. Cuando los métodos marxistas y formalistas se sienten justificados con los principios de la estética de la *producción* y de la estética de la *representación,* están pasando por alto la dimensión que significa la *recepción* de la obra y el *efecto* que la misma produce en el lector. La solución pasa, por tanto, por la conjugación de esas dos estéticas con la estética de la *recepción*. Puesto que, bien se trate de un crítico, bien de un escritor o bien de un historiador de la literatura, todos ellos han pasado por la experiencia de lector antes de iniciar una actividad reflexiva sobre la obra literaria. La historia de la literatura no puede pensarse sin la participación del lector; es quien hace que la obra «entre en el horizonte, no perenne sino transformable y cambiante, de una continuidad, en el que se consuma el cambio permanente de una simple recepción en una comprensión crítica, el cambio de una recepción pasiva en otra de naturaleza activa, el cambio de normas estéticas conocidas y reconocidas en una producción, cuyos ámbitos van más allá de la frontera de las mismas». En la historia de la literatura se presupone una relación dialógica entre obra, público y nueva obra; una relación que puede «ser captada tanto en la referencia de la comunicación con el público receptor como en la pregunta y respuesta, problema y solución» [9]. Una historia estético-literaria exige, frente

---

[9] «Literaturgeschichte als Provokation der Literaturwissenschaft», pág. 169.

al positivismo, la formación de nuevo *canon,* y frente a la tradición, una *revisión crítica* y si fuera necesario hasta una destrucción del canon literario heredado [10].

Partiendo de estos presupuestos, Jauss elabora siete tesis que constituyen una respuesta a las exigencias metodológicas de una historia de la literatura actual y actualizada. En ellas están, asimismo, contenidos de una manera sistematizada los principios que configuran la teoría y estética de la recepción de cuño y consecuencias más modernos. Por esta razón se hace necesario comentar los fundamentos teóricos de cada una de ellas:

1. «Una renovación de la historia de la literatura exige la eliminación de los prejuicios del objetivismo histórico y una fundamentación de la estética tradicional de la producción y representación en una estética recepcional y efectual. La historicidad de la literatura se fundamenta... en la experiencia previa del lector con la obra literaria. Esta relación dialógica constituye el presupuesto elemental de la historia de la literatura...» [11].

Tres son los puntos que en esta primera tesis han de considerarse de relevancia especial. Uno de ellos se refiere a la *historia de la literatura,* otro a la *naturaleza* de la obra literaria y el tercero, aunque no se mencione de una manera expresa, al *horizonte de expectativas.* La historia de la literatura no puede limitarse, al igual que hiciera el positivismo, a la presentación de una serie determinada de fenómenos literarios, como si se tratara de hechos de la naturaleza; su tarea consiste, más bien, en la consideración del proceso que constituye la producción y recepción de la obra u obras, del que forman parte no sólo el escritor, sino también el crítico y, por consiguiente, el lector. Por su parte, la obra literaria no se configura como una realidad independiente y de naturaleza autónoma que se ha constituido de una vez para siempre, sino que es una realidad, cuya naturaleza puede configurarse de manera

---

[10] *Ibid.,* pág. 170.
[11] *Ibid.,* pág. 171.

distinta según los actos de lectura realizados por distintos receptores. De otro lado, la experiencia tenida por distintos lectores bien en la época de la aparición de una obra, bien en un momento posterior a la misma, tiene lugar siempre dentro de un *horizonte* concreto *de expectativas,* en el que también participan los diferentes autores, así como todos aquellos críticos que se han ocupado de su estudio.

2. «El análisis de la experiencia literaria del lector escapa al psicologismo amenazador si se configura como descripción de la recepción y el efecto que produce una obra dentro del sistema verificable de expectativas, resultante para cada obra en el momento histórico de su aparición a partir de la forma en que previamente se ha entendido el género, la forma y la temática de obras conocidas ya antes, y a partir de la oposición entre lenguaje poético y lenguaje práctico» [12].

Se trata, en este caso, de la fórmula de acuerdo con là cual se puede llegar a describir el *sistema referencial de expectativas,* dentro del que se da la recepción de una obra. Se sostiene que hay medios de naturaleza tanto empírica como literaria, a partir de los cuales puede deducirse la disposición del lector o lectores, en cualquier caso previa al contacto con una obra, y sus reacciones posteriores. Al ser un problema que ha sido resuelto satisfactoriamente por el pensamiento fenomenológico, no se hace necesario insistir aquí.

La teoría de la interpretación resuelve, por su parte, el paso siguiente: cuando un lector acomete la acción de la lectura de una obra, se encuentra en posesión de un conocimiento previo 'sobre la realidad genérica a que esa obra pertenece. La obra está dotada de una serie de símbolos y señales, en gran parte identificables por el hecho de pertenecer al *horizonte de expectativas* en que se mueve el lector. En el proceso de identificación de ese horizonte pueden ocurrir dos cosas: o bien que las señales necesarias para la identifi-

---

[12] *Ibid.,* pág. 174.

cación aparezcan de una manera clara, lo cual constituiría el caso
óptimo, o bien que esas señales falten o no se muestren con trans-
parencia. Los géneros, formas y estilos convencionales hacen que
el *horizonte de expectativas* sea confirmado, modificado o, llegado
el caso, incluso destruido, a fin de que, de esta manera, pueda surgir uno nuevo. En el caso de que la obra no disponga de medios
explícitos adecuados para ese fin, se puede, de todos modos, acudir, como solución, a «las normas conocidas o poética inmanente
del género», a «las relaciones implícitas con obras conocidas» y
a «la oposición entre ficción y realidad, función poética y función
práctica de la lengua»[13].

3. «El horizonte de una obra, reconstruido de este modo, hace
posible fijar el carácter estético de la misma desde la consideración
de la manera y el grado como ejerce su influencia sobre un cierto
público. Si a la diferencia existente entre el horizonte de expectativas y la aparición de una nueva obra... lo denominamos distancia
estética, su forma de materialización se produce en las múltiples
posibles reacciones del público y en los juicios emitidos por la
crítica...»[14].

El hecho de poder determinar el *carácter estético* de una obra
a partir de la observación de la forma como ha influido en el público, aunque se trate sólo de un público específico, es una de las
peculiaridades más sobresalientes de la teoría de la recepción. Sin
embargo, esto sólo no bastaría para justificarse como tal teoría,
puesto que, de esta manera, no se iría más allá del punto marcado
por Gadamer en la consideración del aspecto efectual. Con todo,
la posibilidad, al menos teórica, de reconstrucción del *horizonte
de expectativas* ofrece una referencia que permite una aproximación
más objetiva. Otra cosa es la cuestión sobre cómo fijar la *distancia
estética* que permita apreciar la diferencia entre el horizonte y la
aparición de la obra. La solución hay que encontrarla, ya no en

---

[13] *Ibid.,* pág. 177.
[14] *Ibid.,* pág. 177.

el efecto que la obra produce en el público lector, sino en las reacciones del mismo a los estímulos ofrecidos por aquélla, trátese de un público lector o trátese de un lector crítico. Con ello al *aspecto* meramente *efectual* se ha añadido el *aspecto recepcional.*

4. «La reconstrucción del horizonte de expectativas en que ha tenido lugar la producción y recepción de una obra del pasado permite, por otra parte, plantear una serie de cuestiones a las que el texto ha dado respuesta y, de esta manera, descubrir la forma como el lector de entonces pudo ver y entender la obra. Esta aproximación... hace ver la diferencia hermenéutica entre cómo fue entendida entonces la obra y cómo se entiende hoy, hace consciente de la historia de su recepción, poniendo así en duda la evidencia aparente de que la poesía de un texto literario es algo que está siempre ahí presente y que el intérprete puede llegar a captar el sentido objetivo que ha sido fijado para siempre, lo que no es otra cosa que un dogma platónico de la metafísica filosófica» [15].

Esta es la tesis, cuyo origen ha de encontrarse, sin duda, en la hermenéutica de Gadamer, si bien Jauss, consciente de la insuficiencia de la misma, intenta una solución.

El lector o crítico actuales, al reconstruir el horizonte en que apareció la obra, puede plantear las *cuestiones* a las que dio ya una *respuesta,* sin necesidad de tener que volver al momento en que fueron planteadas las preguntas. Ello es así porque, según se vio ya al tratar la teoría de Gadamer, no existen dos horizontes distintos, sino que el *horizonte del pasado* está incluido en el *horizonte del presente.* Como el fenómeno de la comprensión es un fenómeno de naturaleza histórica, dentro del que paulatinamente se van asumiendo todos los actos concretos de comprensión de una obra, ésta puede ser entendida de distintas maneras, esto es, dependiendo de la forma que ha tomado el desarrollo del horizonte del presente en cuanto continuación que es de una tradición.

---

[15] *Ibid.,* pág. 183.

Con todo, Jauss va más allá y, en vez de limitar la comprensión al hecho de entrar en «un proceso de tradición», la amplía a la «función productiva... que incluye también una crítica a la tradición». Se trata de una coincidencia con la crítica que hiciera Habermas a Gadamer en el sentido de que la tradición ha de ser aceptada, pero de una manera crítica [16]. Pues bien, teniendo en cuenta este aspecto, en una historia de la literatura, elaborada según las perspectivas de la teoría de la recepción, hay que tener en cuenta que se trata, primero, de un *proceso diacrónico;* segundo, que se ha desarrollado sobre momentos concretos del proceso general, es decir, que es también de *naturaleza sincrónica;* y tercero, que existe una relación entre el desarrollo de lo literario y el *proceso general de la historia.* Se trata de los aspectos que constituyen los contenidos de las tres tesis restantes.

5. «La teoría de la recepción permite no sólo comprender el sentido y la forma de la obra literaria en el desarrollo histórico que constituyen las distintas maneras como ha sido entendida. Exige también encuadrar la obra concreta dentro de su 'secuencia literaria', a fin de reconocer el lugar y los significados históricos dentro del contexto de experiencias literarias. Al pasar de una historia de las recepciones a una historia de los acontecimientos literarios, se puede ver que la literatura se manifiesta como un proceso en el que la recepción pasiva del lector y del crítico se transforma en una recepción activa, al tiempo que, por parte del autor, en una recepción nueva; o visto de otra manera, como un proceso en el que la obra siguiente puede dar soluciones a los problemas formales o morales que la última obra dejó tras de sí, al mismo tiempo que plantear otros nuevos» [17].

Con esta formulación Jauss pretende ir más allá de principios desarrollados por el formalismo, que no permitieron solu-

---

[16] Vid. J. Habermas, «Zu Gadamers 'Wahrheit und Methode'», *Hermeneutik und Ideologiekritik,* Frankfurt am Main, 1971, págs. 45-46.

[17] «Literaturgeschichte als Provokation der Literaturwissenschaft», pág. 189.

cionar los problemas de la historia de la literatura, entendida como *evolución literaria*. Según los representantes del formalismo, toda obra vive un proceso que va desde el momento en que surge, pasando por un estadio, por así decirlo, de lucha frente a otras obras y en el que logra afianzarse, hasta llegar a un punto de *automatización* y extinción en cuanto género literario. Y es de esta manera, efectivamente, como se explica la evolución histórica literaria. Sin embargo, con ello, como observa el propio Jauss, lo que se hace es afirmar la equivalencia del carácter histórico de una obra con su carácter estético, lo que significa que la innovación o novedad que pueda representar no explica su valor estético-literario. Por otra parte, además, la observación del cambio de estructura no lleva necesariamente a explicar ni el contenido ni la función de la obra.

La salida sólo puede estar en la consideración de la *producción* y de la *recepción* en cuanto proceso que se extiende desde ese primer momento hasta el presente del sujeto observador. Pues puede ocurrir que cuando una obra es concretizada por vez primera no quiere decir que con ello se agoten todos los posibles significados; antes al contrario, parte de lo que la obra en un principio ofrecía de novedad, pudo no ser apreciado entonces. Cómo se llega a ello después de un largo proceso, es algo que se explica a partir de las orientaciones que ofrece el *horizonte actual*.

De esta manera, lo nuevo, además de ser una categoría estética es también una categoría histórica que se verifica en el análisis diacrónico, dilucidando los «momentos históricos que hacen que lo nuevo sea realmente nuevo», el «grado de percepción de lo nuevo en el momento de su aparición», el «camino que ha tenido que recorrer para ser rescatado» y la «actualización completa, cuyo efecto fue capaz de cambiar la perspectiva de lo viejo y la canonización del pasado literario» [18].

---

[18] Vid. *ibid.*, págs. 193-194.

6. «Los resultados a los que ha llegado la lingüística al diferenciar y juntar metodológicamente el análisis diacrónico y el sincrónico, hacen que en la historia literaria se supere el análisis diacrónico como análisis común. Si la perspectiva de la historia de la recepción, por el hecho de darse un cambio en los criterios estéticos, tiene que ver una y otra vez con relaciones funcionales entre la comprensión de obras nuevas y el significado de otras más antiguas, tiene que ser también posible un corte sincrónico en un momento de la evolución, clasificar la variedad heterogénea de obras simultáneas en sus estructuras equivalentes, opuestas y jerárquicas y descubrir así un sistema amplio de relaciones dentro de la literatura de un momento histórico. A partir de ahí podría desarrollarse el principio descriptivo de una historia literaria nueva mediante la realización de otros cortes en los puntos anteriores y posteriores de la diacronía, de manera que articulen históricamente el cambio de la estructura literaria en los momentos decisivos desde un punto de vista histórico» [19].

Esta tesis, al tiempo que considera insuficiente una visión diacrónica de la historia de la literatura, aboga por otra también de dimensión sincrónica. Para la configuración concreta de la misma, Jauss se apoya en uno de los resultados y a la vez puntos más peculiares de la lingüística moderna: la consideración de los aspectos sincrónico y diacrónico en el análisis lingüístico. Para la aplicación literaria van a servirle de una gran ayuda los principios de análisis de textos desarrollados por los formalistas rusos, así como los de la hermenéutica.

Partiendo de las consideraciones de S. Kracauer [20], Jauss pone en tela de juicio la idea hegeliana de que los acontecimientos históricos pueden ser entendidos como un proceso unitario conformado por la suma de todos los momentos históricos individuales en los

---

[19] *Ibid.*, págs. 194-195.
[20] Vid. S. Kracauer, «Time and History», *Zeugnisse. Theodor W. Adorno zum 60. Geburtstag,* Frankfurt am Main, 1963, págs. 50-64.

que lo que tiene lugar de manera simultánea se caracteriza por ser de naturaleza homogénea. Si como en opinión de Kracauer ello no es así, esto es, que aquello que tiene lugar de manera simultánea a otra cosa, puede ser de otra naturaleza, se hace necesario llegar a la comprensión de los fenómenos, incluidos los literarios, a partir no sólo de la consideración del medio homogéneo del tiempo cronológico, sino también de cortes sincrónicos dentro de la diacronía.

Una historia genuina de la literatura tiene que ser posible desde la explicación del «horizonte literario de un determinado momento histórico, en cuanto un sistema sincrónico, referido al cual la recepción de la literatura ha tenido lugar de manera diacrónica y referida a momentos distintos aparece simultáneamente». Este momento histórico constituye un horizonte que es común a todo observador y es la razón además del pasado y futuro literarios del lector.

Al igual que los formalistas [21] Jauss encuentra que, de la misma manera que en la lengua se desarrollan una serie de factores que pueden ser constantes o variables, en la literatura se desarrolla una especie de *sistema gramatical* o conjunto de normas, de acuerdo con los cuales se orientan las manifestaciones literarias concretas. Se trata de una *sistematización gramatical* que se conforma en una unidad completa y definida en los distintos géneros que han existido en un tiempo pasado o que tienen vigencia en la actualidad, estilos y formas de expresión, figuras retóricas, simbología, etc. Con todo, una historia sincrónica de la literatura no se agota con este aspecto que muy bien podría considerarse de naturaleza formal; en la reflexión sobre la evolución y los cambios de este tipo, ha de ser posible también comprender la evolución y los cambios en la manera de captación estética del mundo y, en consecuencia, también del *horizonte estético*.

---

[21] Jauss se apoya fundamentalmente en J. Tynjanov y R. Jakobson a partir del trabajo publicado por ambos en 1928, «Probleme de Literatur- und Sprachforschung», *Kursbuch* 5 (1966), pág. 75, lo mismo que en R. Jakobson, *Essais de linguistique,* París, 1963.

El procedimiento para lograr ver el proceso de la historia de la literatura sólo puede estar en una *selección* de hechos literarios, que no tienen por qué ser necesariamente las consideradas grandes obras u obras clásicas y consagradas. El cambio de horizonte en la *evolución literaria* puede fijarse en la *permanencia transformada* de un sistema deducible a partir de la consideración de otros cortes sincrónicos. En último término es la *historia efectual* la que los determina, a la vez que las obras que permiten ver el carácter de proceso: «lo que nace del hecho notable y lo que desde la perspectiva actual constituye el contexto de la literatura en cuanto prehistoria de su aparición» [22].

7. «No sólo se cumple la tarea de la historia de la literatura cuando se presenta la producción literaria de una manera sincrónica y diacrónica en la sucesión de los sistemas, sino también cuando se la ve como una historia específica en sus relaciones con la historia general; relaciones que no se agotan con el hecho de que en la literatura de cualquier época se encuentre una imagen tipificada, idealizada, satírica o utópica de la existencia social. La función social de la literatura sólo se manifiesta en su posibilidad auténtica allí donde la experiencia literaria del lector penetra en el horizonte de expectativas de la propia experiencia vital, preforma su comprensión del mundo e influye de esta manera en su comportamiento social» [23].

Aunque el concepto de sistema u *horizonte de expectativas* incluye también un componente sociológico claro, tal y como ha podido deducirse de alguna de las tesis anteriores, es en esta séptima y última en la que el sistema literario histórico-recepcional de Jauss aparece fijado en su aspecto sociológico más genuino. Con ello se evidencia además el error de quienes han entendido la teoría de la recepción tan sólo como una variante de la sociología de la literatura, cuando al partir de las observaciones hasta ahora realizadas

---

[22] «Literaturgeschichte als Provokation der Literaturwissenschaft», pág. 199.
[23] *Ibid.*

ha podido comprobarse que lo netamente sociológico no va más allá de constituir una peculiaridad entre otras.

Independientemente de ello, este aspecto de la teoría histórico-recepcional se configura de una manera distinta a como se ha configurado en la teoría sociológica marxista de la literatura, para la que la obra literaria se entiende desde el objetivo y la función de presentar una realidad social, es decir, de reflejar en la forma de la escritura esa realidad mediante el método conocido como «realista». Es a partir de ahí como ha de entenderse además la relación entre literatura y sociedad. Pues bien, Jauss entiende que ni esta visión de la obra literaria, ni la que sobre este aspecto social es común entre los estructuralistas, han sido capaces de superar el abismo abierto entre literatura y sociología, además de haber pasado por alto la observación de la auténtica función social de la literatura. Solamente la teoría de la recepción puede dar explicación a este asunto.

Para ello es necesario una vez más acudir al concepto de *horizonte de expectativas,* partiendo —lo que de alguna manera puede sorprender—, de la utilización que del mismo se ha hecho en las ciencias sociales y en la teoría de la ciencia [24]. En efecto, en el progreso de la ciencia ocurre que cada hipótesis presupone unas expectativas que, con el desarrollo del proceso, pueden o no cumplirse. En el segundo de estos casos se produce en el científico una decepción que puede ser muy provechosa en el sentido de que le da opciones para avanzar en el estudio del fenómeno y eliminar otras posibilidades. En el caso de la obra literaria ocurre asimismo que el lector se encuentra dentro de un *horizonte de expectativas* que en la lectura de la obra puede que se realice o puede que no.

---

[24] Según Jauss, este concepto ha sido utilizado por K. Mannheim para las Ciencias Sociales en *Mensch und Gesellschaft im Zeitalter des Umbaus,* Darmstadt, 1958. También por K. Popper para la Teoría de la Ciencia en «Naturgesetze und theoretische Systeme», *Theorie und Realität,* ed. de H. Albert, Tübingen, 1964, págs. 87-102; *ibid.,* pág. 201, notas 134 y 135.

Si la obra no coincide con los *prejuicios* del lector, marcados y fijados en su *horizonte* puede en cualquier caso ofrecerle una nueva percepción de las cosas. Ahora bien, no hay que olvidar que se trata de un lector de obras literarias, además de un horizonte estético-literario. Una nueva manera de percibir la realidad que tenga implicaciones de tipo moral puede transmitirse en un tratado de sociología o en un tratado de moral. La obra literaria puede ofrecer también esa posibilidad de un cambio de percepción, siempre y cuando lo realice por medio de la forma; una forma de peculiaridades distintas a las que configuraba el *horizonte de expectativas* anterior, es decir, el momento anterior del horizonte del lector y la consiguiente nueva experiencia a través de la forma. No es otra cosa que el hecho de que, por medio de la percepción estética, se produzca una motivación hacia la *reflexión moral* [25]. La obra literaria cumple su *función social* al plantear una cuestión o una serie de cuestiones, y al ofrecer al lector por medio de la forma estética nueva una solución de las mismas. Como ejemplo de nueva manera de ver las cosas en una obra literaria, Jauss aduce la obra de Flaubert *Madame Bovary,* en la que con una nueva forma de narrar, una forma impersonal conseguida con la técnica del monólogo interior, logra abordar un problema de la vida de todos los días, cuya formulación hubiese sido imposible de haber hecho uso de los medios tradicionales de narración.

CRÍTICAS

Si hubiera que resumir en pocas palabras los contenidos elaborados en las siete tesis anteriores, habría que decir que se reducen básicamente a tres. El primero de ellos se refiere a una *concepción no sustancialista* de la obra literaria; el segundo a la *manera crítica de objetivación* de la misma; y el tercero, al concepto de *horizonte de expectativas,* directamente relacionada con el cual está la fun-

---

[25] *Ibid.,* pág. 203.

ción social y comunicativa del fenómeno literario. Aceptadas las premisas sobre las que se fundamentan estos tres contenidos, no parece encontrarse dificultad alguna para entender en principio el resto del entramado teórico. Con ello el sistema de Jauss puede considerarse completo y su elaboración, de entrada, cerrada.

No obstante, es en torno a estos tres puntos sobre los que se desarrollan las críticas iniciales a la teoría y alrededor de los cuales también gira la contracrítica del autor. Gracias a los efectos de aquéllas tiene lugar, si no una rectificación de los fundamentos teóricos, sí una serie de aclaraciones que permiten profundizar en los principios establecidos.

Aunque las críticas y comentarios realizados a raíz de la publicación de «Literaturgeschichte als Provokation der Literaturwissenschaft» fueron múltiples y variados [26], puede considerarse suficiente reflexionar tan sólo sobre las realizadas por tres o cuatro autores, referidas a cada uno de los tres contenidos a que se acaba de hacer referencia.

Las objeciones de G. Kaiser [27] a los principios teóricos de Jauss tienen su fundamento y punto de partida en una concepción especí-

---

[26] Aparte de las críticas que se discuten más abajo, son de destacar también las elaboradas por los siguientes autores en los siguientes estudios: H. C. Seeba, «Wirkungsgeschichte der Wirkungsgeschichte. Zu den romantischen Quellen (F. Schlegel) einer neuen Disziplin», *Jahrbuch für internationale Germanistik* III (1971), 1, págs. 145-167. D. Harth, «Begriffsbildung in der Literaturwissenschaft. Beobachtungen zum Wandel der 'semantischen Orientierung'», *Deutsche Vierteljahrsschrift für Literaturwissenschaft und Geistesgeschichte*, 45 (1971), págs. 397-433. W. Bauer, R. Braunschweig-Ullmann, H. Brodmann, M. Bühr, B. Kaisers, W. Mauser, *Text und Rezeption. Wirkungsanalyse zeitgenössischer Lyrik am Beispiel des Gedichtes 'Fadensonnen' von Paul Celan*, Frankfurt am Main, 1972. S. Müller-Hanpft, *Lyrik und Rezeption. Das Beispiel Günter Eich*, Munich, 1972. R. Wellek, «Zur methodischen Aporie einer Rezeptionsgeschichte», *Geschichte - Ereignis und Erzählung*, edic. de R. Roselleck y W.-D. Stempel, Munich, 1973, págs. 515-517.

[27] G. Kaiser, «Überlegungen zu einem Studienplan Germanistik. Literaturwissenschaftlicher Teil», *Fragen der Germanistik. Zur Begründung und Organisation des Faches*, edic. de H. Turk, Munich, 1971, págs. 59-65.

fica del texto, que no concuerda con la que da fundamento a la
teoría de la recepción. Pues mientras que Jauss lo entiende como
una potencialidad de sentido que puede ser determinado por el
lector, Kaiser ve las cualidades del mismo como una realidad
inmanente y objetiva que, por esta misma razón, no puede variar
con el trascurso del tiempo. Se trata de una diferencia fundamental
que se aprecia con mucha mayor evidencia en la concepción, igualmente diferente, del concepto de *clásico:* si para Jauss la obra
clásica es tal como consecuencia de una actualización histórica del
hecho de que en un principio no era clásica, para Kaiser se fundamenta en la permanente actualidad con que ejerce su efecto sobre
el lector [28].

Por otra parte, objeta Kaiser, la teoría de la recepción, al basar
sus análisis en la relación existente entre el lector y la obra, corre
el peligro de menosvalorar y dejar un poco de lado la obra, convir-
tiéndola, de esta manera, en una realidad vacía de contenido, sus-
ceptible de ser llenada de un virtual significado. Y por lo que al
horizonte de expectativas se refiere, es de la opinión que, en contra
de lo que cree Jauss, es un concepto que no supone avance alguno
respecto al desarrollado por Gadamer, teniendo de manera especial
en cuenta que se trata de algo que no es objetivable; en consecuencia, la nueva teoría no va más allá de los principios desarrollados
en este sentido por la teoría de la interpretación de textos [29].

La crítica es, con todo, mucho más radical en el campo de la
relación entre literatura y sociedad, pues entiende que ésta no se
agota con los polos literatura y lector, es decir, en el ámbito del
consumo, sino que, por el contrario, ha de ser tenido en cuenta
también el ámbito de la *producción,* lo que no es el caso en la
teoría de Jauss, que, al final, no es otra cosa que un enfrentamiento y, por lo demás, la manifestación de la oposición de la estética
de la *recepción* con aquella de la *producción* y la *representación.*

---

[28] *Ibid.,* pág. 64.
[29] *Ibid.,* pág. 61.

Muy similar a la crítica de Kaiser es la que elabora Weimann [30], con las diferencias y matizaciones que, en este caso, supone la proveniencia marxista de sus principios literarios. Lo que explica, por ejemplo, que en la teoría de Jauss reconozca el modelo típico de la crítica burguesa tardía.

Pero independientemente de esta apreciación, la base fundamental radica también aquí en una concepción sustancialista de la obra literaria, en una concepción del texto como realidad autónoma. Por esta razón se hace fácil entender que, desde una comprensión de la obra como «producto objetivable y sustancial», vea en la teoría de la recepción no sólo el peligro de relativismo, sino también una alabanza y «homenaje» del mismo, tal y como se expresará más tarde Jauss en su réplica. Por esta razón se ve obligado también a rechazar el principio de que ante el potencial de sentido ilimitado del texto, todas las normas de acuerdo con las cuales ha sido entendido tengan igual justificación. Por el contrario, la obra puede ser valorada a partir de la comprensión del proceso de *surgimiento* y a la valoración resultante están sometidas todas las recepciones que de ella puedan haber tenido lugar [31]. Frente al subjetivismo y al relativismo contrapone la idea de conseguir «la conexión entre el trabajo histórico-literario y una conciencia de tradición histórico-efectual viva, que confronte a la obra con su presencia supratemporal y su función expresiva cambiante» [32].

Sobre la tarea que ha de desempeñar la literatura, conviene con Jauss en que se trata de una tarea propiamente social. No obstante, y al igual que ocurre en la crítica de Kaiser, desde el momento en que entiende la relación entre el texto y el lector a partir de

---

[30] R. Weimann, *Literaturgeschichte und Mythologie. Methodologische und historische Studien,* Berlín, Weimar, 1971. R. Weimann, y otros, *Tradition in der Literaturgeschichte,* Berlín, 1972. R. Weimann, «'Rezeptionsästhetik' und die Krise der 'Literaturgeschichte'», *Weimarer Beiträge* 19 (1973), págs. 5-33.

[31] Vid. *Literaturgeschichte und Mythologie,* págs. 34-46.

[32] *Ibid.,* págs. 47-60.

la dirección que va desde el primero hacia el segundo y no viceversa, observa igualmente el pelibro de que de esta manera se desatien-
da la parte más importante del proceso histórico-literario, como
es la producción de la obra, si bien teniendo en cuenta los condicionamientos sociales en que hace su aparición. El *surgimiento* del
texto es el punto de partida de toda valoración literaria, independientemente de que para ella haya que someter a consideración la
historia de su recepción. Por la misma razón, observa las muchas
dificultades que tienen necesariamente que surgir al intentar objetivar un *horizonte de expectativas,* entendido como sistema referencial, por lo que entiende que es mucho más fácil objetivar el proceso de *producción.*

El tercer aspecto de la crítica concierne al concepto de *horizonte
de expectativas,* considerado como construcción que tiene directamente que ver con la función social que Jauss atribuye al hecho
literario. La diferenciación que se realiza en algunos puntos está
claramente determinada y explicada por la procedencia ideológica
de los principios que representan los respectivos autores.

H. Eggert [33] cree que con la experiencia realizada por el lector
sobre el «carácter anticipatorio de la literatura», no se aporta una
solución al problema de la relación que existe entre el desarrollo
literario y el desarrollo social, o lo que es lo mismo, no se explica
la *función social* del fenómeno literario, así como tampoco supone,
en consecuencia, un avance con respecto al punto al que habían
llegado los presupuestos del formalismo. Porque cuando Jauss intenta explicar el efecto emancipador de la literatura, acudiendo al
concepto de *horizonte de expectativas,* lo que hace es construir una
realidad abstracta, que a lo más que puede llegar es a explicar las
innovaciones de tipo estético-literario o servir, cuando menos, de
orientación para descubrirlas. Lo que sin embargo no quiere decir
que ese horizonte sirva para poder descubrir el componente social

---

[33] H. Eggert, *Studien zur Wirkungsgeschichte des deutschen historischen Romans 1850 bis 1875,* Frankfurt am Main, 1971.

de esas innovaciones y mucho menos aún que, como manifestaciones literarias, aporten algo al proceso de emancipación del ser humano. Eggert considera que si una obra puede realizar algún tipo de aportación para la realidad vital del lector, ha de entenderse como un resultado de los *contenidos* y no como un efecto de las innovaciones formales. Una solución en este sentido sólo puede conseguirse mediante la concreción del *horizonte de expectativas* a partir no sólo de la consideración y perspectiva del *lector,* sino también de la consideración de la *producción* de la obra. La fijación de un horizonte ideal intraliterario no puede considerarse válido. Sólo alcanzará esta categoría si en el análisis del lector se trasciende del lector ideal al examen de los grupos distintos de lectores, que son los que pueden aportar los materiales necesarios para la construcción de la historia literaria.

En este sentido son semejantes, con las diferencias de naturaleza ideológica a que se ha hecho alusión, las críticas procedentes de teóricos marxistas como, por ejemplo, Naumann o Warneken.

El primero de ellos [34] ataca la teoría de Jauss ya no como a una estética incapaz de resolver la relación existente entre literatura y sociedad, sino como la teoría de la recepción *pura* que desenmarca del proceso histórico y social tanto al lector como a la propia obra [35]. Una historia de la recepción *pura* ni aclara la relación que existe entre literatura y sociedad, ni tampoco la forma como se produce la emancipación del hombre como individuo social. El estudio de la obra literaria desde la perspectiva del lector sólo puede realizar alguna aportación a un nivel meramente literario; desde el momento en que se desatiende la relevancia de los procesos económico y político ya no es posible explicar el proceso de desarrollo social [36].

---

[34] M. Naumann, «Literatur und Leser», *Weimarer Beiträge* 16 (1970), 5, págs. 92-116.

[35] *Ibid.,* pág. 112.

[36] Vid. también la crítica que en este sentido se desarrolla en la obra de un colectivo de autores en el capítulo «Bürgerliche Reform der Literaturgeschichte: das

Por su parte Warneken [37] argumenta que en un horizonte construido sobre elementos y experiencias puramente literarias no es posible la crítica de ideologías. Una afirmación que, independientemente de la validez que se le pueda atribuir, se presenta excesivamente severa, de manera especial desde el momento en que niega
la posibilidad de una crítica tal, dado que no resulta difícil deducir
de la última tesis del entramado teórico de Jauss las afinidades que
le unen en este sentido con muchos aspectos desarrollados tanto
en la teoría de Adorno como en la de Habermas. Pero independientemente de todo esto, para Warneken no es en ningún caso posible
una objetividad social desde la construcción de un *horizonte de expectativas* puramente literario.

RÉPLICAS

Pasado no mucho tiempo desde la aparición de las críticas sobre estos tres aspectos de su sistema recepcional, Jauss responde
sirviéndose de un epílogo al ensayo que escribe sobre *Iphigenie* de
Goethe y de Racine [38]. Se trata de un estudio que supone, al tiempo
que afirmarse en sus formulaciones, aclarar algunos puntos de las
mismas y profundizar en la construcción teórica. En él siguen presentes las premisas y planteamientos que fundamentaron la elaboración de las siete tesis.

---

antimarxistische Modell einer Rezeptions- und Wirkungsästhetik», *Zum Verhältnis
von Ökonomie, Politik und Literatur im Klassenkampf. Grundlagen einer historisch-
materialistischen Literaturwissenschaft,* Berlín, 1971.

[37] B. J. Warneken, «Zu Hans Robert Jauss' - Programm einer Rezeptionsästhetik», *Das Argument* 14 (1972), 3/4, págs. 360-366. Publicado también en *Sozialgeschichte und Wirkungsästhetik. Dokumente zur empirischen und marxistischen Rezeptionsforschung,* edic. de P. U. Hohendahl, Frankfurt am Main, 1974, págs. 238-268.

[38] Más tarde publicará una réplica a las críticas de representantes de la teoría
marxista de la recepción, de título «Zur Forschung des Dialogs zwischen 'bürgerlicher' und 'materialistischer' Rezeptionsästhetik», *Rezeptionsästhetik,* págs. 343-352.

En este trabajo se observa, en primer lugar, la insistencia en la idea de que el arte no puede ser entendido como una *realidad autónoma;* que es un fenómeno, para cuyo conocimiento es necesario acudir al análisis de su *función social* y, en consecuencia, también al de su *historia efectual.* Como resultado de los presupuestos que ha asumido de la teoría de la interpretación de textos, de la sociología de la literatura, de la teoría de la comunicación y del estructuralismo, Jauss no puede por menos de rechazar el que la obra literaria haya de ser tenida por una realidad autónoma y sustancial, una realidad de naturaleza fija y no cambiante; pues uno de los principios básicos de la teoría de la interpretación consiste en el reconocimiento de que una obra objeto de análisis, está sometida a la *historicidad de la comprensión* (Gadamer); lo que supone que el canon sobre el que podría sustentarse su autonomía no es fijo, sino que va modificándose con el transcurso del acontecer histórico. Por otra parte, es la *experiencia estética* personal el lugar donde se entiende la función social y comunicativa de la obra literaria, la cual no es independiente de la influencia que ha ejercido sobre los lectores a lo largo de su historia, como la constitución de su tradición tampoco es independiente de la recepción a que ha sido sometida.

En segundo lugar, Jauss quiere dejar bien sentado que en sus réplicas parte del hecho de que, frente a la pretensión de totalidad de las teorías de análisis idealistas y materialistas, la estética de la recepción que él elabora, es necesariamente *parcial* desde un punto de vista metodológico. La razón de ello radica en la observación de la asimismo «parcialidad de la historia del arte dentro del complejo que constituye la historia general». Por tanto, un presupuesto básico de la teoría de la recepción es el concepto de *autonomía relativa* de la obra literaria. La relación entre arte y sociedad puede entenderse como un proceso de «producción, consumo y comunicación dentro del proceso más amplio que constituye la historia».

Partiendo de estas premisas, trata los tres aspectos en que cree que se manifiesta la *parcialidad* necesaria de una teoría consecuente de la recepción: el proceso de recepción, en primer lugar, la formación de la tradición, en segundo y, por fin, el concepto de horizonte y la función comunicativa del texto.

La *historia de la recepción* ha de entenderse como un proceso amplio en que confluyen dos componentes o aspectos distintos: de un lado la *recepción efectual* de la obra, y de otro la *recepción* realizada por el destinatario. Se trata además de un *proceso* que se caracteriza por el hecho de ser *dialógico*. Por otra parte, la teoría de la recepción en cuanto procedimiento metodológico, ha de entenderse dentro del *modelo* interpretativo conocido como de *pregunta y respuesta*.

De los dos componentes que constituyen el proceso recepcional, Jauss entiende el primero, la *recepción efectual,* como «el elemento de la concretización o de la tradición, que ha sido condicionado por el texto». El segundo, por el contrario, como «el componente asimismo de la concretización o de la tradición que ha sido condicionado por el lector». Son dos elementos de un proceso, en el que se requiere, por un lado, la participación del texto que ejerce un efecto sobre el lector, esto es, que está a disposición de decirle o sugerirle algo. Por otro lado, se requiere además la participación del destinatario, en tanto en cuanto se encuentra en disposición de *recibirlo,* de concretizarlo [39].

En este proceso se produce al mismo tiempo una relación directa entre el sujeto lector y la obra; también una relación entre dos espacios temporales: el presente del lector y el pasado de la obra. Cuando el lector realiza la tarea de concretizar un texto, lo que hace es intentar entenderlo como una realidad que pertenece a un tiempo pasado y que, como tal, ha ejercido una actividad en la recepción realizada por diferentes lectores, pero que, por otra parte, también es actualizada, por así decirlo, por el *último lector.* Por esta razón, el proceso de comprensión de la misma puede considerarse como una relación dialógica entre aquellos componentes,

---

[39] *Ibid.,* pág. 383.

un diálogo entre la comprensión pasada de la obra y su comprensión actualizada, una relación entre la obra y el sujeto que atiende tanto su aspecto formal como su aspecto de contenido. A través de este diálogo el receptor busca en el primero el carácter meramente poético del texto, mientras que en el segundo se interesa por la respuesta que se da a una cuestión determinada, a una pregunta formulada a través de una expresión literaria específica.

Por otro lado, este diálogo, este proceso receptivo artístico-literario entre dos sujetos, se produce en el momento en que el sujeto del pasado aparece todavía en situación y capacidad de decirle algo al sujeto del presente, siempre y cuando este último reconozca en aquél la *respuesta* implícita a una *pregunta* que en este momento plantea el lector actual [40].

De esta manera, Jauss da una contestación además a la defensa que frente a él hiciera Kaiser de la *forma atemporal,* en el sentido de que una obra del pasado sigue siendo capaz de decir o de sugerir todavía algo, no en razón de que esté construida en una *forma atemporal,* sino en razón de que «la forma que encierra dentro de sí una respuesta implícita la mantiene de una manera abierta y actual a lo largo del tiempo» [41]. Dentro del marco del procedimiento de *pregunta y respuesta,* el sentido puede permanecer en todo momento abierto a una actualización nueva y distinta de recepción a recepción, como una consecuencia de la actuación que ejerce la forma sobre el contenido. Ello no significa, en último término, otra cosa que una defensa del carácter no sustancialista de la obra literaria.

La teoría de la recepción muestra su carácter de *parcialidad* en lo que se refiere a la fijación de la *tradición.* Y es parcial en relación con la idea aceptada y reconocida de que el sentido de una obra es algo que en ningún momento puede ser considerado definitivo, sino que, por el contrario, constituye una realidad de naturaleza abierta; bien entendido que ello no supone una aceptación o

---

[40] *Ibid.,* pág. 385.
[41] *Ibid.,* págs. 383-384.

defensa del relativismo. Por otra parte, la reproducción del pasado
artístico y literario ha de ser necesariamente parcial. En este sentido, la actualización de una obra, o dicho de otra manera, la pregunta que la actualiza, se entiende como una operación de mediación entre el pasado y el presente.

Para defender que el sentido siempre abierto de una obra no
implica un reconocimiento del relativismo, Jauss se apoya en los
principios de la hermenéutica de Gadamer, según uno de los cuales
la comprensión que del pasado puede conseguir el sujeto conocedor
es una comprensión limitada; lo que implica que en un acto de
recepción no pueda llegarse a ver todo el sentido que encierra un
texto, sino que éste queda necesariamente abierto a otras recepciones que puedan completarlo una y otra vez. Ello es así porque la
prehistoria que condiciona nuestra *pre-comprensión* no puede co-
nocerse de una manera completa. La *pre-comprensión* está sometida a dos condicionamientos que se derivan de dos tipos de tradición: una tradición que se ha ido constituyendo para el lector de
una manera inconsciente y otra, cuya constitución se ha producido
de manera consciente; lo que Jauss denomina *institucionalización
latente* o *tradición* propiamente dicha en el primer caso, y *formación consciente de canon* o *selección* en el segundo [42]. A fin de
que pueda establecerse una tradición, es presupuesto necesario que
se dé una selección que se deja notar en cualquier actualización
que se realice de una obra del pasado.

Esta es además la razón por la cual la reproducción del pasado
en el ámbito de las manifestaciones artísticas ha de ser necesariamente parcial. En este sentido se entiende que en el proceso de
recepción los receptores seleccionen y acepten unas posibilidades
de interpretación y al mismo tiempo tengan que renunciar a otras.
Lo que en realidad ocurre es que en la recepción se va fijando
un *proceso natural* de tradición.

---

[42] *Ibid.,* págs. 386-387.

Con ello, Jauss se enfrenta a uno de los puntos más problemáticos de todo su entramado teórico. Cuando reconoce que en el proceso de recepción, al realizarse una selección «se hace uno consciente del cambio de horizonte de la experiencia estética», se acepta la posibilidad de negar la tradición que ha dominado hasta el momento de la última recepción. La cuestión que entonces se le plantea consiste en lograr un punto de apoyo para poder encontrarse en condiciones de rechazar una tradición, esto es, para estar en situación de considerar que ha dejado de ser válida. Para dar una solución a este problema acude a la idea de Habermas, de que un consenso sobre la tradición puede haber tenido lugar «de una manera forzada debido a presupuestos comunicativos falsos»[43]; no obstante, la acepta con una salvedad al fijar la procedencia de la crítica a la tradición. Así, mientras que para Habermas la crítica está en el «desenmascaramiento de la conciencia falsa», lo que implica que parte de una conciencia verdadera, Jauss rechaza esa «supuesta conciencia verdadera», argumentando que hay que tratar con justicia a aquellas concretizaciones que no responden a los intereses e intenciones de la pregunta actual[44].

La solución no está, pues, en entender que la actualización de una obra se determina mediante la intervención de la *conciencia verdadera,* sino viendo que el proceso de actualización consiste en una mediación entre el sentido y significado del pasado y el sentido y significado del presente, «una reelaboración necesariamente selectiva y abreviada del proceso que se extiende desde la obra recibida hasta la conciencia receptora»[45]. Este fenómeno encuentra una explicación desde el sentido que Košík otorga al término *totalizar,* entendido como el «proceso de producción y reproducción, de revitalización y rejuvenecimiento»[46]. De esta manera la *recepción totali-*

---

[43] J. Habermas, «Der Universalitätsanspruch der Hermeneutik», *Hermeneutik und Ideologiekritik,* págs. 53 y sigs.; según Jauss, «Racine...», pág. 399.

[44] *Ibid.,* pág. 388.

[45] *Ibid.,* pág. 389.

[46] Según Jauss en *ibid.*

zadora habría que entenderla como *un aspecto de la totalización del pasado.* El lugar de la *conciencia verdadera* de la *crítica de ideologías,* viene a ser ocupado por la *perspectiva del presente,* entendido como conciencia que sirve de norma para juzgar el pasado [47].

Respecto de las críticas que sobre el concepto de *horizonte* se le han formulado, responde insistiendo en la parcialidad de la metodología estético-recepcional. Es, por otra parte, el punto de la teoría en que, además de afianzarse en sus principios generales, reconoce la validez de algunas de las objeciones y se muestra claramente dispuesto a aceptarlas. Insiste, una vez más, en la importancia de la función social y comunicativa de la literatura, desarrollando así su concepción de la experiencia estética.

La teoría de la recepción es parcial en el sentido de que, como ya expuso en «Literaturgeschichte als Provokation der Literaturwissenschaft» sólo pretende un objetivo hermenéutico frente a los objetivos de las teorías de la producción y representación, dejando claro que sus planteamientos teóricos pueden muy bien ser complementados con los planteamientos de éstas. No obstante, el aspecto de la parcialidad que más le interesa resaltar es que, en primer lugar, dado que las concretizaciones han de referirse a recepciones realizadas a partir de la consideración de sus condicionamientos histórico-sociales, la crítica de los procesos de recepción ha de encaminarse desde el análisis y el conocimiento históricos. Por otra parte, dado que el diálogo que se establece entre el lector y la obra, entre su presente y su pasado, no es un diálogo en el que el lector aparece como un individuo aislado, sino como un individuo enmarcado dentro de un proceso comunicativo social y, en consecuencia,

---

[47] Jauss cree con ello haber contestado suficientemente a las críticas que le hiciera Weimann en el sentido de que su teoría, primero, no entiende la historicidad de la literatura desde «la correlación histórico-estética del surgimiento y la recepción efectual de la obra» y que, además, «abre un gran abismo entre la tradición, entendida como movimiento propio supuestamente sustancial y la historia en cuanto transformación del horizonte de la experiencia estética». Jauss, *ibid.,* págs. 389-390.

amplio, la estética recepcional ha de abrirse a aquellas disciplinas que, como la teoría de la comunicación, la teoría del comportamiento y la teoría de la ciencia, pueden ofrecer su colaboración en el proceso de comprensión de las manifestaciones artísticas en cuanto fuerzas de naturaleza histórica y de dimensión social [48].

Es aquí donde, una vez más, entra en juego el concepto de *horizonte de expectativas* y donde Jauss lo defiende de la crítica. Entiende que la función social de la literatura puede *objetivarse como un sistema de normas,* para lo que se hace necesario captar *la mediación estética de los conocimientos habituales y los modelos comunicativos de comportamiento.* Estas pautas *se concretizan dentro del horizonte de expectativas de una experiencia vital.* Acepta las críticas de que, de un lado, el concepto de horizonte tiene un origen intraliterario; por otro lado, que el código estético o canon normativo, reconstruido según las perspectivas que ofrece un público determinado, debería de establecerse desde una perspectiva sociológica en los niveles de expectativas de distintos grupos. Cree, sin embargo, que de esta forma no se soluciona el problema fundamental, esto es, la cuestión de «cómo se produce la transferencia estética dentro del horizonte de expectativas a modelos comunicativos de comportamiento» [49].

Es cierto que la experiencia estética en el *horizonte de expectativas* está delimitada por el *horizonte* de la realidad de todos los días. Con todo, ello no quiere decir que no sea posible que aquélla intervenga el sistema de normas o, dicho de otra manera, las expectativas hechas normas. Antes al contrario, la experiencia estética puede convertir en asunto propio el ámbito de otro horizonte, esta vez «un horizonte latente de experiencias no conscientes y, de esta manera, hacer que el lector asuma un mundo en el que conviven otros individuos». Es el punto en que precisamente empieza la función comunicativa y con ello social del arte. Con la experiencia

---

[48] *Ibid.,* págs. 391-392.
[49] *Ibid.,* pág. 393.

estética no sólo se asumen implícitamente las *expectativas* y *normas* de otros, «sino que también se comprenden las experiencias y comportamientos que pueden preformar, motivar y cambiar el propio comportamiento social».

Para concluir la réplica, manifiesta en consecuencia con lo que acaba de afirmar, poder diferenciar tres tipos de funciones de la experiencia estética en el proceso de comunicación, que corresponden, en último término, a los efectos que ésta puede producir: una función *preformativa,* otra *motivadora* y una tercera *transformadora*. Entre el extremo que supone la función transformadora, defendida por la mayor parte de las teorías actuales, y el que implican las esteticistas, «prefiero... una posición metódica que gracias a su parcialidad puede continuar en una acción común el diálogo sobre la cuestión de si se puede y de qué manera devolver hoy día al arte la función comunicativa casi perdida» [50].

[50] *Ibid.,* pág. 394.

Capítulo V

LA PRAGMÁTICA DEL DISCURSO LITERARIO

De esta manera, la teoría de la recepción alcanza una sistematización autónoma; ha llegado al final de un proceso en el que han coincidido una serie de elementos y presupuestos que se habían desarrollado de una manera aislada, y por ello no podían ser tenidos por elementos propios de una teoría. Con las aportaciones de Jauss, la estética de la recepción se estructura, en primer lugar, como una teoría sistematizada a partir de la sintetización de elementos provenientes de distintas tendencias. En segundo término, en ella ocupa un lugar de especial relevancia un concepto específico de texto, en el que, a su vez, y en tercer lugar, es de importancia fundamental el aspecto comunicativo y extraliterario del proceso de la experiencia estética concreta.

La teoría de la recepción se ha ido fundamentando, desde diversos elementos y principios de otros sistemas. Lo ha realizado unas veces de una manera explícita, otras, sólo dejando notar en algunos aspectos las reminiscencias correspondientes. En cualquier caso, ha sido evidente la asimilación de fundamentos de la teoría de la interpretación desarrollada por Gadamer, de manera especial en lo que se refiere a la historicidad de la comprensión. Ello supone asimismo la presencia del pensamiento existencial de Heidegger, si bien las coincidencias en la teoría de la recepción no han de ser entendidas de manera distinta a las provenientes de la teoría fenomenológica. Si la idea de la *temporalidad* de la comprensión y, en consecuencia, también la de *horizonte* tienen su origen en el pensamiento de Gadamer y a través de éste, a fin de cuentas, en el de Heidegger, no se puede pasar por alto que el concepto de *horizonte* tiene también una interpretación fenomenológica y que Husserl se sirve del mismo para explicar y definir la experiencia temporal. De ahí a apreciar la influencia de la teoría literaria de Ingarden no hay más que un pequeño paso.

Lo mismo o casi lo mismo podría afirmarse del marxismo sociológico, si bien no es el considerado clásico por la crítica el que deja una huella más notable en la nueva teoría, sino algunos de los principios, que posteriormente han evolucionado hacia posiciones actualizadas en pensadores más modernos, y no, por el contrario, los principios de otros más consagrados. Y aunque, por otra parte, se acepten, de entrada, aspectos de las formulaciones fundamentales de la *crítica de ideologías* de la Escuela de Frankfurt, a la hora de delimitar la amplitud de la aceptación, se evitan las posiciones extremas, como son las representadas, sobre todo, por Habermas. Sin las aportaciones, en fin, de los estructuralistas de Praga, concernientes al papel del lector en el proceso de concretización literaria, no sería posible entender de modo adecuado el sistema de la teoría de la recepción.

Concretando aspectos constitutivos de la estética recepcional hasta ahora desarrollados, habría que decir que se introduce por primera vez, no ya la idea de la relevancia del lector en la constitución de los componentes estéticos de la obra a través de la propia experiencia estética. Esta cualidad había sido descubierta y formulada por los estructuralistas Vodička y Mukařovský. La novedad radica en el hecho de que aquí no se trata, como punto de partida, del lector intérprete y, como consecuencia de lo mismo, del lector entendido en la materia y cultivado a partir del trato con obras literarias. El lector que se descubre es el que, por así decirlo, simplemente lee; el *destinatario* del mensaje literario, que puede ser también un público espectador; el sujeto para el que se ha creado la obra, que si bien puede simultáneamente o más tarde desarrollar una actividad de intérprete o de filólogo, se limita, en la mayor parte de los casos, a ser sujeto, sin más, de la experiencia estética. Cierto que no se puede olvidar que es en último término el lector entendido el sujeto de la recepción de una obra desde la perspectiva de la crítica literaria, como tampoco que el destinatario de la recepción de un texto está fijado ya de antemano en la misma. No obstante, la diferencia introducida con respecto a Vodička y Mukařovský es que el sujeto de la recepción ha de ser, en definitiva, entendido como el lector en toda la amplitud como especie humana, el cual entiende un texto de acuerdo con unas normas colectivas que se desarrollan y evolucionan a lo largo de la historia y que constituyen lo que se entiende por *evolución literaria.*

De gran importancia en la teoría es la noción o concepto de *horizonte de expectativas,* de proveniencia ciertamente husserliana, aunque enraizado también de alguna manera en Gadamer. Este concepto es fundamental y es además necesario por el hecho de que la estética de la recepción se ha constituido como una teoría de la historia de la recepción literaria. Ello quiere decir que, al ser una teoría que se ocupa del estudio de un objeto dotado de dos dimensiones muy bien diferenciadas, como son el carácter histórico, al mismo tiempo que el carácter estético, necesita un soporte referencial que en el procedimiento metodológico pueda servir de mediador entre esos dos aspectos. El *horizonte de expectativas* se entiende en una doble dimensión: en primer lugar, como un *horizonte literario,* esto es, el mundo literario de un determinado momento histórico, que incluye el conocimiento, la formación, el gusto y las convenciones estéticas; además de, en segundo lugar, como un *horizonte de la praxis vital* u horizonte de expectativas de la vida histórica.

Un horizonte de este tipo implica, en consecuencia, un sistema de doble naturaleza: las *expectativas codificadas* en cada obra del pasado y las *expectativas de la experiencia vital* del posible lector, que en el acto de recepción incorpora al texto literario. Sirviéndose de las aportaciones de la lingüística en la diferenciación entre diacronía y sincronía, el *horizonte de expectativas* se entiende como algo fijo, como un sistema codificado en la obra, cuyos factores pueden variar. El *horizonte de la praxis vital,* es de naturaleza variable por depender del sistema de interpretación de que cada lector hace uso en cada momento histórico. La interacción de estos dos horizontes constituyen el fenómeno que se conoce como *experiencia estética* [1].

Esta relación de horizontes trae consigo una implicación de procedimiento que se manifiesta en la lógica de la *pregunta* y la *respuesta;* procedimiento propio de la teoría de la interpretación moderna de textos, es decir, de la hermenéutica del siglo XIX que, como se ha visto, asume Jauss a través de Gadamer. Al producirse el fenómeno de la fusión de horizontes, bien sea el del presente con el del pasado, bien el literario con el de la praxis vital, se está produciendo un proceso, en el que intervienen el autor de la obra, la obra misma, los lectores de un momento histórico junto a los lectores de otro y otros momentos históricos, a la vez que los intérpretes de distintas épocas literarias. Por principio, estos elementos coinciden en el proceso de una manera simultánea, y se encuentran también relacionados entre sí. Ahora bien, para que todos tengan un sentido de interpretación en el análisis que realiza el lector, se hace necesario que esa relación sea una relación activa.

La única instancia que puede hacer que ello sea sí es el *intérprete* que se sirve del procedimiento referido propio de la hermenéutica. El punto de partida consiste en la idea de que toda obra literaria cobra entidad como respuesta que es a una cuestión que tiene que plantear el intérprete en el momento del análisis. El sentido y fin

---

[1] Vid. también R. Warning, «Rezeptionsästhetik als literaturwissenschaftliche Pragmatik», *Rezeptionsästhetik,* págs. 23-25. Además H. Anz, «Erwartungshorizont. Ein Diskussionsbeitrag zu H. R. Jauss' Begründung einer Rezeptionsästhetik der Literatur», *Euphorion* 4 (1976), págs. 398-408.

de esta pregunta van encaminados a identificar en el texto la cuestión planteada originariamente en él. Se trata de un descubrimiento que solamente puede realizarse con los medios que la obra pone a disposición y que, según las distintas épocas a que pertenecen los intérpretes, puede ofrecer distintas variantes. Pues es posible, por ejemplo, que los primeros lectores planteasen al texto una cuestión a la que éste dio diferentes soluciones que posteriormente fueron o aceptadas o rechazadas. En cualquier caso, ocurre que las respuestas van acumulándose en la tradición y van siendo reconocidas como válidas y, en consecuencia, aceptadas hasta que los lectores de otras épocas comienzan a plantear otras cuestiones o, lo que es lo mismo, buscan respuestas diferentes, porque las transmitidas en la tradición ya no les satisfacen. Al final, se produce un intercambio permanente de preguntas y respuestas, contenidas en diferentes obras, que son el resultado de las distintas maneras como los diferentes lectores han reaccionado en los respectivos actos de lectura. Ello constituye un desarrollo y una tradición y es el material con que se encuentra el último intérprete.

Una vez que comienza a constituirse la teoría moderna de la recepción, surge inmediatamente una *teoría* específica *del texto* que, tal y como ocurre con todo entramado teórico, evoluciona desde un principio hacia nuevos planteamientos y se abre a nuevas perspectivas. Con todo, una cualidad que se va a mantener prácticamente inalterable en la concepción del mismo es su consideración como de naturaleza *no sustancial*. En el fenómeno de la comunicación e interpretación literarias tiene lugar una relación que, por el hecho de desarrollarse en una dirección, que va desde el lector hacia la obra, tiene un carácter *dialógico*. Por esta razón, el conocimiento del texto no puede conseguirse sólo a partir de la intervención exclusiva del mismo, sino que, dado que el lector también interviene, aquél deja de ser el único punto de referencia. En consecuencia, la relación entre ambos deja también de ser monológica.

No obstante, en un principio, como ha podido comprobarse, la teoría del texto con que opera Jauss se mueve aún vacilante dentro de un marco determinado por el *sustancialismo* de la hermenéutica moderna. Es cierto que la concepción del texto, en cuanto *potencial de sentido* y como *complejo significativo polivalente,* está, por definición, muy lejos del principio hermenéutico, según el cual la obra constituye una sustancia que, como tal, no es modificable. La evolución histórica que puede experimentar a través de la fusión de horizontes no afecta nunca al potencial de sentido implantado en la obra. El resultado último no va más allá de un desarrollo sucesivo de ese potencial.

La alternativa al sustancialismo hermenéutico se encuentra en el Estructuralismo literario. La concepción del texto que desarrolla, de naturaleza básicamente *funcional,* se entiende a partir de la relación que existe entre los tres elementos básicos del proceso general de comunicación. Según ello, el texto se constituye como un sistema de signos que desempeña una función estética. Partiendo de la idea de Saussure sobre el signo lingüístico, el estructuralismo de Praga entiende que el signo literario se manifiesta siempre como *artefacto* y como *objeto estético.* Entre estas dos maneras de manifestación tiene lugar una relación dialéctica mediatizada por el lector que en el acto de concretización convierte los significantes del primero en los significados del segundo. Es una operación en la que entra en juego la postura del lector frente al mundo y frente a la realidad, como condicionantes de la constitución del *objeto estético.* El significante no incluye un significado que se identifica con la intención de sentido del autor, sino que se configura como una *estructura* que, a su vez, contiene un *sentido* que ha sido fijado por el lector dentro del contexto que marcan y determinan su ideología, su biografía y su historia. De esta manera, el signo literario no hace referencia como el signo lingüístico a una realidad determinada, sino que se refiere a una realidad imprecisa; no se basa en una convencionalidad lingüística, sino que adquiere su fundamentación desde convenciones extralingüísticas. Por esta razón, el sentido que un lector otorga al elemento material del signo literario, puede variar con respecto a los otorgados por otros lectores. En todo caso, el individuo lector se orienta según las directrices que marca la *estructura literaria,* es decir, la *norma* en que se fija en cada momento la *evolución.* Es desde la consideración de estos presupuestos como hay que entender el concepto de *código* que Jauss utilizó más tarde, una vez que evoluciona su teoría, para designar el concepto inicial de *horizonte de expectativas.* Con ello se establecen las bases para la concepción del texto como elemento constitutivo del proceso de comunicación estético-literaria.

De todo ello puede deducirse que se ha llegado a la elaboración de una teoría y una estética que abre perspectivas claras para un desarrollo posterior. Y para mejor entender lo que en este sentido se ha logrado hasta ahora, es el momento de referirse a alguna de las parejas de conceptos, cuyos contenidos explican no sólo el camino hasta ahora seguido frente al que todavía le falta por iniciar; hacen también vislumbrar las diferentes posibilidades de un futuro desarrollo, así como la explicación concreta de cómo va a tener lugar.

Para ello se hace necesario diferenciar los componentes conceptuales de las parejas de nociones *recepción efectual* y *recepción, teoría de la recepción efectual* y *teoría de la recepción, estética de la recepción* e *historia de la recepción* y, por fin, *historia de la recepción* e *historia de la recepción efectual.* De todas ellas el punto fundamental de referencia, tanto para la diferenciación como para la explicación de otros desarrollos, está en la contraposición de las nociones de *recepción efectual* y de *recepción.*

Si como ya se vio, por *recepción efectual* se entiende el elemento condicionado por el texto en el proceso de concretización y, a su vez, por *recepción* el elemento condicionado por el destinatario, la noción de *teoría de la recepción efectual* tiene, en consecuencia, siempre que ver con la realidad y los contenidos del texto. Por su parte, la de *teoría de la recepción* se refiere a las manifestaciones críticas realizadas por los destinatarios.

La *teoría de la recepción efectual,* en tanto en cuanto se ocupa de la *recepción efectual,* implica claramente también al lector. Por *recepción efectual* se entiende la recepción efectual estética, esto es, aquella recepción que, aun habiendo sido producida por el texto y habiendo tenido a éste como fuente, tiene en consideración todo tipo de intervención realizada por el lector en la constitución del mismo, en razón del estímulo que ha producido una intervención de aquél. Hay que tener en cuenta, sin embargo, que si bien se trata del texto como objeto de observación, no se refiere a un texto en cuanto realidad dotada de autonomía propia y originaria. Cuando se afirma que el texto es el punto del interés, se piensa en una realidad que consiste en una reconformación de otra realidad ya conformada previamente, a pesar de lo cual se llega al resultado de crear algo que antes no existía.

La *recepción efectual* estética implica, por tanto, también la reflexión sobre la participación de diferentes destinatarios del texto, simultáneamente a las interpretaciones que hayan podido realizar sobre el mismo, como consecuencia de la liberación del sentido en él encerrado. Por ello, la *teoría de la recepción efectual* implica también la relación entre distintos actos de concretización y la consideración de los condicionamientos que han llevado a la constitución de los mismos. La *teoría de la recepción* se ocupa, en cambio, fundamentalmente del segundo aspecto; es decir, la dirección en el análisis del fenómeno literario va en el otro sentido, o sea, del destinatario hacia la obra. Ello incluye tanto los juicios sobre el texto emitidos por los distintos lectores, como aquellos aspectos del mismo considerados en las concretizaciones tenidas en cuenta.

Esta diferenciación que acaba de precisarse abre a la vez el camino a la diferencia ulterior que existe entre *estética de la recepción* e *historia de la recepción*. Se trata de una delimitación muy importante para entender las peculiaridades específicas de las diferentes corrientes de la teoría general. Así, mientras que la primera se interesa más por el análisis del denominado *lector implícito,* es decir, el lector que de alguna manera se presupone en el texto y sobre el que se puede pensar que es el destinatario-lector y sólo lector que persigue el mismo, la *historia de la recepción* se interesa, más bien, por el *lector real*. Le incumbe un tipo de investigación de peculiaridades fundamentalmente históricas y sociológicas. En este sentido se puede decir que la teoría desarrollada hasta ahora se enmarca más dentro de esta segunda dirección, bien entendido que teniendo en cuenta las observaciones y precisiones que a este respecto se han hecho aquí. En las páginas siguientes se tratarán aspectos de la teoría general, que corresponden más a la *estética de la recepción* en sentido estricto.

Pero hay que referirse también a una última diferenciación. Es la que se da entre *historia de la recepción* e *historia de la recepción efectual*. La primera se ocupa del análisis de los distintos horizontes de expectativas que han condicionado actos de concretización del pasado. En ella la historia literaria se entiende como un proceso estético en el que toman parte la producción y la recepción de la obra, que se extiende hasta el propio presente del investigador. La *historia de la recepción efectual* no es más que la historia de la tradición en el sentido como la entiende Gadamer y sobre la que ya se ha reflexionado en este estudio.

A partir de estas precisiones pueden deducirse aquellos ámbitos de la teoría que han alcanzado un desarrollo considerable. De igual manera puede observarse que hay otros que todavía no se han afianzado suficientemente. Tres son los aspectos fundamentales sobre los que aún se hace necesario profundizar. Uno de ellos se refiere al ámbito general de la *teoría*. El segundo tiene que ver con la teoría del *texto*. Y el tercero, dentro de esta última, a la peculiaridad específica que presenta la de *orientación pragmática*.

Aunque se ha marcado una diferencia clara entre *recepción* y *recepción efectual* —una diferencia que se va a mantener—, se ha centrado, no obstante, más la atención en el primer componente que en el segundo. Se ha insistido más en una teoría e *historia de la recepción* que en una teoría de la *recepción efectual,* entendida como aquella que se fundamenta más en el propio texto que en los estudios históricos que se han realizado sobre el mismo. Por tanto no es de extrañar que se intensifique la reflexión sobre la teoría del texto y se marquen delimitaciones y precisiones. Así, mientras que la desarrollada hasta ahora se ha fundamentado en el estructuralismo y se ha conformado según los principios de la teoría de la comunicación y la semiología, falta aún un desarrollo que se oriente según los presupuestos fenomenológicos. Y aunque la teoría de la recepción se ha conformado, sobre todo en la descripción de la experiencia estética, con una orientación pragmática, aún falta una profundización en este sentido. Otro aspecto, en fin, que aún ha de desarrollarse, es la inclusión de los principios de la teoría de los sistemas.

Al igual que hiciera Jauss, Iser configura su sistema teórico a través de distintos tratados, siempre sobre la base de los presupuestos que establece en el primero de ellos, *Die Appellstruktur der Texte* [2], que profundiza en «Der Lesevorgang» [3] y que completa en «Die Wirklichkeit der Fiktion» y en *Der Akt des Lesens* [4]. Si en la primera de estas obras se establece una teoría del texto desde la perspectiva de los principios fenomenológicos y en la segunda se describe la propia fenomenología del fenómeno de la lectura, en la tercera y cuarta completa una concepción del texto desde presupuestos pragmáticos y desde la teoría de los sistemas. Con todo, ya desde un principio se deja notar la orientación pragmática que de alguna manera estaba presente en la concepción funcionalista del estructuralismo de Praga.

LA ESTRUCTURA APELATIVA DEL TEXTO

Para la conformación del *concepto de texto* Iser parte de unos presupuestos básicos que se enmarcan dentro de la teoría general

---

[2] Vid. nota 2 del capítulo III. Este trabajo fue publicado también en *Rezeptionsästhetik*, págs. 220-252.

[3] W. Iser, «Der Lesevorgang», *ibid.*, págs. 253-276. Este trabajo apareció primero en lengua inglesa con el título «The Reading Process. A Phenomenological Approach», *New Literary History* 3 (1972), págs. 279-299.

[4] W. Iser, «Die Wirklichkeit der Fiktion. Elemente eines funktionsgeschichtlichen Textmodells», *Rezeptionsästhetik*, págs. 277-324.

de la recepción [5]. Así, uno fundamental es que el texto cobra vida sólo en el momento en que es leído, lo que trae como consecuencia el rechazo del principio propio de la teoría de la interpretación, de que el sentido de un texto y las posibles implicaciones sólo pueden encontrarse en él y nunca fuera de él. Un rechazo que además se explica desde la observación del hecho de que la historia de la recepción de un mismo texto, realizada por distintos lectores, y sus posibles interpretaciones pueden ofrecer resultados diferentes, a pesar de que en todos los casos la fuente de recepción e interpretación es la misma. La explicación radica en el simple hecho de que el sentido es resultado de la acción común que han realizado el lector y el texto y no una cualidad inherente al segundo, que ha de ser descubierta por el primero. Por esta razón, y volviendo al presupuesto inicial, se entiende que el sentido haya de ser buscado en el proceso que constituye el *acto de lectura*. Ahora bien, es de importancia observar que tanto el texto como el lector se mueven, sin para nada alterar la cooperación que desarrollan durante ese acto, dentro de respectivos espacios, aunque limitándolos de alguna manera por razón de esa cooperación.

Este último supuesto, es decir, el reconocimiento de una acción doble en la fijación del sentido de una obra a través del proceso de lectura, constituye la base de la noción de texto. Para entender esta relación de cooperación, Iser desarrolla dos conceptos que significan las primeras aportaciones a la teoría de la recepción y a la propia teoría del texto. Son el concepto de *indeterminación* y el de *espacio vacío*. Grosso modo podrían entenderse, en el primer caso, como aquella cualidad que consiste en no cubrir con los medios lingüísticos utilizados toda la experiencia que el lector tiene a través de esos medios; en el segundo, como aquellos espacios de indeterminación que surgen en el momento en que se fija el sentido de los denominados *aspectos esquematizados* [6].

---

[5] W. Iser, «Die Appellstruktur der Texte», *Rezeptionsästhetik,* págs. 228-231.

[6] Vid. W. Iser, *ibid.,* págs. 232 y 235.

El texto literario se caracteriza, frente a otro tipo de textos, por el tipo de relación que mantiene con la realidad designada. Mientras que los textos no literarios encuentran una correspondencia exacta con el mundo exterior a ellos, los textos literarios no son portadores de esa correspondencia. Los textos literarios no se constituyen como una copia o reproducción de la realidad que existe al margen de ellos. Es cierto que el texto es en sí una realidad que da forma a unos determinados objetos que tienen un soporte existencial en otros objetos que pertenecen al mundo exterior y que se corresponden con la experiencia del autor, en un primer término, y con la del lector, después. Sin embargo, una similitud tal con los mismos, no signi. ⅃ de ninguna manera identificación con ellos. La realidad definitiva sólo cobra entidad en el momento en que comienza a participar el lector [7].

Aquí radica una peculiaridad del proceso de apropiación de la entidad del texto, a la cual se ha hecho ya referencia, al tiempo que uno de los momentos de mayor complicación, que se manifiesta en el hecho de que el lector se ve dificultado para penetrar en el sentido del objeto de lectura, ante la experiencia de que, si bien éste hace referencia a la realidad exterior de todos los días, no obstante esta referencia no es completa, pues mientras que las situaciones del mundo exterior son siempre reales, los textos literarios son, por el contrario, *ficticios* [8]. Con todo, aunque esta diferenciación no explique de una manera total ulteriores diferencias entre ambas situaciones, cuando se afirma que es propio de lo ficticio un cierto grado de *indeterminación,* se entiende que el texto cobra vida en el acto de lectura debido a la intervención del lector, que se encuentra ante la situación de tener que decidir entre lo que le sugiere su experiencia y un sentido que le ofrece el texto, que puede ser contrario a ella. La acción del lector consiste en la *normaliza-*

---

[7] *Ibid.,* págs. 231-232.

[8] *Ibid.,* pág. 232.

ción de la indeterminación surgida del enfrentamiento de fuerzas provenientes de dos polos distintos.

¿Cómo se configuran los textos literarios partiendo de esta observación fenomenológica? Para poder responder a esta cuestión hay que acudir al concepto de *espacio vacío,* apoyándose para ello en el de *aspectos esquematizados* que elaboró Ingarden en su teoría fenomenológica [9]. Es a partir de estos *aspectos esquematizados* como se entiende la coparticipación del lector.

A fin de comprender el contenido de esas dos nociones, en primer lugar hay que hacer la observación de que el *aspecto* incluye el significado que se va configurando paulatinamente a lo largo del texto. El *aspecto,* por otra parte, no actúa con el significado que representa de una manera aislada, sino que está condicionado por la presencia de otros muchos *aspectos* que forman parte de un mismo proceso. A lo largo de la lectura de una obra, la conjunción de varios de ellos hace que vaya conformándose un determinado objeto que corresponde a un significado. Se trata de una conformación que se produce poco a poco en la mente del lector.

La peculiaridad fundamental del *aspecto* consiste en el hecho de que hace acto de presencia de una manera, por así decirlo, *representativa.* No constituye junto con otros aspectos una realidad en sí, sino que todos ellos se configuran como notas fijas que hacen referencia al objeto que conforman. Esta peculiaridad no es otra que la cualidad específica de los *aspectos esquematizados* que Iser asume en el sentido de que la realidad contenida en la obra literaria es ofrecida de forma *esquematizada.* Acudiendo al sentido de la noción de *indeterminación* puede entenderse con más facilidad la actuación de los *aspectos esquematizados.*

Pues bien, dado que es una cualidad del texto literario el ser algo *indeterminado,* lo que de hecho hacen los *aspectos esquematizados* es deshacer parte de esa *indeterminación,* cada uno de ellos respectivamente, valga la redundancia, en un aspecto. Con todo,

---

[9] Ver el apartado de este estudio dedicado a Ingarden.

este efecto no se consigue de manera tan fácil como a primera vista pudiera parecer. Una dificultad que surge normalmente en este desarrollo es que, en la actuación de los *aspectos esquematizados*, la acción de cada uno de ellos no se circunscribe a un ámbito exclusivo, antes bien, puede y suele ocurrir que un *aspecto* invada el ámbito de otro u otros *aspectos;* lo que trae como consecuencia que no se logre en todo su ámbito lo que en un principio debería ser un resultado determinado. La «intervención» en una parte del ámbito de otro, hace que éste quede sin determinar o, si se prefiere, surge un nuevo espacio de indeterminación; entre los *aspectos esquematizados* surge un *espacio vacío:* «las relaciones que existen entre tales aspectos que se encubren mutuamente no son, por lo general precisadas en el texto... Con otras palabras: entre los «aspectos esquematizados» surge un espacio vacío que se produce por la determinación de los aspectos que se interfieren» [10]. Este es el lugar donde, por un lado, más se requiere la participación del lector y donde, por otro, más se nota la misma. Por ello los *espacios vacíos* no han de ser considerados como una aportación negativa, sino que su existencia hace precisamente que se requiera la actuación de aquél.

La actividad del lector consiste entonces justamente en *llenar* lo que está vacío; consiste en dotar de significado a los espacios de indeterminación; en determinar, en suma, lo que no está determinado. Ocurre, sin embargo, que con frecuencia esta operación no resulta fácil, de manera que al lector no le queda otra solución que operar interpretando; poniendo en relación los elementos del texto que le puedan ofrecer un punto de apoyo para fijar la determinación. Y ocurre además también que mientras que unos textos están dotados de muchos *espacios vacíos,* otros, en cambio, ofrecen menos. En el segundo caso es evidente que la coactuación del lector se hace mucho más fácil; sin embargo en el primero surgen mayores dificultades, aunque, por otra parte, ofrece al lector, en su cali-

---

[10] W. Iser, «Die Appellstruktur der Texte», pág. 235.

dad de intérprete, muchas más posibilidades; por la misma razón resulta más atractivo e interesante, caso de que la proliferación de *espacios vacíos* no llegue hasta el absurdo.

Aun así, en este proceso de interpretación a que con la lectura se ve *obligado* el lector, no siempre se consigue eliminar la *indeterminación,* no siempre se logra llenar todos los *espacios vacíos.* Como resultado de la interpretación, hay casos en que llega a alcanzar su propósito, hay otros, en cambio, en que no lo consigue, lo que le obliga a abandonarlos y seguir adelante. De todos modos, lo que se realiza con la experiencia de la lectura es una operación ininterrumpida que consiste en referir a los *espacios vacíos* toda la información que se va recibiendo a través de ese acto. Al final del proceso se consigue una construcción, cuya base ha sido la cualidad de la *indeterminación* que, manifestada de manera especial en los *espacios vacíos,* el lector ha logrado deshacer.

La descripción que realiza Iser en «Appellstruktur der Texte» del proceso de coactuación del texto y del lector en la constitución de un sentido en la indeterminación de los espacios vacíos, está fundamentada sobre una lógica correcta. Sin embargo no se plantea y, en consecuencia, tampoco se resuelve una de las cuestiones más complicadas del acto de concretización; a saber, en primer lugar, si la forma como el lector realiza los actos de determinación es la pertinente y, en segundo lugar, si los resultados conseguidos son los adecuados. Su atención se centra ante todo en la descripción de la naturaleza del texto. Sobre la cuestión aludida se limita en esta obra a manifestar que el lector se encuentra ante la situación de tener que conseguir un *sentido* y una *verdad,* sirviéndose para ello del único medio que le une con el texto y que es la *indeterminación.*

El sentido que se puede dar a los elementos de indeterminación es una responsabilidad que atañe sólo al lector. Con todo, aunque no se aborde el problema de la concretización adecuada, sí pueden deducirse de estas reflexiones otras peculiaridades propias del texto literario. Así, es de destacar la diferenciación de que, mientras los textos no literarios están dotados de una *verdad* y de un *sentido,* los textos literarios han de ser dotados por el lector de esa verdad y de ese sentido. En consecuencia puede afirmarse que la *falta de un elemento* es algo significativo y, por tanto, una peculiaridad. Para apoyar esta afirmación Iser recurre a un principio propio de la semiótica: «Por la semiótica sabemos que la falta de un elemento dentro de un sistema es en sí significativo. Si se traslada esta verificación al texto literario, hay entonces que decir que es una característica del mismo el que no manifiesta su intención de una manera exacta, esto es, que se omite el más importante de sus elementos» [11]. La solución hay que encontrarla, una vez más, en el lector.

El texto literario tiene, por fin, la peculiaridad de no disponer de una *situación específica.* Cuando el lector configura en su fantasía la intención de aquél, el punto de partida, como se acaba de observar, está en los *espacios vacíos.* Lo que con ellos ocurre, en primer lugar, es que se configuran como elementos parciales constitutivos del mismo, pero no relacionados todavía entre sí. La tarea de relacionarlos es una función que tiene que asumir el lector, de tal manera que lo que de extraño puedan tener los elementos de un texto antes de su intervención, se convierte más tarde en algo que encaja dentro de su experiencia personal. «Esto ocurre con la generación de un significado en el acto de lectura. En este acto surge al mismo tiempo para el texto una situación que es, en cada caso, individual. Se sabe que los textos ficticios no se identifican con situaciones reales; no disponen de una correspondencia real» [12]. Como consecuencia puede afirmarse que con cada acto de lectura y con cada lector surge para el texto una situación distinta.

De esta manera ocurre que la experiencia estética, que tiene lugar con esta actividad de cooperación, surge a partir de una relación de la realidad del texto con la vida extratextual de todos los

[11] *Ibid.,* pág. 248.
[12] *Ibid.,* pág. 249.

días. La labor de constitución que realiza el receptor se apoya y configura en la referencia con los problemas de la vida diaria. En su actividad, observa que la obra literaria se organiza desarrollando unos contenidos que tienen que ver directamente con experiencias que no le son ajenas e incluso en ocasiones con las propias experiencias. Sin embargo, la realidad es que el texto no ofrece de una manera expresa y específica esas experiencias tenidas por el propio lector. El receptor no encuentra nunca en el acto de lectura contenidos específicos; una parte muy importante de la experiencia estética consiste, como ya se ha hecho alusión, en una operación de *complementación,* esto es, en especificar aquellos contenidos que en el texto no aparecen determinados. La experiencia estética surge en el proceso de complementación y con ello de cocreación. Con todo, es importante no pasar por alto el hecho de que este proceso de realización de la obra no se consuma de manera completa con cada acto de lectura o concretización, sino que las realizaciones y asignaciones de sentido, no pueden ser consideradas nunca definitivas, pues siempre quedan abiertas a nuevas posibilidades.

En consecuencia, el proceso y fenómeno que constituye la experiencia estética es algo que adquiere realidad a partir de los *espacios vacíos* y que se consuma en el acto de *asignación de sentido.* Aquéllos constituyen el ámbito de actuación del lector y solamente producen un efecto en el momento en que éste dispone de los presupuestos que le permiten identificar en el texto contenidos y experiencias que le resultan conocidos. Si el lector no es capaz de relacionar el contenido con algo que se enmarca dentro de lo que le es familiar, el texto no puede desarrollar la capacidad de actuación sobre aquél. Ello es debido a que las predisposiciones del lector están en relación directa con la efectividad de la obra: a mayores capacidades corresponde un desarrollo más amplio de los *espacios vacíos* y viceversa.

De todo ello se deduce también que la cualidad estética depende de la *indeterminación* inherente al texto, entendida como la capacidad de actuación de este sujeto constitutivo de la experiencia estéti-

ca. Con la *indeterminación* incluida en los *espacios vacíos* se producen en el lector ciertas reacciones que le llevan a la constitución
de contenidos estéticos; lo que es lo mismo que decir que la experiencia estética se debe no a contenidos fijos del texto, sino a aquellos contenidos y significados que «se generan en el acto de lectura» [13]. Así, como observa Reese, la cualidad de la *indeterminación*
se convierte en la norma de una estética prescriptiva de la literatura [14]. O, como advierte Schmidt, la cualidad estética, según esta
concepción del texto, se entiende como *polifuncionalidad* o *multivalencia* potencial [15].

De esta manera Iser consigue en su primer tratado dar un paso
muy importante con respecto a las formulaciones de Ingarden que
le habían servido de punto de partida. Este avance supone al mismo
tiempo una diferencia fundamental que se refleja en el tratamiento
dado a tres de los conceptos básicos de la teoría de la recepción
en su aspecto fenomenológico. En primer lugar, el concepto de *indeterminación;* en segundo lugar, el de *espacios vacíos;* y en tercero, el de *concretización.*

Tanto para Iser como para Ingarden el punto de partida está
en la primera categoría. A través de ella puede llegarse a la comprensión del texto y a su concretización. Hay, sin embargo, una
diferencia muy importante, que consiste en que mientras para Ingarden la *indeterminación* es un medio, un ámbito de paso hacia
las *cualidades metafísicas* contenidas en la obra, para Iser se convierte en el elemento fundamental que sirve para poner en contacto a los componentes de la comunicación literaria. Por otra parte,
la experiencia estética no consiste en algo que se deba a una reacción específica provocada por la base óntica sobre la que se ha
constituido la obra. La experiencia estética no se debe a cualidades

[13] *Ibid.,* pág. 299.
[14] W. Reese, *Literarische Rezeption,* Stuttgart, 1980, pág. 38.
[15] S. J. Schmidt, *Ästhetizität. Philosophische Beiträge zu einer Theorie des
Ästhetischen,* Munich, 1971, págs. 10 y sig. y 19-28.

metafísicas inherentes al texto; su lugar hay que buscarlo en los núcleos de *indeterminación* o *espacios vacíos,* por medio de los cuales es posible relacionar las experiencias tenidas por el lector en la vida diaria y aquellas otras presentadas en la obra de las que son sujetos conciencias ajenas a aquél.

Llenando de contenidos los *espacios vacíos,* fenómeno que se realiza mediante un *proceso activo de lectura,* se consigue que lo que en un principio aparece como algo indeterminado, se concretice en contenidos específicos. Y aunque en este aspecto se aproximen ambos puntos de vista, al final ocurre que, en el caso de Ingarden, la autoridad que determina la adecuación de la concretización es la misma obra y con ella sus cualidades inherentes. Para Iser, en cambio, que de entrada no aborda el problema de la adecuación de la concretización, la obra se concretiza en la conciencia subjetiva del lector, que no se debe a otras instancias que las surgidas de la propia información y postura frente a la realidad estética. La historicidad de la obra literaria, o bien su atemporalidad, se resuelve a partir del reconocimiento de los *espacios vacíos,* que se «llenan» de acuerdo con los condicionamientos históricos, sociales, espaciales e individuales dentro de los que se mueve el receptor de un texto.

FENOMENOLOGÍA DE LA LECTURA
Y COMUNICACIÓN LITERARIA

De los tres puntos básicos de la teoría de la recepción que elabora Iser, una noción de texto literario, una noción de texto desde presupuestos comunicativos y esta misma noción desde fundamentos pragmáticos y los propios de la teoría de los sistemas, en su primer tratado se ocupa fundamentalmente y casi sólo del primer aspecto. Y aunque aborda también de alguna manera el componente comunicativo de la obra, será éste el tema básico del estudio «Der Lesevorgang», más en concreto, la descripción del proceso de comunicación que tiene lugar en el acto de lectura entendido como la forma de participación del lector en algo que no le es conocido y, además, como el punto de convergencia entre el autor y el lector. Para ello se sirve de los presupuestos ya utilizados en «Appellstruktur der Texte» y asumidos de la teoría fenomenológica, desde los que se describe el proceso de lectura. El objetivo primero de esta obra es la consideración del texto literario como una realidad que produce un tipo de comunicación; su consecución se realiza describiendo la fenomenología del acto de lectura del que es sujeto el otro componente del proceso comunicativo.

Para la descripción de la realidad fenomenológica del acto de lectura, hace unas observaciones previas sobre la noción de texto. Una de ellas se refiere a que la obra literaria se caracteriza por la confluencia de dos polos distintos; la segunda, a que el lugar propio de la obra se encuentra en la convergencia de texto y lector [16].

La primera observación consiste en la idea de que el texto literario dispone, además de un componente *artístico,* también de un componente *estético.* La diferencia entre ambos radica en el hecho de que el primero está constituido por el texto configurado por el autor, y el segundo por la concretización que el lector realiza en el acto de lectura. Con ello nos encontramos ante el reconocimiento de que la obra no es la realidad conformada por el aspecto material del texto, sino que para convertirse en obra literaria necesita de la concretización, de la actividad que desarrolla el lector. Este principio no es otra cosa que la idea de obra desarrollada por el estructuralismo de Praga.

La segunda observación es que el lugar de la obra no «puede reducirse ni a la ralidad del texto ni a las disposiciones peculiares del lector», sino que «La obra es la constitución del texto en la conciencia del lector» [17], quien de este modo se convierte en coautor en tanto en cuanto «...comparte con el autor el juego de la fantasía. Pues la lectura se convierte en placer sólo cuando entra

---

[16] Vid. W. Iser, «Der Lesevorgang», págs. 253-255.
[17] *Ibid.,* pág. 253.

en juego nuestra capacidad de creación, es decir, cuando los textos tienen la habilidad de activar nuestras capacidades» [18]. Partiendo de los *espacios vacíos* se desarrolla un proceso de comunicación entre el lector y la obra, caracterizado por la dialéctica entre lo que el texto dice expresamente y lo que el texto calla.

Pues bien, desde estas observaciones sobre la naturaleza del texto, describe el acto de comunicación que se desarrolla en el proceso de lectura mediante la observación de tres fenómenos parciales: la *reducción fenomenológica,* la *formación de consistencia* y la *implicación del lector.*

La descripción de la *reducción fenomenológica* entendida como proceso y resultado de la dialéctica de *protención* y *retención,* se basa prácticamente en el mismo esquema de reducción fenomenológica descrito por Ingarden [19]. Cómo se produce este fenómeno, es algo que Iser describe analizando las frases que operan en un texto y las implicaciones con la realidad empírica. En este sentido Ingarden había desarrollado ya el concepto de *correlato intencional* de frase, elemento al que se le otorga un interés fundamental. Para llegar al mismo se parte de la observación de que los contenidos que encierran las frases de que está compuesto un texto de este tipo no disponen de una correspondencia empírica, es decir, no *denotan* objetos de la realidad extratextual, y en el supuesto de que esto pudiera ocurrir, siempre tendría lugar una preferencia por un desarrollo de la *connotación.* En la obra literaria se construye un mundo, una constelación, cuya realidad se configura mediante frases que constituyen *correlatos intencionales.* Las frases están conformadas y organizadas de tal modo que se enmarcan dentro de una totalidad superior, cuya referencia hace que estén necesariamente relacionadas entre sí. Ahora bien, estos *correlatos intencionales* tienden en su constitución a ser provistos de contenido, lo cual quiere decir que lo que no es más que una conformación morfosintáctica,

---

[18] *Ibid.,* pág. 254.
[19] R. Ingarden, *Vom Erkennen des literarischen Kunstwerkes,* págs. 29 y sig.

necesita completarse con contenidos semánticos. Esta operación es tarea del lector, pues mientras que las frases son el estímulo que provoca una acción, la realización de la misma le corresponde a él.

Es aquí donde se produce el juego dialéctico de *protención* y *retención,* que puede describirse de la siguiente manera: el conjunto de frases de que está constituido un texto se organiza de manera, que a medida que van pasando por la mente del lector a lo largo del acto de lectura, van construyendo poco a poco una realidad que, por ser algo que todavía no existe en su totalidad, se va estructurando en *protención* hacia el futuro. La realidad o realidades del texto no se constituyen de una sola vez en un solo momento, sino que necesitan del proceso que va desarrollándose en la obra mediante el cual pueden adquirir una entidad consistente propia. Ello quiere decir que cada frase o *correlato de frases,* al mismo tiempo que participan en la constitución de realidad, colaboran también en la construcción de un *horizonte* de desarrollo hacia el futuro, un horizonte que se va abriendo en dirección hacia adelante o, por utilizar el término de Iser, de manera «protencional» [20].

Sin embargo, el proceso no consiste solamente en este movimiento hacia adelante; se trata de un proceso que se completa con un movimiento en dirección también hacia atrás. En el discurso de la aparición permanente de *correlatos de frases,* todos ellos mantienen una relación sostenida con otros que ya han aparecido en la obra y han pasado por la conciencia del lector. Este movimiento hacia atrás es el que se conoce con el término de *retención.* De esta manera surge una relación entre un horizonte de perspectivas futuras y un horizonte del pasado que, a diferencia de aquél, es ya conocido para el lector y además puede ser modificado e incluso eliminado; hecho que puede y suele ocurrir en la manera de comprender algunos de sus aspectos, como consecuencia de la actuación de los nuevos puntos que se van introduciendo con la inter-

---

[20] Iser asume la terminología que desarrolla Husserl en *Zur Phänomenologie des inneren Zeitbewusstseins, Gesammelte Werke 10,* La Haya, pág. 52.

vención del horizonte del futuro o movimiento protencional. «En esta dialéctica», señala Iser, «es donde se actualiza el potencial no formulado expresamente en el texto» [21].

Con todo, dentro de este proceso de protención y de retención, de *expectativas* y de *recuerdos,* puede ocurrir que los *correlatos intencionales* ofrezcan dificultades que impiden el desarrollo normal del mismo. Es decir, puede ocurrir que la anticipación de sentido, llevada a cabo en la protención, no encuentre una confirmación en el desarrollo posterior, como tampoco una modificación en nuevos *correlatos.* Tanto en uno como en otro caso es función y tarea del lector dar con una solución, de manera que cuando una frase o correlato intencional no se manifieste en coherencia con otra frase o correlato intencional anteriores, ha de actuar de forma que se pueda restablecer el desarrollo normal y el ritmo interrumpidos o deteriorados del discurso del texto. Aquí es donde se confirma una vez más, tanto desde el punto de vista de la teoría como desde la perspectiva de la práctica, la *actividad creadora* del lector, al encontrarse en la situación de tener que dirimir sobre la asignación de uno u otro contenido a los correlatos que en el discurso del texto han opuesto dificultades. Ello significa la confirmación, una vez más también, de las distintas posibilidades de asignación de sentido y, a la postre, de comprensión e interpretación del texto. En el proceso de lectura el receptor de la obra tiene que elegir de entre las virtualidades que se le ofrecen, hasta el punto de que cada lectura es, por lo general, una actualización individual del texto, cada lectura es un acto de selección. Prueba de ello es el hecho, conocido de manera general y como tal aceptado, de que la segunda lectura de una obra es siempre diferente a la primera, y las sucesivas siempre diferentes a las anteriores. Un hecho que se debe a las disposiciones del lector y a los condicionamientos que predeterminan el texto [22].

---

[21] W. Iser, «Der Lesevorgang», pág. 258.
[22] Vid. *ibid.,* págs. 258-260.

Con ello se llega al segundo aspecto de importancia en el acto de lectura, que es la denominada *formación de consistencia*. Por ella se entiende el proceso por el que los *correlatos intencionales* van conformando un mundo dotado de peculiaridades tales que hacen que pueda abrirse camino como una posibilidad de entre las varias que ofrece el texto. Se trata, con otras palabras, del proceso por el que una de esas alternativas va tomando entidad, va haciéndose «consistente». Dentro de este desarrollo la imaginación del lector desempeña un papel muy importante, pues se ha puesto en actividad a consecuencia de los estímulos activados por la *indeterminación* y los *espacios vacíos*. Ante el hecho de que el texto antes de la intervención del lector no es más que una serie indeterminada de frases y grupos de frases sin aparente relación entre sí, parece necesario que de todo ese complejo material surja una conformación de dimensiones tales que abarque toda la obra objeto de lectura. Ello puede conseguirse a través de dos operaciones; la operación de *reducción* y la de *selección,* que pueden desarrollarse en múltiples facetas.

Dado que, de entrada, en el texto no existe un mundo consistente, el lector tiene que utilizar los medios que tiene a su disposición para llegar a los puntos de vista propios, las expectativas alimentadas en determinados correlatos y anticipaciones surgidas en el movimiento protencional de la lectura. La imaginación del lector, activada por los correlatos, hace que las propias expectativas sean proyectadas en los signos polisemánticos de los elementos lingüísticos del texto, de manera que puedan *reducirse* sus múltiples relaciones y significados. Sólo así se consigue que de la multiplicidad surja una *conformación de sentido* consistente. Con todo, las posibilidades que se han seleccionado para la constitución del sentido final no están siempre aseguradas, pues puede muy bien darse el caso, y de hecho así ocurre con frecuencia, de que la consistencia adquirida en un determinado momento con esos sentidos seleccionados, parezca tambalearse ante la aparición de nuevas relaciones. «De ahí surge la necesaria operación de comprensión que se desarrolla ininterrumpidamente en el acto de lectura, con lo que la resistencia que surge en este acto, lleva automáticamente a que la consistencia lograda en cada caso convierta al texto en una experiencia estética» [23]. Iser se vale de la descripción que realiza Ritchie para explicar la forma como se producen estas operaciones, y llega a la conclusión de que «...la conformación de sentido de la obra no está en las expectativas ni en las sorpresas o decepciones, y mucho menos en las frustraciones que de manera consciente experimentamos en el acto de la conformación de sentido. Su constitución proviene más bien de las reacciones que producen las formas generadas en el acto de lectura, bien porque surgen de repente, bien porque su tratamiento produce algún tipo de dificultad, bien porque se entrecruzan con otras. Esto quiere decir, sin embargo, que en el acto de lectura reaccionamos sobre algo que hemos producido nosotros mismos; y es precisamente el modo de reaccionar lo que hace patente por qué tenemos la posibilidad de tener la experiencia del texto igual que si se tratase de un acontecimiento real» [24].

El proceso, con todo, no termina ahí. Simultáneamente a los actos de reducción fenomenológica y al proceso de formación de consistencia surge una consecuencia para el lector, que consiste en su *implicación* en el acontecer del texto; una implicación que no se limita a algunas de las partes o aspectos de la obra, sino que se extiende a su totalidad. Se trata de una consecuencia derivada, sobre todo, de la actuación del propio texto, que se manifiesta a partir de dos puntos diferentes. El primero de ellos es el conjunto de factores que se conocen como *repertorio del texto;* el segundo lo forman las denominadas *estrategias*.

Por *repertorio del texto* se entienden, por un lado, las normas de naturaleza social, históricas y actuales y, por otro, una multiplicidad de insinuaciones procedentes de la tradición literaria [25]. Son

---

[23] *Ibid.,* pág. 266.

[24] *Ibid.,* pág. 267.

[25] Vid. *ibid.,* pág. 268.

factores que aportan considerables dificultades como consecuencia de que la obra hace su aparición dentro de un *contexto* que puede resultar extraño por no haber sido, en un principio, elaborado para la misma. Algo similar puede afirmarse de las *estrategias,* o «actitud» del texto tanto en la presentación de sus contenidos, como en la manera de relacionarlos entre sí. Ante estas *estrategias* el lector se da cuenta de la presencia de situaciones divergentes, de acciones y contenidos discrepantes, a las que no puede ya escapar, una vez que ha ido tomando conciencia y hasta cierto punto también haciéndose cargo de ellas.

Esto quiere decir que el lector se encuentra *implicado* en tal medida, que a partir de esta situación se produce el momento decisivo del acto de lectura, en el que desempeña un papel fundamental la relación del tiempo pasado, y lo que es realidad pasada, con el presente y lo que en el texto es realidad presente. La experiencia de que es sujeto el lector, una experiencia orientada hacia el pasado, no desaparece con la irrupción del presente, sino que, por el contrario, debido a su intervención se ponen en relación el pasado con el presente, no como un acto en el que la experiencia del presente se suma a lo anterior, «...sino como una reestructuración de aquello de lo que ya disponemos. Es algo que se confirma en expresiones coloquiales como la de que cuando hemos perdido una ilusión, nos hemos enriquecido con una experiencia» [26].

El resultado final de todo este complicado proceso es un acto de *comunicación literaria* a través de la *experiencia estética*. A lo largo de todas las operaciones realizadas en la lectura se ha conseguido la asimilación de algo ajeno dentro de la experiencia del lector. Ello se ha producido como consecuencia de un *desdoblamiento* o fisura en su conciencia, que tiene lugar en el momento en que surge un punto de convergencia con los contenidos comunicados por el autor a través de los medios de expresión de la obra. No se trata, como así se ha entendido muchas veces, de una mezcla

---

[26] *Ibid.,* págs. 270-271.

o identificación del lector con el texto y, en consecuencia también, con el autor. Cuando el autor prescinde de presentar su personalidad real y el lector, por su parte, prescinde también de sus disposiciones, surge el momento en que el juego de conceptos, pensamientos y puntos de vista del autor pueden encontrar en el receptor una conciencia que se adueñe de ellos. Esta es la explicación del *desdoblamiento* a que se acaba de aludir, pues cuando el lector ocupa su mente con los pensamientos de una conciencia exterior a él, está realizando algo que no es él mismo y se está saliendo de las propias disposiciones, si bien no desaparece por completo de la orientación que previamente había elegido al comienzo del proceso que ahora termina. «... los pensamientos de otros pueden formularse en nuestra conciencia cuando, por su parte, toma forma la espontaneidad que el texto ha movilizado en nosotros. Pero como una formulación tal de la espontaneidad tiene lugar en las condiciones que otro impone y cuyos pensamientos convertimos en tema de lectura, entonces manifestamos la espontaneidad no según aquella orientación que para nosotros es válida. En este proceso se manifiesta la estructura dialéctica de la lectura» [27].

LA PRAGMÁTICA DEL TEXTO Y
LA TEORÍA DE LOS SISTEMAS

En la elaboración del concepto de *texto,* Iser ha partido de una teoría en la que el elemento fundamental gira en torno a la noción de *espacio vacío,* lugar en que se desarrolla la actuación productiva del lector. Con el tratamiento que se da a aquél se consigue que los contenidos puedan ser relacionados y referidos a algo que le es familiar al receptor. El texto se caracteriza, además, por estar dotado de un grado de *indeterminación,* entendido como el factor que provoca la intervención del lector en orden a conseguir el

[27] *Ibid.,* págs. 274-275.

objetivo de rebajar la intensidad de esa cualidad, mediante la generación en el acto de lectura de contenidos más contorneados y precisos. Es en este «juego» a partir de donde se puede fijar la *cualidad estética.* Por otra parte, desde la idea de que por el acto de lectura el autor se constituye en *coautor* del texto, que la obra es la constitución del texto en la conciencia del lector, Iser entiende que esta actividad de coautoría se materializa a través del procedimiento conocido como *reducción fenomenológica,* por el que se produce la consistencia necesaria que proporciona entidad a la realidad que se crea en la obra. Una vez que el lector se ha inmerso en el acto de lectura, se encuentra necesariamente *implicado* en el mismo debido a la influencia que el texto ejerce en él por medio de un *repertorio* y unas *estrategias* propias. Como resultado de la fisura producida en su conciencia, surge una situación en que tiene lugar, al mismo tiempo que el acto de *comunicación literaria,* la *experiencia estética.*

Con todo, a pesar de haber desarrollado una teoría del texto, más o menos completa, y haber descrito el proceso de comunicación estética que tiene lugar entre el texto y su destinatario, el resultado no puede considerarse aún completo. Y no es completo porque, en primer lugar, no se ha explicado con suficiencia en qué consiste el *acto lingüístico literario.* Por otra parte, no hay que olvidar que todo texto tiene una función específica que desarrollar, que se manifiesta en el efecto que produce ofreciendo información sobre una realidad a través de la generación de contenidos y significados y de la utilización de las estrategias a que se ha hecho alusión. Cómo hace uso el texto de los recursos propios para conseguir en el lector el efecto propuesto, es algo que tampoco se ha completado en la teoría desarrollada hasta ahora.

El que la obra literaria no disponga de las cualidades específicas propias de la realidad empírica, es algo reconocido y aceptado de una manera generalizada. El texto literario encierra una ficción, es una construcción que tiene la tarea de decir, de informar algo sobre otra realidad. Esto significa que todo el entramado que constituye una obra, transciende la realidad puramente material de los signos de que está formada: va más allá de sí misma y produce un efecto fuera de sí. Es, por otra parte, una idea también generalmente aceptada, que la obra en cuanto lengua que es, dispone de las peculiaridades específicas del denominado acto lingüístico, con la excepción que le proporciona el signo de identidad de no disponer de un contexto, debido a que no hace referencia a la realidad empírica del objeto presentado. En consecuencia, si el texto literario está constituido por un lenguaje que representa actos lingüísticos, se trata entonces de dilucidar las peculiaridades que como elementos diferenciadores le dan autonomía con respecto a otro u otros actos lingüísticos. Ello al mismo tiempo puede proporcionar las perspectivas necesarias para entender la relación que existe entre el texto literario y el lector receptor del mismo.

Para explicar todo este cúmulo de peculiaridades, dependencias e interrelaciones de los distintos elementos, es necesario acudir a los principios fundamentales de la *pragmática,* disciplina que se ocupa del aspecto comunicativo de la acción lingüística, así como a los principios de la *teoría de los sistemas.* Según aquélla, el texto es una construcción dotada de una dimensión pragmática y sólo se puede llegar a una comprensión del mismo si se tiene en cuenta esta dimensión. Para entender esta necesidad, Iser realiza unas reflexiones sobre el problema ya clásico de la relación que existe entre la *ficción* y la *realidad.* En estas reflexiones ofrece como novedad el reconocimiento de que la relación entre esos dos polos no consiste en una oposición, tal y como ha sido entendido por muchos representantes de la teoría literaria, no sólo de orientación clásica, sino también de orientación más vanguardista. Son dos elementos que, aun caracterizándose entre sí por el hecho de ser distintos —la ficción es algo de naturaleza distinta a la realidad—, sin embargo no quiere decir que se opongan. La ficción se justifica con la tarea de presentar la realidad en el sentido de que dice algo de ella o sobre ella; la ficción comunica algo a alguien sobre el objeto que constituye la realidad. La relación entre ambas ha de entenderse,

«...ya no como una relación ontológica, sino que han de entenderse como una relación de comunicación... Como estructura comunicativa la ficción junta una realidad con un sujeto...» [28]. Esto significa que la ficción es algo que tiene una función específica, no reconocida hasta ahora, y que podría entenderse como la función de comunicar. La ficción no es pues realidad, sino que lo que la caracteriza es que estructura la realidad haciéndola comunicable. En ello es de mayor importancia el hecho de que comunique algo sobre la realidad que el hecho de que, sirviéndose de unos medios determinados, le proporcione una estructura específica.

Aquí nos encontramos con uno de los postulados determinantes de la teoría de la recepción. Si en el conocimiento de la obra literaria es importante someter a observación los aspectos de que se ocupa la estética de la representación, para la estética de la recepción y en especial para la que elabora Iser, es de relevancia fundamental el *efecto* que la obra literaria produce en el lector. A partir de lo que se acaba de decir queda claro que el efecto que ha de producir es, dentro del juego dialéctico que tiene lugar entre el texto, la realidad y el lector, el de servir de mediador entre estos dos últimos elementos. Aquí es donde el *factor pragmático* del lenguaje y del acto lingüístico entra necesariamente en consideración.

Como ya se vio en páginas anteriores de este estudio, por competencia lingüística se entendía la capacidad de codificación y de decodificación de que disponen, según los casos, el hablante o el oyente. Ello significa la capacidad necesaria para la utilización correcta del lenguaje estructurado o estructuras lingüísticas, con el único objetivo de conseguir comunicación entre el emisor y el receptor. También se vio que una de las aportaciones más significativas de la pragmática ha sido la constitución y desarrollo de una teoría sobre el denominado acto lingüístico, según la cual los elementos que lo constituyen, es decir, el hablante y el oyente, están

---

[28] W. Iser, «Die Wirklichkeit der Fiktion», pág. 278.

íntimamente relacionados; además, que ese acto consta de varios actos parciales. Pues bien, si es cierto que ya entonces se planteó la cuestión sobre la forma como se constituye la lengua literaria en cuanto acto lingüístico, es cierto también que no se llegó a un resultado definitivo, sino solamente a un esbozo de la cuestión. Es ahora cuando la teoría de la recepción parece resolverlo. Para ello Iser retoma las aportaciones conseguidas en este campo por Austin y Searle.

El discurso literario es para aquél una forma de acto lingüístico, cuya naturaleza puede ser considerada similar a la del *enunciado performativo*. En la diferenciación entre los distintos tipos de enunciados, se establece que mientras el *constatativo* se caracteriza por el hecho de verificar algo, por afirmar la verdad o falsedad de un contenido, el *performativo* se constituye más que como un enunciado que informa, como aquel que *hace* algo, como aquel que *realiza* algo y, en definitiva, produce una acción [29]. Una acción que se desarrolla de acuerdo con los principios generales de la teoría de la comunicación, que para el caso concreto exige, como condiciones necesarias, en primer lugar, la existencia de una convención aceptada tanto por el hablante como por el oyente; en segundo lugar, un procedimiento reconocido de manera generalizada y como tal adecuado a la situación concreta y, por fin, una predisposición de los componentes del hecho comunicativo de iniciar un acto de lengua.

Para explicar esta diferencia Austin recurre a la que se da entre los actos lingüísticos parciales, a los que ya se ha hecho mención también aquí: «... with constative utterance we abstract from the illocutionary... aspects of the speech act and we concentrate on the locutionary... With the performative utterance we attend as much as possible to the illocutionary force of the utterance, and

---

[29] Vid. J. L. Austin, *How to do things with words,* pág. 13.

abstract from the dimension of correspondence with facts» [30]. Según esto, parece claro que el discurso literario está más cerca de la cualidad del enunciado performativo que del enunciado constatativo, pues en el primero de ellos es fundamental, no el hecho de que se exprese un contenido que tiene una correspondencia con la realidad, sino el hecho de que el enunciado produzca un efecto y, en consecuencia, el propio efecto; es decir, no es el acto locutivo, sino el ilocutivo, por medio del cual se consigue crear no sólo un potencial que produce un efecto, sino que además mediante lo que se expresa tiene efecto lo que se piensa.

Con todo, el discurso literario no se puede equiparar de manera completa al acto lingüístico, especialmente en lo que se refiere a los resultados efectivos que éste puede conseguir. El enunciado literario es un enunciado al que Austin atribuye las cualidades de ser *vacío* y *parasitario* [31]. Es *vacío* por el hecho de que, aun disponiendo de los elementos básicos para generar una acción lingüística, no es capaz, sin embargo, de conseguir esa acción. Y es *parasitario,* porque aun estando dotado de los requisitos necesarios para poder ser considerado enunciado performativo, hace, no obstante, un uso inadecuado de los mismos. En el procedimiento discurre de manera similar a como lo hacen los actos ilocutivos, pero con lo enunciado no consigue producir lo pensado.

Según los principios generales de la comunicación, dado que lo pensado no siempre puede trasladarse de una manera completa a lo expresado, surgen necesariamente una serie de implicaciones, entendiendo por tal todo aquello que no aparece de manera expresa, pues está constituido por elementos indeterminados que se controlan por medio de convenciones, ciertos procedimientos y determinadas reglas. Sólo de esta manera puede tener lugar la acción lingüística que se pretende conseguir. Ahora bien, según afirman Austin y Searle, el discurso de la ficción, con todo, se diferencia del acto ilocuti-

---

[30] *Ibid.,* pág. 144.
[31] *Ibid.,* pág. 32.

vo, no es en sí un acto ilocutivo. Para eliminar la indeterminación que contiene no es suficiente el procedimiento de acudir a las referencias previamente existentes. La razón está en que se trata de algo vacío y de algo que no dispone de un contexto.

Aquí es donde Iser disiente de los planteamientos de la pragmática de Austin y de Searle. En principio admite la idea de que el discurso literario está desprovisto de los elementos necesarios que permiten provocar una acción. Es, sin embargo, de la opinión de que si esto es, hasta determinado punto, cierto, no puede, con todo, ser aceptado de una manera general. La divergencia está en que el discurso literario no es que esté desprovisto de convenciones, antes al contrario, lo que ocurre es que la forma de organizarlas es distinta a como lo hace el discurso propiamente pragmático. El discurso de la ficción rompe con la convención, pero lo hace con la convención organizada *verticalmente,* para organizarla *horizontalmente,* es decir, «...selecciona de entre las más diversas existencias de la tradición, que se encuentran en la vida histórica. Las reúne igual que si perteneciesen a la misma familia. Por ello en el discurso de la ficción reconocemos también muchas convenciones que ejercen una función reguladora en nuestros medios sociales y culturales o en los medios sociales y culturales de los demás; en cualquier caso, la organización horizontal hace que emerjan en combinaciones insospechadas y, de esta manera, pierdan la estabilidad de su validez... Con la selección hecha a partir de las distintas convenciones, despragmatiza las convenciones elegidas, de tal manera que se podría afirmar que una despragmatización de este tipo constituye una dimensión pragmática. Invocamos una convención organizada verticalmente cuando queremos actuar; una combinación de distintas convenciones, organizada horizontalmente, nos permite ver aquello que en cada caso concreto nos sirve de orientación cuando actuamos» [32]. El texto elimina la insuficiencia de la selección mediante las propias estrategias.

---

[32] W. Iser, «Die Wirklichkeit der Fiktion», pág. 287.

Se afirmaba también que el discurso de la ficción no dispone de un *contexto*. Esto llama la atención si se piensa que es precisamente la existencia de una situación común al hablante y al oyente lo que hace que un acto lingüístico pueda producirse. El discurso de la ficción se caracteriza por carecer de una situación. Ahora bien, es precisamente esta falta de contexto la base y punto de partida para la creación de una situación que sirve para que el texto y el lector encuentren una referencia que, por así decirlo, ponga a ambos de acuerdo. El lenguaje literario, se dijo más arriba, no tiene una correspondencia empírica, sino que como organización de símbolos que es, desempeña una *función representativa,* con la peculiaridad especial de estar organizada de tal forma, que hace ver cómo hay que construir aquello que está supuesto en su organización simbólica. El lenguaje literario ofrece al lector las orientaciones que permiten la creación del *contexto situativo* que crea el punto de coincidencia común. Los símbolos de un texto de ficción representan una serie de condiciones para la capacidad imaginativa y para la percepción de quien tiene que constituir el objeto [33].

En el momento en que el lector crea la realidad de acuerdo con las orientaciones que le proporciona el texto, está teniendo lugar un acto de comunicación. El lector percibe que el texto le presenta convenciones que, si bien no le son desconocidas, la manera, sin embargo, como las encuentra organizadas, hace que cobren una nueva entidad, una nueva validez y, en consecuencia, pierdan la que tenían antes. Esto es precisamente lo que hace que los dos componentes del acto de lectura puedan entrar en una acción común.

Para profundizar en la forma cómo se produce esta interacción, Iser acude a la idea de Lotman, de que el texto literario tiene la capacidad de ofrecer con los mismos medios diferentes informaciones a respectivamente diferentes lectores; la razón de ello cree encontrarla en el hecho de que «El texto literario se comporta como

---

[33] *Ibid.,* pág. 293.

una especie de organismo vivo que se liga al lector por medio de un acoplamiento de reacción que le proporciona información» [34]. En el proceso de lectura se produce una *comunicación reactiva* de información sobre la realidad propuesta en el texto, de tal manera que paulatinamente se va formando un contenido, un significado no denotado en los significantes de la obra. De modo simultáneo se crea también el marco de comprensión de aquello que el texto pretende ofrecer o conseguir. Es una situación dinámica entre los dos componentes, que no está previamente dada, sino que surge con el acto de lectura y que hace que lo que va aconteciendo en el texto, adquiera poco a poco la cualidad de realidad. Con la confluencia de los elementos texto y lector y la *comunicación reactiva* se desarrolla un proceso de *realizaciones permanentes*.

Ante una situación así, el lector se convierte en pieza fundamental —lo que ya es un reconocimiento generalizado— en la determinación y fijación de la realidad literaria. La asignación de significados a los significantes desprovistos de los mismos y las múltiples realizaciones que pueden tomar a lo largo del acto de lectura por el efecto de la comunicación reactiva, constituye al mismo tiempo que una exigencia, la creación de un *momento estético:* esta actividad produce una serie de *gratificaciones*. Al final se ha conseguido una situación referencial común para los dos componentes del hecho comunicativo, similar al menos, si no igual, a como la entiende la teoría del acto lingüístico. Esto constituye los presupuestos que han de darse para que, como el lenguaje coloquial, el literario pueda tomar carta de naturaleza, y llegar no sólo a la recepción del texto, sino también a su comprensión; la consecución de una situación equivale a la creación de las condiciones necesarias para la comprensión [35].

---

[34] J. M. Lotman, *Die Struktur literarischer Texte,* Munich, 1972, pág. 42. Citado según Iser, *ibid.,* pág. 295.

[35] Vid. Iser, *ibid.,* pág. 298.

Con todo, el sistema teórico de Iser no se consuma ahí. Otra
de sus aportaciones más importantes es la elaboración del concepto
de *repertorio,* esbozado, como se vio, en «Der Lesevorgang». Desde la teoría de Austin, de acuerdo con la cual, a fin de que se
consume un acto, son postulados necesarios que se den unas convenciones comunes, que existan unos procedimientos aceptados por
ambas partes y que exista una predisposición de participación, reconoce la necesidad de esos postulados en el acto lingüístico del
hecho literario. A Iser le interesa especialmente profundizar en el
primero de ellos, en las convenciones propiedad común de los dos
componentes del acto de comunicación literaria; lo que necesariamente implica también el interés por los procedimientos del texto
y la participación del lector.

En el proceso de conversión del texto por el lector se produce,
como acaba de observarse, una participación que significa una serie
de *gratificaciones* que tienen su fundamento, al igual que en las
convenciones en que se basa el acto lingüístico coloquial, en otras
convenciones que son de uso común. La diferencia en este caso
radica en el hecho de que las *gratificaciones* se justifican a partir
de convenciones «despragmatizadas». Por convenciones entiende Iser
el *repertorio de los textos de ficción* y diferencia dos tipos: elementos de la realidad extraliteraria o extratextual y elementos de la tradición literaria, o literatura anterior. Las convenciones de la realidad extraliteraria incorporadas en el texto no se integran en el mismo tal y como son, sino que «con su reaparición pasan por un
proceso en que les ocurre algo». No son una repetición de lo que
eran en la realidad extraliteraria, ni una copia de las correspon-
cias extratextuales, sino que se trata, más bien, de una respuesta
a las mismas. De manera general puede decirse que su aparición
en el texto se produce de una forma «reducida» a un polo de *interacción.* Los elementos extratextuales al tiempo que mantienen el
trasfondo del que han sido sacados, aparecen inmersos en un nuevo
espacio ambiental: «no son idénticos ni con su origen ni con la

utilización que se hace de ellos» [36]. Ello trae como resultado la consecución de una identidad y una especificidad propias, además de aquello que constituye las cualidades estéticas específicas, entendidas a partir de una «reorganización de la realidad extratextual» que produce una efectividad.

Detrás de estas consideraciones se encierra, en definitiva, una teoría literaria que se enfrenta a la cuestión de la relación que se da entre el hecho literario y la realidad extraliteraria. Una teoría que va más allá de la clásica de la imitación, o de la más moderna conocida como del reflejo. En ella aparece un elemento básico y significativo, sacado de la *teoría funcionalista,* según el cual la obra se entiende en tanto en cuanto desarrolla una función que produce un efecto. Un funcionalismo que se explica a su vez, desde la teoría moderna de los sistemas tal y como la desarrolla Luhmann [37] y del que Iser toma los elementos fundamentales. Para Luhmann es importante tener en cuenta que el concepto de *función* no puede entenderse, como lo hizo el estructuralismo clásico, en el sentido de que es algo pospuesto al concepto de estructura, sino que, por el contrario, la función ha de entenderse como algo antepuesto a la estructura. Por otra parte, el texto no se refiere a la realidad, sino a los sistemas que son modelos de realidad y que son distintos según épocas.

El texto de ficción no es tampoco reproducción de esos modelos o sistemas de realidad, como tampoco una desviación de los mismos, sino más bien una *reacción* a ellos, una intervención o intromisión en cuanto contexto que son para la constitución de la obra. El texto no es tampoco una oposición al sistema de la realidad; lo que de hecho constituye es un contexto total amplio de la misma. La obra literaria es una reacción a las fronteras de los sistemas,

---

[36] Vid. *ibid.,* pág. 100.

[37] N. Luhmann, desarrolla su teoría de los sistemas en las obras: *Soziologische Aufklärung,* Opladen, 1971[2], y *Zweckbegriff und Systemrationalität,* Frankfurt am Main, 1973. También en la obra en colaboración con J. Habermas, *Theorie der Gesellschaft oder Sozialtechnologie,* Frankfurt am Main, 1971.

es decir, a aquellos aspectos de los mismos que son de relevancia, al mismo tiempo que aquellos sistemas que son «deficitarios». La ficción es reconocida y aceptada cuando en ella emerge el contexto problemático a que hace referencia. Como dice Iser, «Las normas y los valores extratextuales experimentan en el texto una recodificación de su validez» [38], pues la obra tiene el objetivo, bien de actualizar lo que el sistema ha negado, bien de asegurar ese sistema de los peligros que puedan hacerlo tambalear. Tanto en uno como en otro caso, el texto hace una selección de aquello que ofrece el sistema extratextual, pero no lo hace de una manera explícita, de modo que aquí, una vez más, se exige la participación del lector en tanto en cuanto que consigue proporcionar al texto un sentido determinado. El resultado final es una *operación de compensación,* entendida como la función de la obra literaria que, o bien defiende al sistema de los peligros a que está expuesto, o bien los hace salir a la luz.

Por otra parte, los elementos literarios del repertorio representan también un papel muy importante. Al igual que ocurre con la normas extratextuales, estos elementos son sometidos a un proceso de *reducción.* Al reaparecer en el texto, esto es, al ser «citados» en el mismo, ofrecen una especie de construcción previa, para la que se hace uso de soluciones ya conocidas, pero en las que no se piensa como tales soluciones, sino que son insertadas en una relación distinta en el repertorio de las normas extratextuales. Esto quiere decir que son abstraídas del contexto originario, sirviendo así de orientación para dar con el significado de la obra. El resultado es una forma de *despragmatización* del elemento repetido y una conversión del contexto real originario en un trasfondo posible.

Con el *repertorio,* esto es, con las normas extratextuales y los elementos tomados de formas y manifestaciones literarias anteriores, se constituye el valor estético de un texto, aquello que normalmente se entiende como estilo o, como dice Iser, *sistema de equivalencias.* Las normas y esquemas de que está constituido son el resul-

---

[38] «Die Wirklichkeit der Fiktion», pág. 306.

tado, como se ha dicho ya aquí, de un proceso de selección que ha reunido elementos procedentes de distintos sistemas; por esta razón son normas y esquemas *no equivalentes*. No obstante, a partir de todos los elementos seleccionados surge necesariamente una equivalencia, consistente en «aquello que el texto no formula de una manera explícita y que no se da en conjunto». En consecuencia, los elementos que reaparecen pierden la coherencia que tenían en el contexto del que han sido sacados, lo que trae como resultado que el lector se hace consciente de que aquello que de hecho era algo conocido y como tal aceptado, pierda su validez en el nuevo contexto en que ha sido enmarcado. Una vez que esto ocurre, lo conocido pasa a pertenecer a algo que está en el recuerdo del lector, pero que desde allí sirve de orientación para la búsqueda de un sistema de equivalencias contrario a la imagen que tiene en el recuerdo [39]. La consecución del mismo tiene lugar también de acuerdo con los principios generales de la comunicación; pues mientras que el emisor toma de su repertorio una serie determinada de signos y los envía hacia el receptor, éste, por su parte, tiene que comprobar, por así decirlo, lo que ha recibido de lo que tiene a disposición en el propio repertorio, para poder identificar los elementos comunes de los dos repertorios que hacen posible la comunicación. Ahora bien, como los elementos del texto de ficción que el receptor identifica han perdido el valor con que los conocía, el elemento común que une a los dos componentes de la comunicación en la *ficción* es la falta de identidad de los elementos conocidos [40].

El segundo componente se ve obligado a participar en la oferta del texto de una o de otra manera, de forma que en esta actuación se *optima* la organización del sentido del mismo; lo que depende de una complementación de las capacidades del lector y de las es-

---

[39] *Ibid.,* pág. 217.
[40] Para esta argumentación, Iser se sirve de las reflexiones de A. A. Moles en *Informationstheorie und ästhetische Wahrnehmung,* Colonia, 1971.

trategias del texto. Con la optimación de la estructura se produce una organización mediante la cual se capta el concepto de referencia del repertorio como un sentido determinado. «Éste tiene necesariamente un carácter pragmático, pues no agota los potenciales semánticos del texto, sino que proporciona una aproximación concreta al mismo... El sentido pragmático es un sentido de uso que rescata la función que tiene el texto de ficción en tanto en cuanto pone en movimiento como carácter de respuesta propio un proceso de complementación por medio del cual se descubren las deficiencias de los sistemas de relaciones y se hace balance de ellos. El sentido pragmático pone al lector en una relación de reacción determinada con la realidad del texto a fin de elaborarla» [41]. Todo lo cual podría, al final, interpretarse como una preferencia marcada por el texto dentro de este proceso, tal y como además se desprende del concepto de *lector implícito,* entendido como el «carácter de acto de lectura fijado en el texto» [42].

CRÍTICAS

Con lo que se acaba de exponer se consuma prácticamente la aportación de Iser a la teoría de la recepción. Una concepción del texto desde los fundamentos de la fenomenología y de la teoría de la comunicación, desde los principios de la pragmática y de la teoría de los sistemas, constituye el polo fundamental sobre el que se mueve su entramado teórico. Si, por otra parte, se unen estas aportaciones a las que en su momento hiciera Jauss, nos encontramos con que la teoría de la recepción prácticamente se ha completado y se ha establecido de una manera autónoma. No obstante, y al igual que ocurriera en ese caso, Iser continúa desarrollándola sobre la base conceptual adquirida, descubriendo nuevos aspectos

---

[41] W. Iser, «Die Wirklichkeit der Fiktion», pág. 320.
[42] Vid. W. Iser, *Der implizite Leser,* Munich, 1972, pág. 8.

y profundizando en los ya conseguidos. Lo que realiza mediante réplicas a las críticas que sobre diferentes puntos le han venido de una y de otra parte, y que son dignas de ser tenidas en cuenta, no tanto por el valor propiamente crítico, sino por la ocasión que representan para puntualizaciones y aclaraciones.

No es necesario aquí hacer referencia a todas ellas. Será suficiente mencionar las más representativas, que son, por otra parte, aquellas a las que que el autor reacciona de una manera explícita. Si de todas hubiese que extraer un denominador común, sería el concepto de *indeterminación,* entendido como cualidad fundamental del texto y punto de partida para la comprensión del mismo y para el análisis del proceso de comunicación. Parece como si la categoría de la *indeterminación* fuese el punto de referencia contra el que se han concentrado todas las reservas a una teoría específica del texto y en muchos casos también a toda la teoría de la recepción. La noción de *indeterminación,* en cuanto peculiaridad del texto, ha sido mal acogida por quienes rechazan, de entrada, la estética y teoría recepcionales, por quienes, aceptándolas y siendo defensores de las mismas, por motivos de naturaleza ideológica no ven con buenos ojos una categoría tal, o por quienes, a pesar de estar de acuerdo con la teoría en general y con este concepto en particular, consideran que ha sido desarrollada de una manera insuficiente. No es de extrañar que el rechazo a la teoría de la recepción efectual y de forma concreta el concepto de *indeterminación* que desarrolla, proceda de representantes de una concepción sustancialista del texto literario. Un rechazo que, como ha podido verse, sufrieron igualmente los principios de la historia recepcional establecidos por Jauss. También aquí la crítica literaria marxista ha manifestado sus reservas al concepto de *indeterminación,* dentro de su crítica a la teoría general. Lo que no excluye que desde posiciones ideológicas no marxistas hayan surgido rechazos a ese concepto.

A pesar de que poco a poco van siendo cada vez más quienes aceptan la posibilidad de una comprensión de la literatura desde los presupuestos de la estética efectual, los representantes de la concepción sustancialista del fenómeno literario insisten en su idea de la aproximación al texto desde el texto mismo; en consecuencia, todo lo que de él tenga que ser explicado, ha de hacerse desde la consideración de las cualidades presentes en él y no desde puntos de referencia y orientaciones de fuera del mismo. Así ocurre, por ejemplo, con Kaiser [43] quien, como representante de la estética de la representación, defiende una concepción del arte radicalmente opuesta e irreconciliable con la estética efectual. En consecuencia no sorprende ni el recelo manifestado frente a conceptos como el de *indeterminación, espacios vacíos* o *apertura* ni el hecho de que la validez de la interpretación haya de conseguirse a partir de otros supuestos.

La primera gran diferencia se aprecia ya en el punto de partida, en la concepción del arte y de la obra artística. Kaiser defiende la teoría de que la obra es una *totalidad;* que en ella se encierra una plenitud inagotable de significado; que dentro de la misma tiene lugar un juego referencial entre forma y contenido; y que se trata de algo completo y acabado. Por otra parte, son también categorías de la obra la *necesidad* y la *unidad* [44], cualidades justamente que caracterizan una concepción clásica. Desde estos presupuestos puede fácilmente explicarse el rechazo de la estética efectual; un rechazo que no se mantiene desde el momento en que se somete a consideración el surgimiento del arte moderno, cuya razón de ser se explica desde premisas que no son ni la *unidad* ni la *totalidad.* Una vez que el arte rechaza como objeto suyo la presentación de un sistema absoluto y perfecto, quiere ello decir que ha evolucionado hacia otros planteamientos y perspectivas. El arte, como afirma Iser, con la entrada en la modernidad ha dejado de ser entendido como una *totalidad,* para ser tenido por un fenómeno de natu-

---

[43] G. Kaiser, «Nachruf auf die Interpretation?», en *Poetica 4* (1971), págs. 267-278.
[44] Vid. *ibid.,* págs. 271-274.

raleza parcial [45]. Es una de las razones de ser de la teoría de la recepción, al mismo tiempo que una de las razones por las que se hace difícil sostener una concepción clásica, tanto si se tienen en consideración aspectos de naturaleza teórica como si se parte de criterios metodológicos.

Por ello no puede en ningún momento sorprender que Kaiser encuentre reparos insalvables en aceptar los conceptos que introduce Iser para explicar las peculiaridades del texto literario, así como los condicionamientos de la comprensión del mismo. De entre ellos, como era de esperar, destaca fundamentalmente el de *espacio vacío* y, en consecuencia, también el de *indeterminación:* tanto el uno como el otro son consecuencia de una comprensión deficiente de la obra literaria; son dos conceptos que no se pueden explicar sino como cualidades propias de algo inacabado e incompleto [46]. Y es justamente este criterio el que le da pie para profundizar en la categoría de *espacio vacío:* «Los espacios vacíos son condiciones de comunicación del texto y no cualidades constitutivas de su carácter artístico» [47]; cumplen la doble función de orientar al lector sobre cómo ha de *imaginarse* lo que no aparece en el texto de una manera explícita y de abrir la perspectiva interna del mismo. En los *espacios vacíos* hay implícito un *sistema de referencia,* dado que lo que con ellos se consigue es mostrar, sin expresarlos, los puntos de contacto de los esquemas textuales. Su presencia ha de hacer que el lector pueda imaginarse lo que ha quedado sin expresar y no que el lector los llene con lo que es la propia experiencia. «Tales espacios vacíos inician la actividad imaginativa del lector; pues en un texto literario se trata, en último término, de crear un objeto imaginario que carece de identificación en el mundo; un objeto que sólo puede formarse a través de las instrucciones que

---

[45] Vid. W. Iser, «Im Lichte der Kritik», en *Rezeptionsästhetik,* ed. de R. Warning, págs. 330-331.

[46] Vid. «Nachruf auf die Interpretation?», pág. 274.

[47] W. Iser, «Im Lichte der Kritik», pág. 326.

ponen a disposición los esquemas del texto»[48]. Por otra parte
además, Iser insiste en algo que ya dejó claro en «Die Wirklichkeit
der Fiktion»: al activarse la capacidad de imaginación del lector
a través de los *espacios vacíos,* ocurre que la perspectiva que se
va construyendo a lo largo del acto de lectura, llegado un momento
puede sufrir un cambio o una alteración como consecuencia de la
actividad que generan los *espacios vacíos,* que hacen que lo que
durante un tiempo se había constituido en elemento central, deje
de serlo ante la aparición de elementos centrales nuevos. Aquí, tal
y como se vio entonces ya, no es el capricho del lector lo que decide, sino la capacidad de dirección y orientación que ofrece el texto.
De esta manera se logra que vaya abriéndose paulatinamente una
perspectiva interna al texto.

De otro lado, una concepción sustancialista de la obra literaria
lleva necesariamente a divergencias en la comprensión de la tarea
del conocimiento de la misma, esto es, en la práctica concreta de
la interpretación. Para Iser es una operación que consiste en la actualización, en cada caso, de una posibilidad de sentido, que tiene
su fundamento en la estructura que es la obra. Mientras que el
sustancialismo defiende la verificación objetiva como garantía de
acierto en la interpretación, Iser y con él la estética de la recepción
encuentran esa garantía en la *intersubjetividad,* instancia que a su
vez es controlada por la propia estructura de la obra. La diferencia
de un acto de concretización con respecto de otros, puede descubrir aspectos nuevos y distintos que no habían sido descubiertos
en otros actos de interpretación elaborados con anterioridad. Ahora bien, esa diferencia sólo puede justificarse a partir de la toleran-
cia de la estructura con respecto de los condicionamientos del momento histórico de la vida del lector; la interpretación es «una acción conjuntada del condicionamiento histórico de los supuestos que
determinan a todo intérprete y de las estructuras de la obra, que

---

[48] *Ibid.,* pág. 327.

son la ocasión para llegar a fijaciones de sentido determinadas» [49].

La confrontación crítica con la teoría de la recepción marxista
lleva, como no podía ser de otra manera, a clarificar el concepto
de *indeterminación,* partiendo de la consideración de la naturaleza
funcional del proceso y acto de lectura. Pues de una manera muy
general puede afirmarse que, aun coincidiendo en muchos aspectos
ambas teorías recepcionales, el principio fundamental que separa
a la marxista de la orientación «burguesa» es el referido a la forma
como se desarrolla y orienta el acto de lectura.

Reaccionando a los contenidos de una obra en la que se tratan
muchos de los fundamentos teóricos de la estética de la recepción,
tal y como de manera más frecuente se entiende en la República
Democrática Alemana [50], Iser observa en el ensayo, «Im Lichte der
Kritik», que las semejanzas de muchos de los puntos de ambas
teorías recepcionales podrían presuponer un desarrollo en una dirección semejante. Sin embargo no es así. En la recepción de corte
marxista se observa un punto en el que, aun dándose los presupuestos para un avance, éste no llega a producirse. La recepción «burguesa»
se aprovecha de esta situación y sigue desarrollando la concepción
del proceso de lectura hasta el extremo que le resulta posible; en
cualquier caso, más allá de donde se queda la de inspiración
marxista.

La teoría de la recepción marxista no acepta el concepto de *indeterminación* por ver en él una manifestación de la libertad de
expresión de la cultura burguesa. Aceptando esa categoría, el
lector se encuentra en disposición de determinar y fijar aquello que
en el texto se encuentra indeterminado, como si no hubiera una
forma de recepción preestablecida por la ideología de la clase dominante [51]. Con ello, se entra de lleno en la polémica, difícilmente

---

[49] *Ibid.,* pág. 330.

[50] M. Naumann (ed.), *Gesellschaft, Literatur, Lesen. Literaturrezeption in theoretischer Sinn,* Berlín, y Weimar, 1973.

[51] *Ibid.,* pág. 127.

superable, surgida como consecuencia de partir de premisas y postulados distintos. Cuando los teóricos marxistas atacan los fundamentos de la teoría de la recepción burguesa al considerar que responde adecuadamente a las contradicciones de una sociedad burguesa, están estableciendo los presupuestos para convertirse en víctimas de su propio argumento, dado que parte de los principios de la teoría marxista. De esta manera la discusión puede reducirse casi exclusivamente a contenidos ideológicos.

Pero dentro de todo, hay algo que llama de manera especial la atención: una crítica de conformidad con el sistema. La aceptación de la categoría de la *indeterminación* es para los marxistas una forma de explicar esa conformidad en los autores criticados. El reconocimiento, de otro lado, de la «manera de leer socialista» proporciona a la otra parte el mismo argumento. En efecto, la teoría marxista de la recepción entiende el acto de lectura como el intento de llegar al potencial que se encierra en el texto; un intento en el que como referencia subjetiva están las posibilidades que ofrece una conciencia-lector no fija que se encuentra en estado de desarrollo y que está determinada por la manera de leer socialista [52]. Dos son los aspectos básicos que pueden observarse en este planteamiento. Mientras que, de un lado, se establece una norma específica, de otro lado, y por deducción, se llega a los posibles efectos de rechazo que esa norma puede traer consigo. La «forma de lectura socialista» sirve de orientación para conseguir en el proceso de recepción de un texto la claridad requerida. En consecuencia, la *indeterminación* es una categoría que no puede encajar en una forma de lectura que exige univocidad interpretativa. Por tanto se entiende también que el rechazo de ciertas formas de literatura haya de ser interpretado como una prueba de una manera crítica de leer y por tanto de desacuerdo con un sistema, que se encuentra representado en la «literatura modernista», y en los «textos no trans-

---

[52] *Ibid.*, pág. 354.

parentes», tal y como se dice en la obra a que se ha hecho referencia.

Pero independientemente de que, como dice Iser, se trate de una decisión política, el hecho de que haya una correspondencia en la conformidad con los sistemas respectivos, tanto en aquello que se refiere al proceso que se critica, como en el proceso que se desea, la diferencia se manifiesta de una manera más clara en la consideración de la forma de apropiación de las experiencias ajenas a través del acto de lectura. Como ya ha podido verse en páginas anteriores, en la recepción de las experiencias de individuos ajenos al lector, hay siempre una relación entre dos elementos: las instrucciones que proporciona el texto para poder crear una realidad imaginaria y las disposiciones del lector para comprenderla. Iser afirma que cuanto mayor es la coincidencia del texto con las disposiciones del lector, tanto menor es la tensión que se genera en el estado anímico de éste y viceversa. Está claro, en consecuencia, que cuanto mayores sean las dificultades que ofrece el texto, mayores serán las tensiones que pueden surgir y, por tanto, más tiene el lector que ceder de los propios planteamientos y abrirse a los de los sujetos de las experiencias ajenas [53]. Cuando el lector realiza esta actividad, lo está haciendo al tiempo que desarrolla un acto de espontaneidad que le permite tomar una postura crítica frente a los compromisos de las «normas internalizadas» de su comportamiento social. Y si se reconoce esta posibilidad en el lector, difícilmente puede aceptarse una «forma de lectura socialista», es decir, una manera de leer que supone conformidad con el sistema en que el lector «internaliza» los compromisos con las normas de la sociedad socialista que no puede criticar. Por tanto, parece que la teoría de la recepción de fundamentación marxista se abandona a la aporía que procede de los presupuestos de la estética del reflejo: «Cuanto el lector ha de ser educado para algo que todavía no es, el medio que ha de promover este proceso no puede ser la reproducción de

---

[53] «Im Lichte der Kritik», pág. 338.

las circunstancias dadas. Sólo podría ser educado en el caso de que en él ocurriese algo. Para hacer que esto sea así, se necesita más que una simple reproducción de las circunstancias reales» [54]. La teoría «burguesa» de la recepción no busca quedarse en las posibles limitaciones que lleva consigo una manera burguesa de leer. La liberación de la espontaneidad permite ir más allá de las fronteras que han sido impuestas por la tradición burguesa, y ante un texto *indeterminado* dar libertad a la fantasía a fin de crear realidades ficticias susceptibles de convertirse en modelos que permitan entender el desarrollo de la época en que vive el lector, llevándole, de esta manera, a que en él se produzca un proceso de concienciación.

Con la respuesta a la crítica de Link [55], se muestra una insistencia progresiva en la consideración de la importancia que tiene el concepto de *indeterminación* en una estética orientada según los principios de la teoría de la comunicación. De tal manera es ello así, que el concepto se convierte en un presupuesto fundamental en el proceso de comunicación literaria. En la réplica de Iser no se trata de una defensa de los propios principios teóricos frente a presupuestos de una concepción muy diferenciada o incluso opuesta de la obra literaria. Tampoco es el caso de defenderse de ataques provenientes de posiciones ideológicas o políticas distintas. Link es una representante genuina de la teoría de la recepción «burguesa». Sirve, con todo, de ocasión para profundizar en el concepto fundamental.

De los dos aspectos que aquí interesa destacar de la crítica de Iser a Link, está, en primer lugar, el referido a la diferenciación que esta autora elabora entre los conceptos de *indeterminación auténtica* e *indeterminación aparente* [56]. Y es importante hacerlo porque,

---

[54] *Ibid.*, pág. 341.

[55] H. Link, «'Die Appellstruktur der Texte' und ein Paradigmawechsel' in der Literaturwissenschaft», en *Jahrbuch der deutschen Schillergesellschaft 17* (1973), páginas 532-583.

[56] *Ibid.*, pág. 580.

aceptar estas dos categorías supondría minar en gran parte la capacidad comunicativa de la *indeterminación* en el proceso de lectura. Efectivamente, el argumento de Iser, que puede ser compartido, se apoya en el hecho de que, según enseña la teoría del acto lingüístico, los *asertos verdaderos* son aquellos que tienen validez en todo momento, lo cual quiere decir que han sido sustraídos al cambio de situación pragmática. Una diferenciación de este tipo necesita el punto de referencia que hace posible emitir asertos verdaderos sobre una determinación auténtica o, según el caso, falsa. Es una contradicción querer introducir universales indepedientes de una situación dentro de un paradigma de naturaleza pragmática [57]. Si, por otra parte, la *indeterminación auténtica* ha de ser entendida como algo en principio indescifrable, entonces queda muy mermada la capacidad comunicativa de los elementos de indeterminación.

Sin duda interesa mucho más el ataque dirigido a la forma como Link ha degradado, según Iser, el concepto de *indeterminación* elaborado por él, al considerarlo, como mucho, un marco de orientación, cuando era de esperar que a partir de sus reflexiones hubiese llegado mucho más lejos. La ocasión de este ataque le sirve para elaborar algunas precisiones sobre el concepto de *espacio vacío,* entendiéndolo como una posibilidad de concretización de la *determinación,* tal y como era su intención dejar ya sentado en «Appellstruktur der Texte». Con la presencia en los textos literarios de elementos de *negación* y *negatividad* y la consiguiente observación de los mismos, puede conseguirse una serie de modalidades convenientes para una crítica literaria de orientación comunicativa: «Las negaciones escalonadas... son una condición para dar a conocer la eliminación de un repertorio proclamado como tal. De esta manera el lector toma una postura con respecto del texto, pues aquello que se le ha dicho... ha dejado de tener validez. En último término la negatividad es un modo importante de comunicación, pues

---

[57] W. Iser, «Im Lichte der Kritik», pág. 334.

muestra las muchas deformaciones o consecuencias del fracaso a que han llegado ciertas situaciones del texto» [58]. Es decir, puede servir para hacer presentes las causas de esas deformaciones. En resumen: «Con los espacios vacíos, la negación y la negatividad, el concepto orientador de la indeterminación ha ganado ciertas modalidades por las que pueden describirse los procesos de interacción entre el texto y el lector... La negación lleva al lector que está situado más allá del texto a una postura determinada sobre el mismo. La negatividad es, por fin, como causa virtual de la «deformación coherente» una condición central para la constitución del sentido en el proceso de recepción [59].

---

[58] *Ibid.*, pág. 333.
[59] *Ibid.*, págs. 333-334.

CAPÍTULO VI

DESARROLLO TEÓRICO Y METODOLÓGICO

RECAPITULACIÓN

Con todo lo examinado se completan prácticamente las aportaciones básicas a la teoría de la recepción. Y aun aceptando con Jauss que las consecuciones de ninguna manera justifican una pretensión de universalidad y, en consecuencia, no constituyen en sí una panacea que venga a resolver los males y dificultades de la crítica literaria de los últimos decenios, significa, no obstante, una renovación profunda tanto en el aspecto teórico y epistemológico como en el aspecto práctico y de procedimiento. Se trata de algo que no ha podido ocurrir por casualidad, antes al contrario, ha sido producto de una profunda reflexión y de una necesidad imperiosa por adaptar el desarrollo de la ciencia literaria al que paralelamente se estaba produciendo en otros campos del saber. Todo ello sin entrar en la consideración de razones, seguramente existentes, de naturaleza extraacadémica y extracientífica, que han desempeñado un papel más importante del que por regla general se tiende a pensar.

Además del reconocimiento de una estética de la producción y, junto a ella, de otra de la representación, con las implicaciones de tipo teórico y científico que ambas han traído consigo, una de las grandes aportaciones de la teoría es el hecho de que, a partir de

ahora, se haya empezado a hablar de una estética nueva. Una estética
que no es que venga a suplir o superar los fundamentos de las
anteriores, sino que, por el contrario, ha surgido con la pretensión
de complementar las posibilidades existentes, al tiempo que evolucio-
nar hacia adelante dentro de un proceso de desarrollo permanente.

Independientemente de que, como afirma Jauss, se haya producido o no el cambio de paradigma tan solicitado, es un hecho el
reconocimiento dentro de muchos círculos de la insuficiencia de los
presupuestos del positivismo o del inmanentismo, de la estética de
la producción o de la teoría del marxismo más tradicional. La confirmación de esa insuficiencia ha significado una renovación no sólo teórica sino también metodológica.

Premisa, sin duda fundamental, de todo el nuevo entramado
es una teoría del texto desarrollada a partir de una concepción distinta del mismo. Una teoría que además supone, enmarcándose dentro de la tendencia a la interdisciplinariedad manifestada por disciplinas afines, una ampliación del concepto y naturaleza del fenómeno literario. La dimensión pragmática, por ejemplo, descubierta no
hace mucho y aceptada como propia de lo literario, ha significado
la superación de las fronteras de lo que normalmente se ha entendido por literatura y de la disciplina que se ha ocupado de su estudio.
El fenómeno no es de naturaleza sustancial; es una realidad que
existe más allá de su materialidad, más allá de los elementos materiales de que está compuesto, que pueden variar según los distintos
momentos o épocas de la historia. La escritura en pergamino
o sobre hojas de diferentes materiales, encuadernados haciendo uso
de una u otra modalidad técnica que contiene una determinada obra
literaria, va más allá del elemento material de que está compuesta;
es una realidad desprovista de cualidades sustanciales y fijas, que
sólo puede constituirse como obra literaria o realidad de ficción
a partir del momento en que es intervenida por la instancia que
representa el lector. Sólo el lector puede proporcionar un sentido
estetico-literario al objeto material de la obra escrita. Es cierto que
el texto es una premisa necesaria del proceso de recepción; esta

condición *sine qua non* sólo cobra carta de naturaleza cuando aparece e interviene el otro factor necesario y condicionante del anterior.

Aceptada la cooperación del lector en el proceso de recepción y de constitución de una obra, no se hace difícil entender y, en principio, aceptar que su actuación en el establecimiento de una obra pueda muy bien diferir según casos concretos y que, en consecuencia, la comprensión que pueda lograrse de la misma llegue a ser asimismo diferente. Lo que el texto literario hace es proporcionar al receptor los elementos necesarios para poder ser constituido y entendido. La constitución y comprensión del mismo sólo es obra del lector. Lo que es lo mismo que afirmar que el texto literario no encierra cualidades inmutables, sino cualidades que se van estableciendo progresivamente en un continuo proceso de desarrollo en el que la coactuación de aquél es fundamental.

De esta manera, lector y receptor se enmarcan dentro de un proceso de actuación dialéctica que se puede describir como el de recepción de una obra o texto. Entendida así esta relación, se produce necesariamente una reorientación de los estudios literarios. Si el texto, como tal texto aislado del lector, no va más allá de ser un potencial de sentido y únicamente se convierte en literario dentro del proceso de recepción, la razón y objetivo último de la crítica literaria no puede ser otra que, expresado de una manera general y amplia, la descripción y análisis de ese proceso que tiene lugar entre los elementos que lo constituyen. Ahora bien, como en su desarrollo se produce una relación de la que surge una forma específica de comunicación, se trata de penetrar en el acto comunicativo que se da entre el lector y el texto y descifrarlo; de entender el sentido que proporciona el lector a partir de la oferta textual; en último término, de describir la realidad de la comunicación literaria. Aquí radica, por lo demás, la diferencia básica con respecto a la comprensión a que llega el positivismo sobre la función que ha de desarrollar y cómo ha de desarrollarla la ciencia de la literatura, consistente en el estudio y verificación de hechos, datos y realidades literarias comprobables de una manera objetiva en el sentido que entonces lo entendían las ciencias experimentales. La comunicación literaria es un proceso que puede desarrollarse o bien en el marco limitado de la relación dialéctica entre un lector concreto y una obra, bien en un marco limitado de la relación dialéctica entre un autor concreto y una obra, o bien en un marco mucho más amplio y diversificado, como la comunicación literaria dentro de una determinada época, o bien dentro del entramado complejo de la historia, entendida como proceso o conjunto de procesos de desarrollo simultáneo y lineal. Las dificultades que pueden presentarse en el estudio de esa gran constelación que es toda una historia literaria, son a todas luces casi insalvables. Con todo, no puede negarse la posibilidad teórica, aunque sea desde la consideración de un trabajo continuado de grupos de científicos, de los que algunos han de provenir incluso de disciplinas afines a la crítica literaria.

Pero trátese del estudio de un fenómeno amplio, trátese de uno de implicaciones más modestas, de pequeños puntos de la historia literaria, el proceso tendrá siempre lugar dentro del marco que delimita un doble horizonte; de un lado un horizonte implicado y desarrollado en la obra o grupo de obras de una época, es decir, el horizonte que constituye el texto como complejo estructural organizado de acuerdo con un *código* y que, como tal estructura, es ya de por sí un código o códigos específicos, y, por otro, el *horizonte de experiencia* o *expectativas* en que se mueve el lector. La consideración de la diferencia de estos horizontes ofrece, sin duda, claves determinantes en la fijación del lugar estético y literario que le corresponde a un texto o grupo de textos dentro del continuo movimiento de renovación y desarrollo de la literatura. No es por ello de extrañar, como acaba de señalarse más arriba, que una crítica literaria entendida de esta manera tenga que sobrepasar las fronteras dentro de las que se ha movido durante mucho tiempo y verse obligada, si no a invadir los ámbitos reservados tradicionalmente a otras disciplinas, sí al menos a servirse de los principios y, las más de las veces, de los métodos desarrollados por las mismas. Si se parte de la idea de que la relación que existe entre el texto y el lector es de comunicación y que el texto está constituido por signos de contenido significativo, se entiende que sea provechoso servirse de las aportaciones de la semiótica y la teoría que ha desarrollado sobre los mismos. Si además se observa que los signos son de naturaleza lingüística, no será contraproducente acudir a las soluciones que la ciencia lingüística haya podido aportar en esta materia. Por lo que se refiere al lector, entendido como sujeto que lee y recibe una obra, no de una manera aislada y haciendo uso sólo de algunas de sus capacidades, sino como una totalidad en la que confluyen simultáneamente todas las modalidades personales, incluida la manifestación social, la psicología o la sociología pueden prestar una ayuda no desdeñable; lo que todavía resulta más provechoso aún, si existen otras disciplinas que como las ciencias sociales pueden en general aportar algo en el ámbito de la metodología.

NUEVAS APORTACIONES TEÓRICAS Y METODOLÓGICAS

A partir de estas reflexiones se puede llegar a la conclusión de que el corpus teórico desarrollado hasta ahora ofrece los puntos de apoyo suficientes para considerar sus contenidos completos y casi acabados. Lo que, sin embargo, no quiere decir que todos los aspectos hayan llegado a un punto tal que no necesiten de ulterior análisis y correspondiente complementación. Aunque los fundamentos de la teoría se hayan consolidado, todavía hay puntos que tienen necesariamente que ser discutidos.

Una prueba de ello es la proliferación bibliográfica que el recepcionismo literario ha producido sobre todo en los últimos años [1], de manera que puede afirmarse que, si no ha sido el movimiento que ha dejado notar más su influencia, sí ha desempeñado al menos un papel de primera línea. Ello de una manera especial en el mundo de habla alemana y sobre todo en Alemania, tanto en uno como

---

[1] Vid. el apartado de bibliografía de este estudio.

en otro Estado, aunque sea con las diferencias lógicas de sus respectivas ideologías. El interés despertado por el recepcionismo se extiende desde aspectos generales de la teoría [2], y puntos específicos de la misma [3], hasta diversas propuestas metodológicas [4]. La apli-

---

[2] Vid. O. Ehrismann, «Thesen zur Rezeptionsgeschichtsschreibung», *Historizität in Sprach- und Literaturwissenschaft,* ed. de W. Müller-Seidel, Munich, 1974, págs. 123-131. H. Eggert, H. Ch. Berg, M. Rutschky, «Zur notwendigen Revision des Rezeptionsbegriffs», *ibid.,* págs. 423-432. F. Van Ingen, «Die Revolte des Lesers oder Rezeption versus Interpretation. Zu Fragen der Interpretation und der Rezeptionsästhetik», *Amsterdamer Beiträge zur neueren Germanistik 3* (1974), págs. 83-147. E. Kunne-Ibsch, «Rezeptionsforschung: Konstanten und Varianten eines literaturwissenschaftlichen Konzepts in Theorie und Praxis», *ibid.,* págs. 1-36. H. Steinmetz, «Rezeption und Interpretation. Versuch einer Abgrenzung», *ibid.,* págs. 37-81. D. Krusche, «Rezeptionsästhetik und die Kategorie der Veränderung», *Jahrbuch Deutsch als Fremdsprache 1,* Heidelberg, 1975, págs. 17-26. G. Grimm, «Einführung in die Rezeptionsforschung», *Literatur und Leser,* ed. de G. Grimm, Stuttgart, 1975, págs. 11-84. W. Barner, «Rezeptions- und Wirkungsgeschichte der Literatur», *Funkkolleg Literatur. Studienbegleitbrief 9,* Basel, Weinheim, 1977, págs. 35-60. B. Zimmermann, *Literaturrezeption im historischen Prozess. Zur Theorie einer Rezeptionsgeschichte der Literatur,* Munich, 1977.

[3] H. Anz, *op. cit.,* J. Landwehr, *Text und Fiktion. Zu einigen literaturwissenschaftlichen und kommunikationstheoretischen Grundbegriffen,* Munich, 1974. W. Lepenies, H. Ch. Buch, H.-J. Heinrichs, «Stichworte aus einer Diskussion zu: Literatur —ein Kommunikationsmodell? Literaturwissenschaft —eine Kommunikationstheorie?, *Sprache im technischen Zeitalter 46* (1973), págs. 144-145. *Literarische Kommunikation. Sechs Aufsätze zum sozialen und kommunikativen Charakter des literarischen Werks und des literarischen Prozesses,* ed. de R. Fieguth, Kronberg/Taunus, 1975. J. Anderegg, *Fiktion und Kommunikation. Ein Beitrag zur Theorie der Prosa,* Göttingen, 1973. H. U. Gumbrecht, «Konsequenzen der Rezeptionsästhetik Oder Literaturwissenschaft als Kommunikationssoziologie, *Poetica 7* (1975), págs. 388-413. *Der Deutschunterricht 29* (1977), *2 Rezeptionsästhetik,* ed. de H. D. Weber.

[4] Vid. *Literatur und Leser, op. cit.,* B. Zimmermann, «Der Leser als Produzent. Zur Problematik der rezeptionsästhetischen Methode», *LILI. Zeitschrift für Literaturwissenschaft und Linguistik 5* (1974), págs. 12-26. G. Labroisse, «Überlegungen zu einem Interpretations-Modell», *Amsterdamer Beiträge zur neueren Germanistik 3* (1974), págs. 149-161. W. Barner, «Wirkungsgeschichte und Tradition. Ein Beitrag zur Methodologie der Rezeptionsforschung», *Literatur und Leser,* págs. 85-100, 379-382.

cación de los principios y métodos recepcionistas al estudio de temas concretos supone, por otra parte, una necesidad para la confirmación de los principios teóricos [5].

Con todo, ha habido una serie de aportaciones al desarrollo general cuyas peculiaridades merecen una consideración. De entre ellas destacan los principios elaborados por Stierle, que rinden cuenta de lo que es la recepción de textos ficticios; todo ello en un trabajo que ofrece perspectivas nuevas con respecto al elaborado por Iser sobre el tema [6]. Es una reflexión sobre el ámbito de la teoría que aquí ha sido denominado *recepción efectual,* la corriente que se ocupa fundamentalmente del acto de recepción concreto o actividad que tiene lugar en el sujeto receptor, provocada por el texto objeto de recepción. El punto de partida se resume en la cuestión sobre cómo se produce la recepción de un texto de ficción; una pregunta que sólo puede encontrar la respuesta adecuada si se llega a dilucidar la manera cómo se constituyen los textos en cuanto fenómenos estéticos de función pragmática y comunicativa.

Para lograr este objetivo sirve de gran ayuda observar cómo se produce la recepción de un *texto pragmático* o texto que describe una realidad existente fuera del mismo. La diferencia con respecto a un texto de ficción es, de entrada, clara, de la misma manera que es clara también la diferencia entre los actos comunicativos de ambos. La forma más elemental de recepción de un texto pragmático consiste en proporcionar un significado al significante corres-

---

[5] Vid. R. Fieguth, «Zur Rezeptionslenkung bei narrativen und dramatischen Werken», *Sprache im technischen Zeitalter 47* (1973), págs. 186-201. G. F. Probst, «Gattungsbegriff und Rezeptionsästhetik», *Colloquia Germanica 10* (1976-77), 1, págs. 1-14. J. Bark, «Rezeption als Verarbeitung von Texten. Am Beispiel von Anthologien und Lesebüchern», *Der alte Kannon neu. Zur Revision des literarischen Kanons in Wissenschaft und Unterricht,* ed. de W. Raitz, E. Schütz, Opladen, 1976. Sobre estudios recepcionales de autores concretos vid. bibliografía de este estudio.

[6] K. Stierle, «Was heisst Rezeption bei fiktionalen Texten», *Poetica 7* (1975), 3-4, págs. 345-387.

pondiente. Es una operación que dentro de una relativa simplicidad supone una selección o reducción de entre las posibilidades que se le ofrecen a un receptor. Con ella se consigue un primer significado o significado elemental.

A partir de este primer paso el proceso de recepción se complica, en el sentido de que hay que pasar de significados elementales a significados más complejos a través de las operaciones de *reducción, catálisis* y *formación de contexto*. Es lo que Stierle denomina «perspectivización del significado desde la consideración de la relación existente entre tema y horizonte» [7]. Se trata de dos componentes que se entienden desde la premisa de que el significado del texto es su propio *tema* que tiene un *horizonte* de doble peculiaridad: bien en cuanto horizonte externo referido a todo lo que ocurre, pero como algo que todavía no ha sido tematizado; bien como horizonte interno u horizonte de la propia tematización o forma como el tema va articulándose sucesivamente. Para ello es necesaria la intervención del receptor que se sirve de sus competencias lingüísticas y conceptuales en la forma de orientar el desarrollo marcado por el texto. Una vez que se han constituido los significados tiene lugar lo que Stierle denomina *modalización,* o lo que es lo mismo, la asignación de los significados ya constituidos a un acontecer que, como es lógico, no puede realizarse de manera irrefleja, puesto que la diferenciación que tiene lugar en el sistema de los actos lingüísticos se fundamenta en la asignación de significados al acontecer circunstancial. «Con ello la recepción adecuada de un texto pragmático consiste no sólo en la constitución de un significado, su perspectivización y modalización, sino también en la ordenación de un acto lingüístico concreto en un esquema de actos lingüísticos» [8]. Esta actuación no proporciona al texto la orientación pragmática, esto es, la categoría de acto lingüístico, hasta que no es sacado de su estado esquemático y referido a una situación concreta.

---

[7] *Ibid.,* pág. 349.
[8] *Ibid.,* pág. 351.

Lo que ocurre cuando el receptor refiere la realidad lingüística a un hablante y especialmente al papel que éste desempeña en el proceso receptor. Con ello puede determinarse la *distancia pragmática* del lector con respecto del texto y el papel que se le ha asignado al hablante. Es aquí donde se produce la relación dialéctica entre el autor de un texto pragmático y su receptor como premisa necesaria para la comunicación entre ambos. El horizonte interno que constituye el *tema* queda abierto a un *horizonte* externo de actuación, que ha sido fijado previamente por el acto lingüístico. «Sólo porque», dice Stierle, «el autor puede imaginarse el papel del receptor y éste el del autor, es posible que se produzca la comunicación pragmática... No se puede pensar en el sujeto de la producción como tampoco en el de la recepción como sujetos inmediatos, sino como sujetos 'transsubjetivos' mediatizados social y culturalmente» [9]. El receptor puede aceptar o rechazar el papel que le otorga el texto, en todo caso, el texto pragmático tiene que ser esbozado, de manera que hasta entonces permanece sólo como una estructura de posibilidades.

Esta descripción fenomenológica del proceso de recepción de un texto pragmático, de por sí ya un tanto compleja, no puede en manera alguna explicar el fenómeno de la recepción de un texto de ficción, por la sencilla razón de que la cualidad de este último no se identifica con la de aquél. Es algo que salta a la vista sólo con observar la relación que se produce entre los significantes y los significados de un texto de ficción y la relación de estos últimos con el mundo exterior. Un problema que, como ya se vio, fue tratado por Iser desde la consideración de la ficción como una manera específica de organizar las convenciones, carente de contexto y de situación, pero que, no obstante, se encuentra en situación de crearlos. Ello es lo que le proporcionaba el carácter de acto lingüístico ilocutivo. Stierle, por su parte, profundiza tratando aspectos que habían sido tenidos menos en cuenta por Iser. Destaca, en primer

---

[9] *Ibid.*, pág. 353.

lugar y como punto de partida una fijación más específica de las peculiaridades de la ficción, al tiempo que una diferenciación con respecto a las de un texto pragmático. Por otra parte, llega a esta diferenciación sirviéndose del análisis de dos formas de utilización de la lengua. En tercer lugar, examina el tipo de relación que tiene lugar en el texto de ficción entre *tema* y *horizonte*. Luego analiza el carácter de *horizontalidad* tanto de la ficción como del mundo real, para, por fin, establecer la función específicamente pragmática de la literatura y determinar, además, el papel que le corresponde desarrollar a la crítica literaria.

Dado que, independientemente de su relación con la realidad y de lo que esta relación pueda determinar sus peculiaridades, la característica fundamental de un texto es que es algo que ha sido fijado por un autor y que como tal se manifiesta, su función no consiste tanto en reproducir una realidad con la que guarda una relación, sino en primer lugar en ser «una poética de la ficción» [10]. Es cierto que la ficción mantiene algún tipo de relación con la realidad o al menos con maneras sistemáticas de entenderla, con esquemas de la misma; sin embargo, la manera como se refiere a ella, a diferencia de como lo hace el texto pragmático, puede ser o no exacta. Cuando en el texto pragmático se da una falta de correspondencia, el receptor puede observarlo como una situación que no es aceptable, y someterla mediante una corrección a una aproximación. En el caso del texto de ficción, por el contrario, no tiene sentido someter a corrección esa falta de correspondencia con la realidad; el que la relación con la realidad no muestre una identificación, no implica que tenga que ser corregida; antes al contrario, tiene plena justificación en cuanto que se establece como una exigencia para la constitución de la poética concreta del texto de ficción. El receptor puede estar o no de acuerdo con ella, puede interpretarla como más o menos conseguida; lo que no podrá hacer nunca es corregir la relación con la realidad que viene marcada por el texto.

---

[10] *Ibid.,* pág. 356.

A partir de la fijación de esta peculiaridad puede, con todo, observarse que la recepción de un texto de ficción no tiene por qué diferenciarse en su primer paso del correspondiente a la recepción de un texto pragmático. Al igual que en la recepción de textos pragmáticos, también en la de los de ficción, la forma más elemental consiste en la constitución de un significado y, en un paso posterior, en su *perspectivización*. La diferencia está «...en el nivel de modalización y su condensación en forma de actos lingüísticos situados históricamente. La relación entre significado y acontecer no es, como ocurre en el texto pragmántico, seria y obligada, el significado del texto es atribuido al equivalente ficticio del acontecer, y es de tal manera que esa atribución puede ser sometida a distintas pruebas, sin que ello traiga como resultado consecuencias inmediatas para la acción del receptor» [11]. La diferencia radica en que aquí la asignación de significado no tiene por qué ser acertada, puede someterse a revisión e incluso «a prueba», mientras que en la recepción de un texto pragmático la asignación de un significado trae consecuencias para la actuación del receptor. Por otra parte, en la recepción del texto de ficción hay una *distancia pragmática,* una referencia del texto a un contexto situacional o situación concreta; y de la misma manera que en el texto pragmático, el sujeto y el receptor del mismo asumen unos papeles que se corresponden con la dialéctica que tiene lugar entre ellos. Ahora bien, tanto la asignación de un contexto situacional a la acción lingüística como la asunción de papeles de relación dialéctica entre los componentes de la comunicación textual tienen como característica el hecho de ser simuladas. La relación de comunicación en el texto de ficción está implícita en el mismo y forma parte de la propia ficción.

Una de las diferenciaciones sin duda más complejas desde el punto de vista formal que realiza Stierle con el objeto de explicar la manera adecuada de recepción literaria, es la que se refiere al

---

[11] *Ibid.,* pág. 356 y 357.

uso de puede hacerse de la lengua [12]. Distingue, de un lado, el que
corresponde a la *función referencial* y, de otro, el de la *función
autorreferencial,* siendo ejemplo del primero la narración o la descripción, mientras que *autorreferencial* sería el de aquellos textos
en los que se fija mediante un giro reflexivo la condición específica
que determina el uso de la lengua. Existe también una tercera forma o, mejor tal vez, una variante de la *autorreferencial,* que denomina *pseudorreferencial.* Se trata de una forma *autorreferencial* también, pero con la peculiaridad de la *pseudorreferencialidad,* que es
la forma propia de los textos de ficción. Ello es así porque en este
tipo de textos no se dan las condiciones de referencia, entendidas
como algo exterior al texto, sino que, por el contrario, aquí entran
en juego unas condiciones que son producidas por el mismo texto.
Los textos de ficción pueden ser referidos de una forma *pragmática*
o *cuasipragmática* en el sentido de que la ficción que constituyen
se convierte en ilusión, que es el presupuesto básico para que pueda
surgir la realidad de la ficción. Sólo de esta manera es posible que
se produzca el paso necesario para una recepción adecuada, no una
recepción «ilusoria», aunque pueda parecer paradójico, de la ficción. En la recepción de un texto en el que el uso que se hace
de la lengua es *referencial,* la recepción adecuada es la *pragmática;*
la recepción que se produce entre *tema* y *horizonte* es la propia
de un significante al que se ha dotado de un significado, al tiempo
que mantiene, por así decirlo, la *distancia pragmática;* las condiciones de referencia han sido tomadas de un horizonte exterior al texto. En el caso de los textos en que la lengua es utilizada de manera
autorreferencial, la peculiaridad básica de los mismos consiste en
que los contenidos han sido desposeídos de su carácter *referencial,*
es decir, los contenidos concentrados formalmente en el concepto
han perdido la referencia a algo exterior, para, en último término,
referirse a sí mismos. La recepción adecuada de los mismos es igualmente *pragmática* y la operación de abstracción es un medio nece-

---

[12] *Ibid.,* pág. 362.

sario que los libera de la *referencialidad* hacia el exterior, pues como el concepto, es algo que se refiere a sí mismo. En el texto de ficción el uso que se hace de la lengua es, en principio, también *autorreferencial* y así lo indica expresamente Stierle; ahora bien, los esquemas conceptuales que se incluyen en ellos están abiertos, aunque sea de una manera simulada, esto es, «falseada», a la posibilidad de la referencia mutua dentro de la totalidad que forma el conjunto del texto; la *autorreferencialidad* se elimina a partir de la carencia de validez general del conjunto estructural cerrado que forma el mismo.

La *pseudorreferencialidad* de los textos de ficción es fundamental; es además la razón por la que no es posible una recepción ni pragmática ni siquiera cuasipragmática; pues la ficción se constituye en un paso más allá de la recepción pragmática. Es una cualidad que radica en la *reversión* generalizada de la relación entre *tema* y *horizonte* del movimiento recepcional natural, esto es, pragmático y cuasipragmático. Mientras que aquí el significante se ofrece sólo como horizonte de significado temático, éste puede en la nueva dimensión convertirse, mediante un movimiento conocido como *círculo hermenéutico,* en horizonte del significante temático y de los procesos de constitución del primer significante de la base material del signo y el último significado de la «ilusión» referencial [13]. Esta formulación teórica que aparentemente encierra una excesiva carga formal, tiene su explicación desde la consideración de los usos de la lengua a que se ha hecho referencia y desde la consideración, por otra parte también, del aspecto de los contenidos o nivel semántico de la misma, de importancia mucho mayor para la constitución de realidades ficticias que el nivel de los significantes. La lengua es entendida en su uso *autorreferencial* y la conceptualización que desarrolla en la ficción se refiere a aquellos esquemas —conceptos, fórmulas, etc.—, en que se concentra la experiencia.

Cómo puede conseguirse esta relación de la realidad específica de una obra de ficción con estos conceptos o esquemas abstractos,

---

[13] *Ibid.,* págs. 364-365.

es algo que Stierle explica a partir de la idea de *juicio* del pensamiento kantiano, entendido como capacidad de discernimiento y raciocinio o, en el acto de recepción, como capacidad específica del lector para llevar a la práctica la constitución de realidades ficticias. De esta manera, en cada acto de lectura, aquél puede referir a un concepto, entendido como algo superior, lo que ha captado en un primer contacto y que constituye el contexto correspondiente.

Esta reversión de la relación entre *tema* y *horizonte* puede entenderse aún mejor si se compara la forma como estos dos elementos se relacionan en la ficción y cómo se relacionan en el mundo, esto es, en la experiencia que tiene o puede adquirir el individuo del mundo real. Refiriéndose a la ficción dice Stierle: «...dentro de la ficción en la relación entre tema y horizonte ella misma se convierte en tema» [14]. Cuando en la experiencia del mundo real el individuo se enfrenta a un *tema* en el sentido en que aquí se emplea esta palabra, es decir, a un significado temático, se encuentra frente a un *horizonte* de algo que es contigentemente otra cosa, un horizonte en el ámbito de lo que es de otro, en el que el individuo establece la *distancia pragmática*. Por el contrario, en el caso de la ficción, desde el momento en que la relación entre *tema* y *horizonte* es algo ya fijado, el lector se encuentra ante un mundo en el que no puede caber otra realidad que destruya la relevancia ya creada del mismo. La relación de contingencia está siempre referida a una *figura de relevancia* específica de la ficción, es decir, a algo que se establece desde la estructuración de la forma del texto que en cualquier caso se da de antemano.

Aquí se produce una diferencia en la relación que hay en el texto entre *determinación* e *indeterminación* con respecto a lo que, como se vio, había observado Iser. Independientemente de que el término utilizado por ambos autores sea ya distinto —en el caso de Iser *lector implícito,* en el de Stierle *figura de relevancia*—, la diferencia fundamental radica en que la *figura de relevancia* es un

---

[14] *Ibid.,* pág. 370.

resultado que ha sido producido por el texto como algo primario, de tal manera que todas las demás *figuras de relevancia* posibles que se constituyan tienen que lograrse necesariamente a partir de la primera. Para Iser, en cambio, la constitución de sentido de una obra en la recepción que realiza el sujeto es una actividad de naturaleza creativa y, como tal, una aportación del lector en el proceso de constitución de la obra, que se lleva a cabo de acuerdo con el modelo de ficción desarrollado, en el caso concreto de la novela, durante los siglos XVIII y XIX y de manera especial por Joyce.

Para Stierle es importante que la *figura de relevancia* haga posible una experiencia que difiere radicalmente de la experiencia de la vida real [15], pues mientras que el *tema* tiene que ser, en cada caso, logrado por medio de una operación de abstracción dentro de un *horizonte* determinado, la relación entre ambos está no sólo ya previamente dada, sino que de por sí constituye el *tema*. A partir de aquí el trabajo de recepción que en un primer intento, por así decirlo, lleva a una constitución *cuasipragmática,* ha de ser corregido por una constitución *autorreferencial.* Esto no quiere decir más que en el propio texto hay ya una autointerpretación y que la constitución interpretativa que realiza el lector tiene que estar necesariamente ligada a esa autointerpretación preexistente. El lector puede cambiar la *figura de relevancia* del texto si consigue recuperar el equilibrio en la relación entre *determinación* e *indeterminación* a través del proceso de materialización de los *espacios vacíos.* «La figura de relevancia del texto es aquella temática concretizada y dinámica que se manifiesta de forma específica, bien en el desarrollo de un máximum en contextos sucesivos, como es el caso de la dinámica extensiva de la novela, bien en el desarrollo de un máximum en contextos simultáneos, como es la dinámica intensiva de la lírica. Al articular el texto ficticio una figura de relevancia y sólo en tanto en cuanto lo realiza, hace posible una experiencia que no tiene que ser sacada de una realidad ajena, sino

---

[15] *Ibid.,* págs. 372-373.

que se percibe, por así decirlo, en su propia estructura dentro del mundo artístico constituido de manera ficticia»[16].

Esta relación entre *tema* y *horizonte* lleva necesariamente a la relación de los componentes clásicos conocidos como *forma* y *contenido*. Según esta teoría de la ficción, el significado o contenido se enmarca dentro de un horizonte en el que las formas —las estructuras formales— se convierten en tema; es decir, los contenidos no hacen referencia a una realidad existente fuera de ellas, dado que se trata de algo *pseudorreferencial* y a la vez, como se ha indicado en varias ocasiones, de algo *autorreferencial*. Lo que hace pensar que la ficción podría prácticamente entenderse como algo exclusivamente formal. Sin embargo, y sin entrar de manera más profunda en la cuestión, parece claro que lo que sí puede afirmarse es que lo que domina en la ficción es la forma. Ahora bien, esta forma no ha de entenderse en el sentido que la ha entendido la estética del «arte por el arte» o como «concepto de la forma de orden puramente estructural», sino que, «El carácter formal de la ficción lo determina su cualidad de 'presentar' al mismo tiempo que posibles formas de la organización de la experiencia, también una organización de conceptos... El significado del texto de ficción es el significante de su forma»[17].

¿Cuál es la relación, entonces, que se produce entre la ficción y el mundo real? En primer lugar hay que decir que, aunque la *autorreflexividad* sea una peculiaridad de la ficción, no significa sin embargo, que la realidad de la ficción sea independiente, ni siquiera autónoma respecto del mundo real, sino que entre ambos se da una relación, cuya característica es la de la *horizontalidad mutua:* «El mundo aparece como horizonte de la ficción, la ficción aparece como horizonte del mundo»[18]. Es en esta forma de relación como ha de entenderse la recepción de todo texto ficticio; las

[16] *Ibid.*, pág. 373.
[17] *Ibid.*, pág. 375.
[18] *Ibid.*, pág. 378.

dos realidades se encuentran en este sentido a un mismo nivel y al receptor no le queda otra alternativa que moverse entre las mismas, dado que el punto de partida no puede ser otro que el de la propia experiencia del mundo, aunque sólo sea como presupuesto elemental. El receptor no dispone, de entrada, más que de la experiencia que tiene del mismo, una experiencia que, en el caso de que tome una forma específica, tiene que corresponder con el mundo y horizonte de la ficción, sin que ello signifique que tenga que identificarse. Por otra parte, el receptor dispone también de una experiencia de la ficción —se trata, se entiende, de un receptor que sea capaz de superar el nivel de la recepción cuasipragmática y, en consecuencia, de penetrar en la *autorreflexividad* de la misma— que en el nivel más elemental le viene dada del hecho de que está constituida por elementos lingüísticos, está conformada desde la lengua, es una organización que en muchos aspectos coincide con el uso que se hace de ella en la vida social. Asimismo, el receptor se mueve dentro de un *horizonte* en que siempre está presente lo que la teoría de los sistemas entiende por *repertorio* [19], que consiste en un bagaje común de normas, conceptos, esquemas, etc., de que disponen tanto el productor, tal y como se manifiesta a través de la obra, como el receptor. Por ello no es extraño, por ejemplo, que en la recepción de una obra contemporánea sea tarea menos ardua reconstruir el *repertorio* que forma el horizonte de la ficción, que en aquella de un texto del pasado, en que lo que hay que reconstruir es un *repertorio* no común.

Los textos de ficción, por el hecho de hacer uso de elementos lingüísticos, representan esquemas que se organizan en magnitudes más amplias que los de los actos lingüísticos aislados. Esas unidades se configuran en lo que tradicionalmente se conoce como género literario. De la misma manera que los esquemas lingüísticos se

---

[19] En este sentido Stierle coincide con Iser en los principios fundamentales de esta teoría, tal y como puede verse si se compara con lo aquí expuesto sobre la constitución de la teoría de aquél.

basan en esquemas que existen previamente, aquéllos se constituyen
en cada caso, no a partir de la nada, sino desde unos paradigmas
preexistentes, cuya conformación concreta puede variar. Ahora bien,
como el lector, al recibirlos, lo está haciendo desde su propio horizonte, se entiende que se repita la relación entre perspectivas y horizontes distintos que se dan en la reconstrucción de su propio *repertorio*. Si el sistema de paradigmas coincide en el lector y el autor
porque son contemporáneos, este sistema puede en principio man-
tenerse; si se da una distancia en el tiempo, los sistemas ya no coinciden, lo que una vez más prueba la tesis de que el sistema general,
lo mismo que el sistema del propio texto están sometidos a cambios. Como dice Stierle, «de esta manera el texto adquiere sobre
su horizonte de pasado un horizonte de futuro que se extiende más
allá del propio texto en el que, por una parte, puede manifestarse
el efecto de la obra y, por otra, la obra se articula cada vez de
una manera más exacta en cuanto diferencia concreta mediante un
contexto paradigmático que cada vez se hace más amplio» [20]. Es
decir, la obra literaria participa a lo largo de su historia tanto en
un sistema objetivo sobre el que se fundamenta, como en la propia
historia en que van desarrollándose las múltiples posibilidades de
recepción.

Con ello se plantea una vez más la cuestión sobre el carácter de
objetividad o subjetividad del acto de recepción y, en el primero de
los casos, qué grado puede pretenderse. Desde las consideraciones
que se acaban de hacer, queda claro que el *horizonte de expectativas* del receptor está en relación directa con el propio horizonte de la
ficción, de tal manera que ésta es el transfondo sobre el que se
hace realidad aquél. Ahora bien, la ficción, por el hecho de ser
de naturaleza *horizontal,* esto es, disponer de un horizonte dentro
del que tiene lugar su realización, ha de ser entendida por el lector

---

[20] Stierle, *op. cit.,* pág. 382. Aquí se asume prácticamente la teoría de Jauss
sobre el *horizonte de expectativas,* aunque también las peculiaridades básicas del
concepto, tal y como lo ha desarrollado Gadamer.

como una realidad horizontal. Lo que sólo es posible pasando por los dos momentos del proceso a que se ha hecho referencia ya: en un primer estadio, superando el resultado conseguido por una recepción meramente *cuasipragmática* y llegando, en un segundo momento, a la necesaria *figura de relevancia* articulada difinitivamente. Esto supone un nivel más elevado de aportación receptiva, que no es súbjetivo porque «las ficciones no son 'reales' en la medida en que son de conocimiento público; sólo por ello les corresponde una horizontalidad que se experimenta no sólo de una manera subjetiva sino que además está presente en la intersubjetividad» [21]. Algo que se explica comparando la ficción con el mito [22] y entendiéndola como el «mito de la época no mítica». La horizontalidad de la ficción es una realidad; la ficción se mueve dentro de un horizonte que se ha desarrollado a lo largo del tiempo, que sirve de referencia a las expectativas del lector o lectores que se ocupan de la comprensión de la misma mediante sus manifestaciones concretas.

Desde una consideración tal de la ficción, Stierle entiende que la función pragmática que puede desarrollar dentro del entorno social es la de servir de orientación para la praxis vital desde el modelo que es la *figura de relevancia*. Por otra parte, sirve también de referencia para el desarrollo de la comunicación de un grupo que crea su propio horizonte de ficción dentro del proceso de evolución histórica de un horizonte más amplio, que se manifiesta de una manera concreta en el horizonte de cada época [23].

La teoría recepcional ha llegado también a un grado de desarrollo relevante en la consideración del fenómeno de la comunicación que se produce entre los tres componentes del mismo, de modo que ha surgido todo un entramado teórico que incluye una gran multiplicidad de aspectos. Con todo, hay que hacer la observación

---

[21] Stierle, *op. cit.,* págs. 384-385.

[22] Aquí Stierle se sirve de la teoría que Nietzsche desarrolla sobre el mito en *Die Geburt der Tragödie aus dem Geiste der Musik, Werke,* tomo I, págs. 7-134.

[23] Vid. también Stierle, *op. cit.,* pág. 386.

de que, a pesar de que la construcción teórica resultante llega a un cierto grado de unitariedad, las diferencias de matices vienen dadas dependiendo de si los autores se enmarcan dentro de una línea de recepción histórica o por el contrario lo hacen dentro de la concepción fenomenológica de la recepción efectual, tal y como se ha diferenciado aquí. Diferencia que se manifiesta de una manera especial —en el caso del lector— en la consideración, según los casos, del hipotético o del real.

Si se parte del elemento que en la comunicación pone en contacto al autor con el lector, es decir, del *texto,* puede observarse que la función que éste desempeña es fundamental. Que la teoría de la recepción considere y haga suya como premisa básica y punto de partida al lector, no quiere ello decir que reste importancia alguna al texto, tal y como ha podido comprobarse ya. En la relación que se produce entre el texto y el lector se reconoce de manera general que aquél desempeña una función no sólo de orientación, sino también de dirección. Ya se vio cómo Iser tituló precisamente su primer estudio de recepción «La estructura de apelación de los textos» y cómo en el concepto de *estructura de apelación* se incluía la noción de instrucción, señal u ordenación en cuanto elementos que hacen que el lector produzca una actividad reactiva.

G. Grimm [24] ha establecido las directrices y orientaciones de que dispone el texto y, con ello, una serie de conceptos que pueden servir incluso de fórmula metodológica, si se los encuadra dentro de una tradición que ellos mismos explican. Así, distingue desde *directrices de no ficción,* como, por ejemplo, *subtitulaciones* que expresan el tipo de género literario dentro del que el autor incluye su obra, maneras de entender la *división de capítulos,* el *título* de los mismos, hasta *estrategias narrativas de ficción,* como las nociones de *figura de narrador, perspectiva de narrador, figura de lector, diálogo ficticio, explicaciones* o *interpretaciones* previas de persona-

---

[24] G. Grimm, *Rezeptionsgeschichte. Grundlegung einer Theorie. Mit Analysen und Bibliographie,* Munich, 1977.

jes de la acción, hasta *estructuras sintácticas* o *complejos léxicos.*
Se trata, en cualquier caso, de puntos de referencia que el texto
ofrece antes de que el lector inicie propiamente el análisis de
recepción [25]. Como Grimm es un representante genuino de la recepción histórica en el sentido iniciado por Jauss, se entiende que
el uso que hace de todos estos elementos tenga que ser dentro de
la perspectiva histórico-recepcional, es decir, se sirva de documen-
tos de recepción históricos y los refiera a las señales que *emite* el
texto, de manera que las divergencias que puedan aparecer en los
mismos, sirvan para diferenciar qué recepciones han sido determinadas por el texto y cuáles lo han sido por el propio lector [26].

H. Link explica el papel del texto desde la perspectiva que
proporciona la consideración simultánea de los componentes de la
comunicación literaria, partiendo de un punto de vista fenomenológico propio de la teoría de la recepción efectual. De esta manera
desarrolla un esquema de correspondencias entre el autor y el lector,
determinadas a partir del nivel textual que se establezca, al tiempo
que una terminología, aunque válida también discutida, de las
distintas instancias. Es el caso del *autor real,* o persona histórica empírica, al que corresponde un *lector real* en un nivel externo
al texto; al *autor abstracto* o *autor implícito,* instancia abstracta
o construcción teórica, le corresponde un *lector abstracto* o *lector
implícito,* teniendo en cuenta *niveles internos al texto* en una situación comunicativa abstracta; al *autor ficticio,* o autor explícito en
el papel de narrador o hablante, le corresponde un *lector ficticio*
o lector explícito en una función comunicativa ficticia; por fin, en
lo que entiende como *mundo del texto* tienen lugar otras muchas
situaciones comunicativas, como es el caso de los diálogos, alocu-
ciones, etc. [27]. Como muy bien puede apreciarse, Link ha asumido
el concepto de *lector implícito* desarrollado por Iser, si bien desdo-

---

[25] *Ibid.,* págs. 31-32.
[26] *Ibid.,* págs. 33-34.
[27] Vid. H. Link, *Rezeptionsforschung,* pág. 25.

blado en la figura del *lector ficticio* que no tiene necesariamente
que darse en el texto.

Sirviéndose de las aportaciones de Link y de otros autores [28],
Grimm elabora una sistematización [29] que, a diferencia de como
se ha visto, transciende el texto como realidad aislada, considerándolo dentro de un proceso comunicativo amplio. Su interés se centra fundamentalmente en el lector, figura interna al texto y creación
del autor, al igual que en las instrucciones e indicaciones del texto.
A partir de ahí desarrolla también una tipología detallada del lector
y del autor.

Por lo que se refiere al lector, distingue tres niveles diferentes:
un *nivel externo al sujeto,* un *nivel interno al sujeto* y un *nivel*
interno al texto. Al primero de estos niveles pertenecen dos tipos
de lectores; uno que es el *lector real contemporáneo* o postautorial
y el otro que es el *lector como lector* o lector sujeto social concreto.
Un papel más importante que los lectores reales desempeñan los
lectores del segundo nivel, pues se trata de un nivel que sólo tiene
lugar en la mente del autor. Así, distingue un *lector imaginado,*
un *lector intencionado* y un *lector concepcional;* de ellos, los dos
primeros pueden o no identificarse, pues es posible que el lector
que se imagina el autor se corresponda con el que le gustaría tener,
lo que no necesariamente ha de ser así. El *lector concepcional* es,
por su parte, una especificación del *lector intencionado,* en el sentido de la idea de lector aplicada al texto. En el nivel interno al
texto Grimm diferencia, a su vez, el nivel de *lo narrado,* el de *la*
narración y el de *la obra.* Dentro del *primero* se encuentran aquellos personajes que se relacionan con el autor en tanto en cuanto
son portadores de sus puntos de vista. En la *narración* tienen su
lugar el *narrador implícito* y el *lector implícito* en cuanto sistema,
cuyas funciones pueden concretarse respectivamente en la *figura*

---

[28] Sobre todo A. Okopién-Sławińska, «Die personalen Relationen in der literarischen Kommunikation», *Literarische Kommunikation, op. cit.,* págs. 127-147.

[29] Vid. *Rezeptionsgeschichte,* págs. 37-44.

del narrador y en la *figura del lector.* En el nivel del texto, por fin, se encuentra el *destinatario de la obra,* o meta final a la que va dirigida la intencionalidad del autor, que puede deducirse de aquél a partir de las señales y orientaciones del *lector intencional.* De igual manera puede ser entendido el autor en la relación entre el lector y el texto: junto a un *nivel externo* al sujeto se sitúa un *nivel interno* y un *nivel metatextual* referido al texto. Mientras que en el primer nivel el autor puede aparecer como autor vivo o autor *histórico* de la obra, el autor del segundo es el autor *imaginado* por el lector; en el tercer caso se trata del autor, tal y como se manifiesta en la *concretización* realizada por el lector.

Pero como se observaba más arriba, todo este desarrollo terminológico dentro de la teoría recepcional general es una consecuencia de la importancia que ha cobrado dentro del mismo el fenómeno de la comunicación literaria. La existencia de una situación comunicativa es la base de la recepción, en cuyo acto se ponen en contacto todos sus componentes. La descripción de este proceso constituye la tarea fundamental de la estética de la recepción efectual a través de la observación fenomenológica. Pero con ser muy importante para la teoría el acto de comunicación individual de la obra con su lector, hay sin embargo una situación de comunicación de características mucho más amplias entre el autor y el lector, que va más allá de las fronteras que establece y marca la obra. Es la que surge entre el autor que escribe y el público en el sentido más amplio de la palabra. El público como encarnación de los múltiples receptores que puede tener el autor y que colaboran en esa comunicación con sus reacciones durante el tiempo de creación del escritor. El estudio de esta situación comunicativa requiere algo más que la simple descripción fenomenológica y hace necesarios los principios y métodos de la historia recepcional. H. Link, que ha denominado a esta forma de comunicación literaria más amplia «macrocomunicación entre autor y lector» [30], ha centrado sus considera-

---

[30] H. Link, *op. cit.,* pág. 53.

ciones en este campo a partir de la relación que se produce entre la obra y el lector en el *horizonte de expectativas*. Cuando se produce una coincidencia entre el *lector implícito* y el *lector real,* es decir, cuando se ven satisfechas las expectativas del lector, la situación comunicativa no sufre alteración alguna; fenómeno muy distinto a cuando tiene lugar, por así decirlo, una falta de entendimiento entre ambos. El análisis recepcional histórico puede ayudar a observar los cambios que se han producido en la comprensión de la obra literaria para que ello haya sido así.

Basándose en el *Werther* de Goethe como ejemplo de *macrocomunicación* entre el autor y su público, Link ha intentado establecer de manera tipológica la situación comunicativa. Para ello parte de que Goethe entiende como una terapia el hecho de escribir esta obra, pero de que al mismo tiempo hay pruebas, tanto de naturaleza estético-recepcional como histórico-recepcional, que avalan también una intención comunicativa. La pretensión de Goethe de identificar al *lector real* con el *lector implícito* no tiene éxito y, en consecuencia, el público no le entiende; la visión nueva de la literatura que el joven autor ofrece en la obra choca con el *horizonte de expectativas* del público lector. ¿Por qué esta forma de reaccionar ante esa forma de recepción? Es algo que sólo puede explicarse teniendo en cuenta los presupuestos históricos del momento: con el *Werther* se ofrece una experiencia para la que el público no está preparado; acostumbrado a una literatura edificante y religiosa espiritual, se encuentra ante otra de naturaleza ficticia y profana, ante la que reacciona como si se tratara de una obra de aquella naturaleza [31]. Ante esta reacción del público, el autor se da cuenta de que éste está acostumbrado a una literatura de otra cualidad,

---

[31] Vid. G. Jäger, «Die Wertherwirkung. Ein rezeptionsästhetischer Modellfall», *Historizität in Sprach- und Literaturwissenschaft,* págs. 394; según H. Link *op. cit.,* pág. 58.

lo que le hace tomar la decisión de introducir cambios en la obra. De ello es prueba la reelaboración de estilo clásico que lleva a cabo, que no es sino una respuesta comunicativa a una recepción falsa; una consecuencia de la relación que existe entre la función que desarrolla un escritor dentro del grupo social que le reconoce y la idea de escritor que él tiene de sí mismo.

Según ello, la tipología de comunicación resultante en esta relación entre el público y sus autores, puede sintetizarse en dos formas base: una para el caso en que la recepción tenga éxito y la otra para el caso en que la recepción sea fallida. En la primera de ellas, el proceso de «feed-back» no se hace problemático, pues la coincidencia del *lector real* con el *implícito* es una confirmación de que las instrucciones y estrategias del texto han conseguido su efecto mediante el desarrollo de un proceso consumado a lo largo de cuatro momentos: el punto de partida lo constituye el público o lector real, cuya tipología se manifiesta en disposiciones específicas y por medio de un *horizonte de expectativas* concreto. En un segundo momento, el autor realiza una valoración adecuada de ese público, lo que supone que el *lector real* se convierte en norma del *lector implícito*. Luego, el lector reacciona confirmando sus expectativas y al mismo tiempo la evaluación del autor en el momento anterior. La reacción, por fin, del autor a la reacción anterior del público significa una confirmación.

El proceso ofrece, en el segundo caso, una perspectiva muy diferente: el punto de partida es el mismo que en el primero. En cambio, la valoración del autor sobre su público aquí es falsa, es decir, el *lector implícito* se convierte en norma del *lector real;* por ello, en el momento siguiente, el lector reacciona como defraudado y contradiciendo la valoración que de él hizo anteriormente el autor. La contrarreacción del autor supone, a su vez, la decepción de la valoración falsa del público realizada en el segundo momento. Con todo, el proceso no tiene necesariamente por qué terminar ahí y puede que en sucesivas ocasiones y como consecuencia del mantenimiento de la *macrocomunicación* entre ambos, una reacción fallida

haga reaccionar al autor de manera que, por así decirlo, le reconci-
lie con su público; si bien es también posible que se dé el caso
contrario [32].

La evolución del recepcionismo literario llega también al ámbito
de la metodología, tal y como se ha observado ya. No resulta llamativo que un desarrollo tan elaborado en la teorización, encuentre
al menos el intento correspondiente en el campo del procedimiento
analítico. La tarea, con todo, no se ha presentado fácil y ello encuentra su explicación en la amplitud de los principios teóricos de
la recepción literaria; hecho que dificulta aún más las cosas, si se
tiene también en cuenta la diferencia de tendencias existentes dentro de la teoría general. Con todo, no han sido pocos los intentos
de fijar modos de procedimiento, fórmulas de estudio y orientaciones del análisis recepcional. Así, la corriente que más ha desta-
cado en este sentido ha sido, sin lugar a duda, la que se ocupa
de historia recepcional, de procesos de recepción históricos, frente
a aquella otra interesada más en el aspecto fenomenológico del propio acto de recepción. Por ello se entiende que su actividad concreta se extienda a la tarea de reconstrucción de procesos amplios y
que el medio más importante de que ha de servirse para este objetivo sea el documento en el que se ha fijado por escrito el hecho
recepcional, es decir, la *concretización,* que es la base de todo análisis posterior. Es cierto que hay otros aspectos básicos también,
que como tales han de ser tenidos en cuenta, como son, por ejemplo, el contexto extraliterario, hechos sociológicos, psicológicos y
similares. En el proceso de recepción desempeñan, sin embargo,
un papel, aunque importante, indirecto. Por otra parte es igualmente fundamental partir del hecho de que para la reconstrucción
histórica de los procesos recepcionales, lo que interesa, en primer
lugar, es el *lector real.*

Desde estos supuestos generales, G. Grimm ha establecido un
conjunto de orientaciones muy completo para el análisis recepcio-

---

[32] Vid. H. Link, *op. cit.,* págs. 62-63.

nal. Con todo, quiere, de entrada, dejar claro que el objeto primero de análisis son las *concretizaciones,* admitiendo que los textos
que han sido *concretizados* son también objeto de estudio, si bien
de rango secundario, lo mismo que es secundario el que las *concretizaciones* sean o no adecuadas. Aquí entra en oposición clara con
el procedimiento de la recepción empírica demoscópica y con la
investigación sobre el lector y su historia, desarrollada fundamentalmente en el estudio de la historia del libro y de las bibliotecas.
Pues mientras que esta investigación se ocupa del sujeto lector, el
objeto de la lectura y las razones de la misma, la historia recepcional pone más el acento en el análisis de la modalidades, amplía
el horizonte del lector histórico añadiendo la cuestión sobre el modo de recepción y centra su interés en el «proceso de comunicación,
sus motivaciones y sus efectos» [33]. Frente a la recepción demoscópica, por otra parte, cuyas manifestaciones son consecuencia de la
iniciativa de otro sujeto, las *concretizaciones* que han sido fijadas
por escrito son resultado de la actividad de un sujeto, que ha sido
ejercida por propia iniciativa; por ello, a fin de que aquélla pueda
ser completa, necesita del análisis histórico recepcional. Es más,
para que un análisis de este tipo consiga la categoría de investigación, ha de ir orientado históricamente, incluir tanto el objeto como el sujeto de análisis y fijar un sistema de coordenadas de normas que proporcione el marco del que ese sujeto ha de disponer
para enjuiciar el material que llega a sus manos. La importancia
de los textos objeto de concretización radica, por lo general, en
el hecho de que encierran una serie de referencias y señales sobre
la realidad, que pueden ser muy provechosas para explicar el proceso más amplio de comunicación. Su valor, sin embargo, no va más
allá de constituir un mero indicio [34].

---

[33] G. Grimm, *op. cit.,* pág. 61.
[34] *Ibid.,* págs. 73-76. Sobre el problema de la recepción empírica se volverá más
adelante.

En todas las orientaciones de procedimiento, Grimm diferencia entre la relación del crítico con el *objeto de la recepción* y la relación con el *sujeto de la recepción*. Esta diferenciación es muy importante porque en los componentes de la misma, en primer lugar, el elemento común, el crítico, determina de antemano muchos de los aspectos de su trabajo, de entre ellos precisamente el de si éste va a ir dirigido más hacia el sujeto que hacia el objeto de recepción o se va a dar el caso contrario. Así, por lo que a la relación con el objeto se refiere, sería necesario preguntarse por *el sistema de comunicación histórico* en que aparece la *concretización,* sirviéndose para ello de las posibilidades ideales que ofrece la misma. Pero como la *concretización* se ha realizado sobre un texto concreto y conocido, sería provechoso intentar reconstruir el sentido del texto pretendido por el autor y la forma como pudo entenderlo el grupo de lectores contemporáneos. El resultado sería el establecimiento de una relación ideal con el objeto de recepción, que como tal y metodológicamente no tiene más que un carácter regulativo, sólo válido para el sistema de recepción del tiempo en que apareció el objeto. Esta relación ideal se da en un sistema de recepción «...cuando el análisis de la concretización produce un grado de adecuación, coincide con el grado ideal de adecuación de la obra en el sistema de recepción originario» [35]. La relación, sin embargo, con el sujeto de la recepción tiene otras peculiaridades; su «...ideal se determina según los intereses que subyacen a la recepción» [36]. Una *concretización* ideal en este sentido depende del interés del sujeto que se mueve dentro de unos condicionamientos previos. En cualquier caso, más importante que la intención del autor para el análisis es el contexto histórico en que se ha realizado, el contexto histórico del receptor, que no tiene necesariamente que coincidir con el contexto de aparición del texto. Este factor es tan importante para juzgar una *concretización* porque, aun en el supuesto de que pudiese

---

[35] *Ibid.,* pág. 82.
[36] *Ibid.*

conseguirse una relación ideal del objeto dentro de un sistema comunicativo, la relación ideal resultante no podría ser válida para *concretizaciones* realizadas dentro de un sistema comunicativo posterior. Metodológicamente, ambos factores son, en último término, válidos.

Teniendo en cuenta estas premisas, Grimm considera una serie de categorías para el análisis. Así, distingue entre *categorías de contenido* y *categorías formales,* que se diferencian, expresado de una manera muy general, por el hecho de que mientras las primeras predeterminan la dirección de los resultados en el procedimiento analítico, las formales sólo pueden cambiar el resultado de una manera gradual, una vez que están influenciadas por aquéllas. Para la determinación de las *categorías de contenido* se parte de las dos relaciones a que se acaba de hacer referencia, es decir, de un lado, la categoría de la *relación de objeto* y la categoría de la *relación de sujeto.* De este modo, teniendo en cuenta el objeto, pueden establecerse una serie de medidas de valor, aplicables a las *concretizaciones,* que tienen que ver con las señales e indicaciones que ofrece el texto. Según ello, se fijan niveles diferentes de concretizaciones *(interpretación histórica de la producción, interpretación histórica de la recepción, recepción/interpretación actualizadora, recepción subjetivista* y *análisis de concretización diacrónico comparado),* de las que unas tienen un grado de validez para el análisis más alto que otras. Las categorías de la *relación de sujeto* son, por su parte, la de la *actualidad* —de naturaleza diacrónica y temporal en el eje de la verticalidad— y la de la *utilidad* —de naturaleza sincrónica y social en el eje de la horizontalidad— [37].

Lo que, en resumen, hace posible al estudioso de las *concretizaciones* la observación de estas categorías es el análisis de los aspectos referidos tanto al objeto como al sujeto de la recepción. Con ello se constituyen dos niveles distintos de observación; de un lado, el nivel de producción del texto y, de otro, el nivel de recepción

---

[37] *Ibid.,* págs. 57-60, 81-91.

o del sujeto de la misma. Y mientras que en el primero lo que interesa es llegar al productor o autor dentro del sistema de comunicación de su tiempo, en el segundo se trata de analizar las predisposiciones que configuran y predeterminan la actitud del sujeto receptor, que van desde las de tipo social, genético, histórico y religioso, pasando por las de naturaleza personal y situativa, hasta llegar a aquellas que, teniendo más que ver con el objeto, afectan de manera directa al sujeto, como son las situaciones implicadas en el proceso de movimiento y distribución.

Cuatro son los tipos de *categorías formales* a tener en cuenta en el análisis recepcional: *posicionales, temporales, modales* y *materiales* [38]; constituyen los distintos puntos de vista desde los que se lleva a cabo el análisis de una recepción. No se trata de criterios referidos al contenido del análisis, sino que, entendiendo que el objeto de un estudio recepcional es el proceso de recepción a partir de la consideración del lector y las *concretizaciones* que éste realiza, las *categorías formales* rinden cuenta sobre formas concretas de procedimiento de trabajo en el análisis de un proceso de recepción que puede darse por terminado. Cuando Grimm establece esta serie de categorías, se está refiriendo a algo que tiene una importancia secundaria, en el sentido de que —ya se observó— están condicionadas por las *categorías de contenido.* En este caso el interés del analista no determina el desarrollo del análisis, como ocurría allí, más allá de lo que aquéllas puedan influir en éstas. Los puntos de partida son de naturaleza objetiva en el sentido que de referencia al objeto encierra este término. De todas formas son categorías heurísticas que, como tales, pueden ser tenidas en cuenta desde la relación que se da entre todas ellas.

En la teoría de la recepción, las *categorías posicionales* no pueden, por definición, más que estar determinadas desde una perspectiva de sujeto, esto es, a partir del receptor, y no desde la de objeto, esto es, desde la obra de recepción, como hace la estética efec-

---

[38] *Ibid.,* págs. 91-116.

tual. La orientación, sin embargo, que toma el analista puede ser, bien de sujeto bien de objeto, dependiendo de cómo se consideren los distintos textos que llegan al receptor o receptores. Según ello, las posibilidades van desde la *perspectiva de sujeto* y *orientación de sujeto* o *perspectiva de sujeto* y *orientación de objeto* en la sincronía, hasta la *perspectiva de sujeto* y *orientación de objeto* en la diacronía [39]. De ello puede fácilmente deducirse que en las *categorías temporales* se diferencia una diacronía orientada según el sujeto, según un público histórico, o una diacronía orientada según el objeto, esto es, la recepción del mismo por diferentes lectores a partir del público contemporáneo. Las *categorías modales* se refieren a todos aquellos factores que han ejercido algún tipo de influencia en el lector en el acto de recepción. Grimm distingue, de un lado, las *modales propias del sujeto,* que coinciden prácticamente con las correspondientes de contenido, tal y como se acaba de ver, y las *modales externas al mismo,* como se ha visto igualmente. Las *categorías materiales* no constituyen más que los materiales de que se sirve el analista en su trabajo recepcional, que denomina testimonios *primarios* (notas, cartas, autobiografías, memorias, etc.), *secundarios* (textos que informan sobre recepciones, escritos por autores distintos al de la recepción), *terciarios* (interpretaciones, recensiones, historias de la literatura, etc.) y *testimonios indirectos* (textos literarios).

De esta manera se ha conseguido elaborar, más que un método modelo, unas orientaciones y directrices que ofrecen posibilidades suficientes para la realización de un análisis histórico-recepcional. Ello no quiere decir que todas hayan de ser tenidas en cuenta en el proceso de análisis; así lo prueban los estudios de este tipo que el autor elabora en su trabajo más importante aquí mencionado. Es precisamente lo que contrasta con aquellos otros modelos de naturaleza, aunque también orientativa, mucho más formal. A uno de los cuales, al menos, se hace necesario hacer referencia aquí co-

---

[39] *Ibid.,* págs. 91-96.

mo representativo del proceso de evolución metodológica de la teoría de la recepción. Se trata, al igual que en el caso de Grimm, de una forma de procedimiento para el análisis histórico-recepcional y es el que hasta el momento ha sido desarrollado de una manera más sistematizada [40].

Como es norma en los modelos formalizados, Wunberg establece una serie de conceptos fundamentados dentro de una teoría, que sirven para la conformación específica del que él desarrolla; y dado que es un seguidor de Jauss, establece como punto de partida el que el crítico, cuyas obras son el objeto de estudio del analista, va haciendo aportaciones para la constitución del horizonte de expectivas por medio de los datos que aporta en sus análisis. Así, al tiempo que va fijándose este horizonte, se establece un *sistema secundario* objeto de estudio, frente al *sistema primario* ya existente de la obra creada por el autor y objeto de recepción. Ahora bien, con el solo hecho de haber formulado esta diferencia, surge automáticamente la cuestión de la relación entre ambos sistemas y sus posibles consecuencias; pues si bien el *sistema primario* es objeto del receptor y el *secundario* lo es del analista, ello no quiere decir que aquél le sea indiferente a éste. Lo que hay que hacer es poner en relación la intención crítica del receptor con la del analista de la recepción. «El análisis recepcional intenta conseguir la diferencia analítica entre receptor y analista de la recepción» [41], que ha de realizar a lo largo de una *secuencia recepcional*, entendida como una serie de datos determinada por la relación existente entre la *valencia primaria* y la *valencia secundaria* del dato concreto, entendiendo la *primaria* como el lugar del dato, dentro de la secuencia de recepción, determinado por el receptor, y la secundaria como *valencia primaria* operacionalizada, esto es, con intención crítica. Por su parte, la *valencia secundaria* puede ser *relativa* o *absoluta*,

[40] G. Wunberg, «Modell einer Rezeptionsanalyse kritischer Texte», *Literatur und Leser, op. cit.,* págs. 119-133.

[41] *Ibid.,* pág. 121.

dependiendo de si, en el primer caso, el lugar del dato dentro de la secuencia ha sido determinado por el receptor o, en el segundo, si el lugar primero del dato es o no conocido por el receptor. La *congruencia* o *incongruencia* entre la *valencia primaria* y la *valencia secundaria* produce la *diferencia recepcional*. Dentro de este proceso es importante el aspecto, o en su caso aspectos, por el que el receptor abandona la *valencia secundaria* existente en el texto ante la *valencia primaria relativa,* que se denomina *modo de operacionalización*.

A partir de estos presupuestos formales Wunberg desarrolla un modelo constituido por doce estaciones estructuradas en cinco partes, cada una de las cuales corresponde a unos momentos unitarios, al final de los cuales se llega a un resultado parcial previo dentro de la sucesión que lleva al resultado final.

En un primer momento se consiguen datos de *valencia secundaria*. El analista selecciona información sobre el texto de recepción o textos que se refieren al mismo, invalidando de esta manera la *operacionalización* del receptor. A diferencia de los datos *operacionalizados* por el receptor, es decir, utilizados por el mismo con intención crítica, la selección que realiza el analista no tiene intencionalidad crítica. Ésta se produce al final de este primer momento con la aportación de *valencias secundarias*.

El resultado del segundo paso lleva a la *diferencia recepcional* entre la *valencia primaria relativa* y la *valencia secundaria* del dato. Ello se logra poniendo en relación las *valencias primarias* de los datos con las *valencias secundarias,* donde es de gran importancia poder aislar la *valencia primaria relativa* que ha servido al receptor para la *operacionalización*. La diferencia recepcional viene dada por la congruencia o incongruencia entre *valencias primarias* y *valencias secundarias*.

A partir de este resultado se deducen los *modos de operacionalización* que llevan a la intención crítica del dato o del texto, esto es, a la intención del receptor frente a su objeto. El modo de *operacionalización* es *congruente* si la *valencia primaria relativa* de un dato y su *valencia secundaria* son congruentes; lo que quiere decir que la *valencia secundaria* es una valencia constante. El *modo de operacionalización* será *variable* en el caso de *incongruencia* de las dos primeras, lo que significa que la *valencia secundaria* es una *valencia primaria relativa y variable*. Entre los *modos de operacionalización variables,* Wunberg distingue los de *contenido,* como *canonización, secularización, desvalorización, revalorización, actualización,* y los *formales* como *combinación, comparación, contraste* [42].

El momento siguiente consiste en la *categorización* de la intención crítica que, dependiendo de su naturaleza, determina que la sucesión de la secuencia vaya en una u otra dirección. Wunberg diferencia entre *argumentativa (estética, histórica, histórico-literaria, política, social, sociopolítica)* y *motivadora (biográfica, sociológica)* [43].

En el momento final se consigue la *funcionalización* de la intención crítica. Aquí introduce nuevos conceptos que explican el resultado al que se llega al término del proceso. De un lado, el de la *posición analítica* junto con el de *valencia frontera* y, de otro, el de *diferencia analítica.* Mientras que la *posición analítica* formula el dato provisionalmente último de la secuencia recepcional y la *valencia frontera* es la valencia de este dato, la *diferencia analítica* se produce a partir de la congruencia o incongruencia de la *valencia secundaria* y la *valencia frontera.* Para funcionalizar la intención crítica se hace necesario establecer la relación con la *posición analítica* del analista, la cual consiste en una oposición directa, pues mientras que la intención crítica se fija en la *valencia secundaria* del dato, la *posición analítica* es la posición última provisional en cada caso de la secuencia que siempre se desarrolla hacia adelante. Al igual que ocurría en el segundo paso, esta posición se consigue por medio de los datos intermedios de la secuencia; datos que pueden o no existir y que definen la *diferencia analítica* de la que surge

---

[42] *Ibid.,* pág. 126.
[43] *Ibid.,* pág. 127.

la *intención crítica*. No hay que olvidar que la intencionalidad crítica del analista corresponde a la intención crítica del receptor. La diferencia radica en que aquélla aporta la *diferencia analítica* [44].

Sobre el desarrollo metodológico de la crítica literaria recepcional puede afirmarse, en resumen, que de las dos corrientes que se han ocupado de ello, ha sido la corriente histórica la que más empeño ha manifestado por conseguir un procedimiento adecuado de análisis. Es algo que corresponde a la realidad con independencia de que sea una afirmación avalada por los ejemplos aducidos aquí. Es un hecho reconocido el que la corriente de la recepción efectual ha realizado menos aportaciones. En cualquier caso, bien se trate de estudios de recepción histórica, bien de estudios de recepción efectual, las fórmulas metodológicas utilizadas toman una u otra dirección dependiendo básicamente del acento otorgado a los presupuestos teóricos. Es en este sentido como se pueden diferenciar los modelos elaborados, por ejemplo, por Grimm o Link; mientras que en un caso el punto de partida es de naturaleza más fenomenológica, hermenéutica o semiótica [45], es en el otro de orientación histórica, sustancialista o pragmática [46].

---

[44] *Ibid.*, pág. 127.

[45] Vid. Grimm, *Rezeptionsgeschichte,* págs. 117-145.

[46] Vid. H. Link, *Rezeptionsforschung,* págs. 116-135.

CAPÍTULO VII

LA CRÍTICA RECEPCIONAL EMPÍRICA

NUEVAS PERSPECTIVAS

Si hubiera que hacer balance del desarrollo y de las aportaciones de la teoría y métodos recepcionales, no habría dificultad alguna en afirmar que son muy significativos. Lo que puede observarse de una manera especial si se considera el recepcionismo desde la evolución de la crítica. En este sentido conviene no olvidar que el movimiento tiene su razón de ser a partir de una situación de crisis de los estudios literarios, caracterizada por la insuficiencia para resolver sus problemas desde planteamientos tradicionales. La teoría de la recepción es el resultado de una búsqueda de solución a esa crisis, consistente en lo que alguno de sus máximos exponentes ha denominado «cambio de paradigma», entendido como una forma profundamente innovadora, incluso revolucionaria en opinión de otros, si se considera desde una perspectiva metodológica.

Independientemente de si, como veremos, se produce de hecho o no ese cambio científico radical, sí pueden reseñarse aportaciones muy importantes, lo mismo en el campo de la teoría que en el del desarrollo metodológico; destacando en el primero una concepción específica del texto de peculiaridades efectivamente nuevas o por lo menos hasta entonces apenas formuladas teóricamente, y en el segundo un procedimiento de análisis consistente en la convergencia de elementos propios o asimilados de otras corrientes, que podrían, a modo de esquema, reducirse a una consideración histórico-recepcional o análisis estético-formal en un procedimiento hermenéutico-estructural. Resulta evidente que una metodología de este tipo ha sido desconocida hasta el momento; y si se añaden a ella las aportaciones teóricas referidas, se ofrece un panorama nuevo que, independientemente de las críticas a la totalidad o parciales a que ya se ha aludido aquí, no hay inconveniente en considerar afianzado.

No obstante y como suele ser norma en el surgimiento de toda nueva teoría y todo nuevo procedimiento metodológico, pueden observarse aspectos susceptibles de ser mejorados; algo que a la estética de la recepción no le es tampoco ajeno. Así, por ejemplo, llama la atención de una manera especial la relativa poca consideración que se otorga al análisis del texto como elemento portador de comunicación entre el autor y el lector receptor. Pues aun aceptando la premisa recepcionista según la cual el punto de partida para la comprensión literaria está en la participación del lector en el proceso comunicativo mediante el acto de lectura que realiza, es evidente que el componente portador de los contenidos semánticos, que es el texto, merece también una consideración especial, que la estética de la recepción hasta ahora no le ha otorgado. Así, aunque Jauss se refiera al texto cuando considera el código de acuerdo con el cual se estructura, sin embargo no desarrolla un procedimiento de análisis que lleve al crítico a la comprensión de las formas de organización lingüística que lo determinan. Algo similar puede afirmarse de Iser quien, si bien se ocupa de la concepción del texto de una manera más intensa que otros teóricos recepcionistas, no obstante, tampoco desarrolla una fórmula de análisis correspondiente. Por otro lado, y con el riesgo de que puede parecer incoherente, la Escuela de Constanza no ha determinado con claridad ni la naturaleza ni el papel del lector en el proceso comunicativo. Jauss habla ciertamente del *lector real* en la construcción del *horizonte de expectativas* como marco en el que tiene lugar el proceso de

comunicación o proceso dialógico entre la obra y el receptor; al
referirse, no obstante, al código primario contenido en la obra como *horizonte implícito,* da la impresión de que el lector real es
relegado a un segundo plano desde el momento en que es la obra
la que determina la actividad del receptor en el proceso dialéctico
de pregunta y de respuesta. En el caso de Iser este punto es todavía
más claro, dado que su interés se centra de manera evidente en
el *lector implícito,* lo que significa el reconocimiento del *lector supuesto* y en consecuencia el abandono del *real* o *histórico.* Desde
la perspectiva de la teoría, implica de alguna manera que tanto Jauss
como Iser, pero de una manera especial el segundo, no han logrado
desembarazarse por completo de aquellos principios que ambos habían intentado superar. El inmanentismo crítico-literario se deja notar, bien sea en su versión histórica bien en su versión fenomenológica; siendo, por otra parte, la metodología de la teoría de la
interpretación la que sigue imponiendo los criterios considerados
insuficientes. La consecuencia que esta perspectiva trae consigo en
la consideración de la función del texto, es de importancia fundamental para el resultado del análisis recepcional; pues desde el momento en que es en el texto donde ha de buscarse la fórmula de
lectura, es decir, desde que se presupone que esa fórmula se encuentra implícita en él, el espacio necesario para la intersubjetividad queda fuertemente disminuido, por no decir eliminado.

A partir de estas consideraciones y otras que necesariamente habrán de realizarse más adelante, surge una cuestión básica que tiene
que ver con la razón de ser del recepcionismo literario que, sin
ponerlo en tela de juicio, afecta al grado de validez de sus planteamientos y al éxito de los resultados. A saber: ¿pueden considerarse
las aportaciones de la estética de la recepción, en los aspectos teóricos y metodológicos, lo suficientemente fundamentados y desarrollados como para poder concluir que ha tenido lugar el cambio de
paradigma preconizado por Jauss? Se trata de una pregunta a la
que se puede contestar haciendo uso de sus mismos argumentos
y acudiendo a las mismas fuentes a que acudió él para justificar

la necesidad de un nuevo paradigma, medir sus resultados y afirmar que lo logrado puede considerarse positivo. Como pudo verse en su lugar, Jauss, siguiendo las formulaciones teóricas de Kuhn sobre los *cambios de paradigma* y partiendo de la observación del estado de crisis de los estudios literarios y de la consecuente necesidad de salir del mismo, llega a la conclusión de que el recepcionismo es el nuevo paradigma de acuerdo con el cual pueden replantearse tanto la fundamentación como los métodos necesarios para salir de esa crisis. Jauss cree que el cambio de paradigma ha tenido lugar porque la estética de la recepción ha cumplido las dos condiciones básicas que, según Kuhn, determinan la consumación de ese cambio; una de ellas referida al ámbito de la teoría y la otra referida al de la práctica metodológica. Un nuevo paradigma se caracteriza por un cambio fundamental en los planteamientos teóricos; además, ha de tener lugar un cambio, igualmente fundamental, en la metodología y procedimientos de análisis. Importante en todo ello es que estos dos tipos de transformación sean de naturaleza profunda, llegado el caso incluso revolucionaria, que permitan solucionar los problemas que el paradigma anterior no pudo solucionar. Según ello y como ha podido comprobarse, con el desarrollo de la teoría de la recepción se han cumplido, en teoría y en gran medida en la práctica metodológica también, las premisas que caracterizan un nuevo paradigma: el lector como punto de partida de estudio, la consideración del proceso de comunicación literaria dentro del que aquél desempeña un papel fundamental, la concepción no sustancialista de la obra y el desarrollo metodológico correspondiente. No obstante, en este último aspecto se observa una debilidad en el sistema que, por esta razón, ha de considerarse incompleto todavía. Si la metodología a transformar y con ello a superar es la propia de la teoría de la interpretación y en el momento de conseguir este cambio se recae en lo que se pretendía superar, ello significa que la innovación no ha podido ser radical.

Este es el argumento básico y más convincente de que han hecho uso los defensores de una teoría empírica de la recepción; una

crítica literaria que para cumplir el objetivo recepcional pretende
proceder de una manera empírica. Ello no significa que los logros
conseguidos por el recepcionismo histórico y fenomenológico hayan
de ser desechados; antes al contrario, la crítica empírica acepta muchos de los planteamientos de la estética de la recepción hermenéutica, tal y como la plantea la Escuela de Constanza. Esta forma
de investigación recepcional no es, por otra parte, un resultado al
que se ha llegado como reacción a esa corriente de recepcionismo,
sino que se trata de una dirección peculiar que tiene su surgimiento
de una manera paralela al de las otras formas consideradas aquí
y que, por esta razón de simultaneidad, se confirma frente a las
mismas. La crítica literaria recepcional empírica es una forma peculiar de la estética de la recepción.

· ¿En qué consiste la novedad de la crítica recepcional empírica?
¿Qué aportaciones realiza a la teoría de la recepción? Aunque surja, en su forma más desarrollada, como reacción al pensamiento
hermenéutico, no quiere decir que sea también una reacción a
la estética de la recepción no empírica. Es cierto que una parte
importante de sus objeciones va contra la estética recepcional; se
limita, no obstante, a los aspectos que ésta comparte con el pensamiento hermenéutico. Porque una de las peculiaridades fundamentales del empirismo crítico-literario actual es que es recepcional; esto es, se configura a partir del presupuesto básico de la teoría de
la comunicación sobre los componentes del hecho comunicativo y
sobre el proceso o procesos que tienen lugar entre ellos. Estos procesos son entendidos a partir de la relación múltiple e interdepen-
diente de una serie amplia de factores que afectan a los tres componentes de la comunicación y que se refieren a aspectos de naturaleza psicológica o social, actual o histórica, etc. La consecuencia teórica que esto supone es compartida tanto por la estética de la recepción como por la crítica empírica: la obra literaria objeto de conocimiento no es un objeto de conocimiento de naturaleza objetiva,
sino un objeto de conocimiento relacionado con otros factores de
una manera subjetiva, con lo cual ese objeto deja de ser centro

único de observación y su conocimiento se hace dependiente de esos factores, de entre los que el sujeto conocedor desempeña un papel muy importante.

La tarea, en consecuencia, que ocupa tanto a la estética de la recepción como a la crítica literaria empírica, sería la de examinar la interacción e interinfluencia que tienen lugar entre el texto literario y su receptor, teniendo en cuenta las condiciones de comunicación que se dan entre ambos. Desde esta perspectiva es entonces posible manifestarse sobre los procesos literarios de recepción y recepción efectual, para lo cual no es válido realizar afirmaciones especulativas, sino afirmaciones basadas en datos que ofrezcan garantías científicas. Se trata de entender textos literarios teniendo en cuenta la relación que existe entre los lectores y sus disposiciones como lectores y las peculiaridades del texto; es decir, la estructura del texto y el comportamiento del lector en relación con la misma.

De esta manera entran en juego elementos fundamentales a tener en cuenta; de ellos destaca la acción de una conciencia que no actúa de una manera aislada, sino determinada social y psicológicamente. Una vez aceptado este postulado es inevitable un método correspondiente para la observación de los elementos sociológicos y psicológicos que caracterizan la conciencia conocedora. Sólo los métodos sociométricos y psicométricos de la investigación empírica de las ciencias sociales pueden ofrecer esa garantía necesaria a que se aludía más arriba, puestos a disposición de la ciencia literaria y siendo adaptados a las exigencias específicas de la misma.

Aquí es donde la estética de la recepción no empírica ofrece su primera diferencia fundamental. Independientemente de las inconsecuencias manifestadas en la vuelta en muchos aspectos a los principios y métodos que pretendió superar, la teoría de la recepción no empírica no se ha propuesto ni una fundamentación ni una metodología empírica, lo que sin duda ha sido la causa de las contradicciones e inconsecuencias de que les ha criticado la teoría empírica recepcional. La investigación empírica de la recepción no significa una devaluación de la teoría; teoría y tratamiento empírico están relacionados muy estrechamente. La teoría, afirman Heuermann, Hühn, Röttger, desempeña un papel decisivo en la formulación de hipótesis y en la interpretación de los resultados. En la formulación de hipótesis que han de verificarse, modificarse o «falsificarse» empíricamente, se realizan afirmaciones sobre las diferencias de posibles formas de lectura con la ayuda de procedimientos de crítica literaria y se intentan explicar los factores textuales, psicológicos, etc., que condicionan esas diferencias. En la interpretación de los resultados es asunto de la teoría fijar la relación que existe entre la recepción realizada por un lector y las descripciones objetivas de la estructura del texto [1].

La empirización, por así decirlo, moderna de los estudios literarios se produce durante la década de los setenta y coincide con el momento de mayor desarrollo de la estética de la recepción. Sin embargo, antes de llegar a la situación actual, de la que aquí se tratará más adelante, ha habido ya intentos de estudiar los procesos literarios desde una perspectiva empírica y para ello, desde la atención de los métodos de las ciencias sociales, especialmente la sociología. Nombres como Schücking, Fügen, a quienes se ha hecho referencia aquí ya en el capítulo anterior, o Scherer en Alemania; Lanson y Escarpit en Francia, y aportaciones realizadas por británicos y norteamericanos, constituyen los primeros intentos por explicar los fenómenos literarios mediante la introducción de factores externos a la obra y la explicación empírica de los mismos.

Así, partiendo del principio de que la literatura no es un fenómeno autónomo, sino algo que está abierto a diferentes grupos sociales y que el cambio literario no es un proceso inmanente, sino un resultado de la relación entre producción y cambio de gusto literario, Schücking [2] se propone estudiar desde las perspectivas so-

---

[1] Cfr. *Literarische Rezeption*. Ed. de H. Heuermann, P. Hühn, B. Röttger, Paderborn, 1975, pág. 15 y sig.

[2] Son aspectos de la teoría sociológica de la literatura desarrollada por L. L. Schücking, especialmente en «Die Aufnahme beim Publikum», *Soziologie des literarischen Geschmacksbildung*, págs. 76-95. Vid. también el capítulo primero de este estudio.

ciológicas y empíricas la correlación existente entre el grupo social respectivo y el gusto literario y entre éste y la producción literaria. La razón estriba en que los individuos portadores del gusto son los determinantes de la literatura y su dinámica. En consecuencia, la literatura se entiende más teniendo en consideración el consumo que teniendo en consideración la producción, de manera que entre literatura y consumo hay un nexo causal rígido que es el objeto de estudio empírico. Por otro lado, un aspecto importante de la teoría de Schücking, que el empirismo posterior va a incorporar y que apenas se da en otros autores, es la necesidad de tener en cuenta, al mismo tiempo que el papel que desempeña el lector en el proceso social, también la realidad que constituye el texto.

Fügen, por su parte, también desde la sociología de la literatura, intenta una aproximación empírica externa al sujeto, en la que el centro de interés es el lector en su actitud social y literaria. A diferencia de Schücking, le interesan más los hechos sociales comprobables empíricamente, que los aspectos internos del hecho literario [3].

Una de las aportaciones más importantes de la sociología de la literatura francesa al empirismo literario se debe a Escarpit. Según afirma Hohendahl [4], el teórico francés se enmarca en la cadena que se inicia en Taine y que prosigue en Lanson [5]. En aquél mediante la consideración de factores externos, como raza, medio, tiempo, etc., y en éste a partir de la consideración de la literatura en cuanto entramado de interacciones que tienen lugar tanto dentro como fuera de la obra.

Es el caso de factores como la tradición literaria, la importancia que tienen en ella las obras consideradas maestras, la aportación

---

[3] Igualmente en el capítulo primero se analizaron algunos de los puntos desarrollados por Fügen en *Die Hauptrichtungen der Literatursoziologie und ihre Methoden.*

[4] *Sozialgeschichte und Wirkungsästhetik,* págs. 20-21.

[5] G. Lanson, «L'histoire littéraire et la sociologie», *Revue de Metaphysique et de Morale* 12 (1904), págs. 621-642.

colectiva a la cosumación de las mismas o la idea de que el autor
ha de enfrentarse a la sedimentación del gusto literario de generaciones anteriores en lo referido al desarrollo de los géneros. Con
ello nos encontramos ante unos principios que encierran un modelo
de análisis de los procesos literarios, en que se someten a consideración hechos referidos a las relaciones que tienen lugar en los mismos entre el autor, el texto y el receptor.

Dentro de esta tradición, Escarpit da un paso muy importante
hacia el desarrollo del empirismo literario al partir de unos conceptos elaborados con mucha más precisión y al confeccionar igualmente un procedimiento de fundamentación claramente empírica.
Para él la literatura es un conjunto de factores múltiples, donde
las estructuras textuales, —es algo que conviene resaltar como el
aspecto más débil de su sociología literaria empírica— desempeñan
un papel secundario. Tanto el libro como el texto, tanto la lectura
como el autor son *hechos* literarios; son factores que constituyen
el fénomeno literario más amplio. Así, por ejemplo, el lector es
parte de un público estratificado socialmente; es, además, compra-
dor, consumidor y receptor; la obra es una mercancía que encierra
un mensaje, etc. [6]. De todos estos factores el que más interesa es
el receptivo y todo lo relacionado con él; en definitiva, el lector
y su comportamiento en cuanto componente de un grupo social
que compra y consume libros; el estudio estadístico del mercado
del que es consumidor; los condicionamientos y motivaciones de
la lectura y la influencia que el lector ejerce sobre la producción
que realiza el autor. El procedimiento metodológico mediante el
cual se lleva a efecto el estudio de todos estos componentes de la
vida literaria es de naturaleza descriptiva, sin que ello quiera decir
que sea positivista; el rechazo del intento positivista por trasladar
a las ciencias no experimentales los métodos de las experimentales

---

[6] Vid. R. Escarpit, *Sociologie de la littérature*. También R. Escarpit (ed.), *Le
littéraire et le social. Éléments pour une sociologie de la littérature.*

es una prueba de ello. La investigación empírica que Escarpit lleva a cabo no es equivalente a una investigación positivista.

En estos primeros atisbos de crítica literaria empírica, hay que diferenciar dos aspectos. De un lado, el referente a la teoría y, consecuentemente al objeto de la investigación literaria y, por otro lado, el referido al procedimiento de análisis. Todos los autores que se acaba de mencionar parten del hecho de que el hecho literario es algo más que una obra y que, para poder entenderla se hace necesario, en consecuencia, analizar todos los factores que la componen. No obstante, tanto en el caso de Fügen como en el de Escarpit se echa en falta la consideración de un ámbito muy importante en el proceso de comunicación literaria, cual es el referido a la obra en cuanto unidad estructural, es decir, los aspectos internos al texto. Por otra parte, los métodos fundamentalmente descriptivos, más desarrollados, de cualquier forma, en Escarpit que en los otros críticos, ofrecen unos resultados que, aunque en algún caso o en algunos de los aspectos tratados sean el fruto de mediciones estadísticas, no disponen, en otros, de la comprobación empírica intersubjetiva.

Tampoco han faltado entre los representantes más genuinos de la estética de la recepción no empírica quienes se han manifestado a favor de una crítica literaria empírica, aunque su objetivo no haya consistido precisamente en desarrollarla. Y lo que resulta llamativo es que esto haya procedido tanto de parte de la estética recepcional histórica como de parte de la fenomenológica efectual. Sirvan aquí tan sólo dos ejemplos. Cuando Stierle habla de las propiedades del texto —ver capítulo V—, por un lado afirma que éste hace referencia a paradigmas literarios, en cuya tradición se enmarca; y, por otro, se refiere también al *horizonte de expectativas* de un *lector supuesto*. Esto quiere decir que el texto se constituye dentro de un sistema objetivo de sistemas de relaciones prácticamente ilimitadas, al tiempo que es parte también de una historia subjetiva que no puede identificarse completamente con otras historias. Para explicar esta idea, asegura que en la recepción es de importancia fundamental el hecho de que un lector lea por ejemplo a Tolstoi después de haber leído a Proust o, vicecersa, lea a Proust después de haber leído a Tolstoi. Reconoce que se trata de una dimensión sobre la que tiene que limitarse sólo a hacer referencia, para luego asegurar que «Sería una tarea provechosa de una ciencia literaria empírica mostrar cómo la recepción literaria se realiza normalmente en el marco de perfiles de recepción literarios, esto es, dentro del marco de un contexto de decisión fundamentado para la elección de las lecturas, de manera que, por ejemplo, investigando en bibliotecas privadas podría llegarse a conclusiones sobre tendencias y 'redes' de recepción amplias» [7]. En cualquier caso, esta reflexión no va más allá de un mero desiderátum que, en cuanto tal, nada expresa sobre la forma como habría de constituirse esa crítica literaria empírica en sus planteamientos teóricos y metodológicos.

Muy distinto es el caso de Grimm —ver igualmente el capítulo anterior—, que califica a su *historia recepcional* de investigación recepcional empírica, entrando incluso en polémica con representantes de la corriente en el sentido que se verá todavía aquí. En efecto, cuando Grimm trata del análisis del texto y de explicar las *señales* y *llamadas* que emite, observa tres formas diferentes de llevar a efecto esta tarea, de las que la tercera —las otras dos no son de interés en este momento— es una posibilidad que considera histórico-recepcional genuina; es más, prosigue más adelante, «Sólo el tercero de estos métodos, el cual opera de una manera empírica, se justifica desde una perspectiva histórico-recepcional» [8]. Al tratar en otro lugar de la reconstrucción de procesos recepcionales históricos, afirma que el campo de trabajo propio de la investigación recepcional empírica es el de los lectores reales, bien sean del presente bien del pasado; investigación que no se identifica con la que denomina «exploración empírica demoscópica» de la recepción literaria actual, que se sirve de los modelos que ofrece la investigación de

[7] K. Stierle, «Was heisst Rezeption bei fiktionalen Texten?», pág. 382.

[8] G. Grimm, *Rezeptionsgeschichte,* págs. 33-34.

la comunicación de masas, limitados al estudio de materiales existentes en la actualidad. La investigación recepcional empírica abarca tanto el presente como el pasado y la base material del análisis
se limita al documento de la recepción; sólo de una manera indirecta se incluyen hechos psicológicos y sociológicos dentro del contexto extraliterario [9]. Con estas afirmaciones queda patente la diferencia del empirismo literario que propugna Grimm con respecto al
otro de fundamentación más en concordancia con los modelos de
las ciencias sociales. En todo caso, ni el deseo de desarrollo, manifestado por Stierle, de una investigación de la historia de lectores
dentro de la exploración de la historia del libro y de las bibliotecas,
como tampoco la voluntad de Grimm por promover una historia
recepcional empírica, han de desestimarse en cuanto orientación hacia el camino que ha de tomar el empirismo literario.

PRIMEROS INTENTOS

A pesar de que estos autores hacen referencia a la ciencia literaria empírica e incluso algunos de ellos intentan profundizar sobre
la misma, no lo hacen en el sentido de un empirismo literario desarrollado. Los presupuestos necesarios para que la teoría recepcional
consiga esa categoría han de fundamentarse en los principios de
la teoría de la ciencia; pues, como observa Schmidt [10], dado que
no puede aceptarse la división entre ciencias exactas y ciencias no
exactas, la crítica literaria necesita, como ciencia que es, de una
teoría. Su campo de estudio, por otra parte, ha de ser delimitado
con más precisión. Y como se trata de procesos de comunicación,
resulta obligado someter a consideración todos los factores posibles
que participan en los mismos, de entre los que destaca de una ma-

---

[9] *Ibid.,* págs. 60-61.
[10] S. J. Schmidt, *Literaturwissenschaft als argumentierende Wissenschaft,* Munich, 1975, págs. 5-7.

nera especial el texto. Una vez que se han establecido los *presupuestos científicos* teóricos y determinado el *objeto de estudio* en toda su amplitud, se precisa considerar el *factor metodológico*.

Si se parte de la idea de que la crítica literaria empírica se fundamenta en una teoría de la ciencia en un sentido más tradicional y menos actualizado, podría pensarse que una crítica tal es aquélla que actúa de acuerdo con los principios y procedimientos de las matemáticas o de la ciencia estadística. No son pocos los intentos que se han realizado en ese sentido, de una manera especial durante los años setenta e incluso antes; sus objetivos han consistido sobre todo en cuantificar las realidades literarias. Así, por ejemplo, aparte del trabajo de W. Fucks [11], cuyo título llama ya de entrada la atención por incluir la formulación «análisis matemático» referida al campo de la lengua y del estilo, es de destacar el conjunto de ensayos *Matemáticas y creación literaria,* que aparece en el año 1965 [12]. En ellos se defiende la idea y se realiza la práctica de analizar la literatura haciendo uso de técnicas matemáticas, de modo que se considera que los resultados han de ser objetivos por haberse servido de un método matemático. Por razones obvias, se entiende que el objeto de estudio se concentra en el análisis de las estructuras formales [13].

De los años setenta son de destacar los dos números de la revista *Crítica literaria y lingüística* [14]; en ellos se abordan temas como el de la medida de la tensión dramática, el del análisis estadístico de la obra de un autor, el de la comparación mecánica textual, el del sistema programático para la elaboración mecánica de gran-

---

[11] W. Fucks, *Mathematische Analyse von Sprachelementen, Sprachstil und Sprachen,* Colonia, Opladen, 1955.

[12] H. Kreuzer, R. Gunzenhäuser (eds.), *Mathematik und Dichtung,* Munich, 1965.

[13] De los ensayos de la obra anterior es de destacar el de W. Fucks y J. Lauter, «Mathematische Analyse des literarischen Stils», págs. 107-123.

[14] *Statistik, Textanalyse, ästhetische Wertung, Zeitschrift für Literaturwissenschaft und Linguistik* 1 (1971), 4; *Mathematisch orientierte Textwissenschaft, Zeitschrift für Literaturwissenschaft und Linguistik* 2 (1972), 8.

des conjuntos de textos, etc.; también la obra que edita Schanze [15], el volumen 10 de la revista *Poetics* [16] o el trabajo de Oksaar [17]. Se trata de intentos que por lo general consisten en análisis cuantitativos del vocabulario, motivos, etc., para llegar a una valoración del texto. Piraiinen [18] asegura que estos procedimientos no pretenden sustituir la crítica tradicional; su objetivo es sólo una ayuda y un complemento. Oksaar afirma que es una metodología cuantitativa que analiza aquello que no pueden analizar los métodos que él entiende como cualitativos [19]. Puede decirse que estos análisis de estructuras formales resultan viables para los aspectos estilísticos que pueden de alguna manera medirse numéricamente; su utilidad puede también manifestarse en estudios contrastivos y, no en último término, en cuestiones de naturaleza lingüística histórica. Es cierto que en algunos casos se ha intentado llegar a los contenidos semánticos; no obstante, ni el método ni los resultados pueden cubrir el espacio que hasta ahora le ha correspondido a esa crítica que tanto la teoría recepcional como la recepcional empírica pretenden transformar. Se puede convenir con los defensores de una metodología estadística y matemática sobre su utilidad para los objetivos a que se acaba de hacer referencia. Sin embargo hay dos aspectos que llaman especialmente la atención. En primer lugar, parten de una fundamentación teórica que se enmarca plenamente dentro de las concepciones tradicionales más genuinas de la estética de la representación, en la que el campo de análisis se limita al texto y sus manifestaciones formales, sin tomar en consideración ni al autor ni al receptor, así como tampoco los amplios procesos de

---

[15] H. Schanze (ed.), *Literatur und Datenverarbeitung,* Tübingen, 1972.

[16] S. Marcus (ed.), *Poetics and Mathematics, Poetics* 10 (1974).

[17] E. Oksaar, «Stilstatistik und Textanalyse. Bemerkungen zu Helmut Heissenbüttel», H. Backes (ed.), *Festschrift für H. Eggers zum 65. Geburtstag,* Tübingen, 1972, págs. 630-648.

[18] Vid. «Quantitative Vorgehensweisen in der automatischen Analyse der älteren deutschen Trivialliteratur», H. Schanze, págs. 88-106.

[19] *Op. cit.,* pág. 631.

constitución de la obra literaria. En este sentido, los métodos de análisis estadísticos y matemáticos no pueden alinearse en su cualidad empírica con los intentos realizados por estudiosos como G. Grimm y otros mencionados en páginas anteriores. Por otra parte, la noción de texto que implican estos métodos no se corresponde en modo alguno con el que lo entiende como algo polivalente y polifuncional, propio de la teoría de la recepción, sino como una realidad hecha, acabada y cerrada, que ha de ser analizada y entendida como tal. Una teoría de esta naturaleza no es, en consecuencia, ni recepcional ni empírica, aunque se sirva de la metodología que ha sido propia de las ciencias consideradas tradicionalmente empíricas.

Para el desarrollo de una crítica genuina, se ha tenido que acudir a las aportaciones realizadas por otras disciplinas, de una manera especial por la semiótica y la teoría de la comunicación, por la lingüística en su desarrollo más moderno, por la psicología y en general, por las ciencias sociales. De ellas se ha intentado trasladar a la crítica literaria, al tiempo que un procedimiento metodológico, los principios y conceptos teóricos necesarios. Ello avala la idea sobre la necesidad de la interdisciplinariedad de este tipo de estudios, de la ampliación de la noción de literatura y, en consecuencia, de la misma actividad crítica. Es cierto que, como ya se vio más arriba, la teoría de la recepción se ha servido desde un principio de fundamentos teóricos de la teoría de la comunicación, como es el esquema básico de los componentes que constituyen el proceso comunicativo. La crítica recepcional empírica ha llegado, sin embargo, más lejos en la asimilación de sus principios, aproximándose a la forma como lo hace la semiótica.

Pues bien, si nos referimos a la semiótica y la entendemos como la disciplina cuyo objeto de estudio son los medios o canales por los que se produce la comunicación y además la relación que existe entre los contenidos de esa comunicación y los medios o canales, es fácil deducir que puede existir también una semiótica de la literatura. Su objeto consistiría, en principio, en el estudio de los contenidos o significados que se comunican por los elementos constitutivos de los textos literarios y de la relación que esos significados mantienen con los medios de transmisión. Que la literatura es una manera específica de comunicación es algo que aquí ya no necesita justificación.

Wienold, uno de los autores que más han aportado a la semiótica de la literatura, destaca en intentos por empirizar la crítica literaria. Para ello parte de la puesta en cuestión, no de la crítica tradicional en sí, sino de las limitaciones y estrechez de su campo de estudio, puesto que lo más importante no son los textos objeto de análisis, sino los procesos de comunicación en que toman parte individuos que se ocupan, dentro de esos procesos, del estudio, análisis, etc., de los mismos. Desde este punto de partida la empirización puede resultar consecuentemente más factible, pues nos encontramos con que, al tratarse no del estudio de textos, sino de procesos de comunicación que tienen lugar dentro de un grupo social, y que, por ello, pueden ser considerados realidades fácticas, son susceptibles de ser comprendidas empíricamente, es decir, haciendo uso de una metodología empírica experimental. Dentro de ese análisis, el estudio del texto merece ciertamente un lugar especial, y por lo que se refiere al mismo, la semiótica centra el interés, como no podía ser de otra manera, en la información o contenidos que encierra.

Wienold establece dos puntos: en primer lugar, la necesidad del estudio del significado en los procesos de comunicación. Así, en repetidas ocasiones hace referencia a ello cuando, por ejemplo, habla del acuerdo entre individuos sobre los significados, sobre la posibilidad de comunicar estos significados o sobre el procedimiento de representación de los mismos en los textos literarios [20]. Por otra parte, aun considerando tan importante el contenido de la comunicación, no entiende que lo sea menos el hecho de que, en la comu-

---

[20] Vid. G. Wienold, *Semiotik der Literatur,* Frankfurt am Main, 1972, págs. 21, 22, 26, 69, etc.

nicación sobre hechos literarios, entre también en juego algo que
no tiene que ver con los aspectos lingüísticos, esto es, aquello que
en el texto no aparece *verbalizado* [21].

Nos encontramos, pues, con que surge un factor nuevo, de modo que al receptor de textos le incumbe una tarea con dos vertientes
diferentes que consiste en *dar una estructuración al texto*. Una
actuación que no se limita a *estructurar* algo externo, sino que
se trata de una *estructuración* que dentro de la recepción se desarrolla en forma de compromiso [22]. El receptor, como ya indicó Jauss,
se encuentra frente al texto desde las directrices y medidas de valor
que le proporcionan los propios conocimientos, las expectativas que
alberga de la obra literaria y la propia concepción de la valoración
de una obra.

Lo que en todo este proceso interesa realmente es la fórmula
que Wienold propone como procedimiento; una fórmula que además de conseguir estos dos objetivos mencionados, logra proceder
de una manera empírica. En las consideraciones que realiza sobre
el concepto tradicional de crítica literaria, rechaza la noción de interpretación tal y como ha sido entendida por aquélla. Y para de-
nominar la operación que él considera adecuada en el encuentro
con las obras, utiliza el término de *elaboración textual*. Es un concepto que puede entenderse desde dos perspectivas dintintas; bien
desde el punto de vista teórico y conceptual, bien desde un aspecto
metodológico. No hay que olvidar que, por lo que al primero se
refiere, el texto es una realidad que sólo cobra sentido en tanto
en cuanto forma parte del proceso comunicativo y de recepción,
pero que, no obstante, es algo que puede ser sometido de alguna
manera a un proceso de análisis. En este sentido, por *elaboración*

---

[21] Vid. G. Wienold, «Experimental research on literature: its need and appro-
priatenes», S. J. Schmidt (ed.), *Foundations of modern poetics, Poetics 7* (1973),
pág. 83.

[22] Vid. G. Wienold, «Aufgaben der Textsortenspezifikation und Möglichkeiten
der experimentellen Überprüfung», E. Gülich, W. Raible (eds.), *Textsorten*, Frankfurt am Main, 1972, pág. 148.

textual se entiende una tarea que consiste en reconstruir los textos como posibles productos de un sistema de reglas para el inventario de elementos. Además de, por otra parte, una reconstrucción que se puede hacer mediante el análisis del comportamiento frente a los textos de los receptores participantes [23]. Esto quiere decir que *elaborar un texto* es ir más allá del análisis de los componentes lingüísticos; el texto se *elabora* mediante unos procesos de estructuración que tienen lugar dentro de unos condicionamientos respectivos según cada caso. Estos procesos estructuradores han de ser descritos «de manera que se pueda llegar a hacer manifestaciones sobre las actividades de quienes se ocupan de textos» [24]. Una obra literaria, por tanto, es un conglomerado compuesto, en primer lugar, por una *gramática* o sistema de reglas; en segundo lugar, por una *estructura* proporcionada por el receptor; y en tercer lugar, lógicamente también por el *texto*. Ello es así en tanto en cuanto hay individuos que, como receptores que pueden ser, participan de esa gramática. Analizar, en consecuencia, un texto es más que limitarse a simplemente considerarlo; el análisis sólo es posible teniendo en cuenta los procesos de estructuración.

Junto a todo ello Wienold hace una consideración muy importante sobre la naturaleza de la comunicación literaria, entendiéndola como «un conglomerado de procesos de elaboración textual (recepciones, discusiones, comentarios, críticas, etc.)» [25]. Ello quiere decir que, desde el punto de vista de la Semiótica, en el análisis de los textos hay que ocuparse de la descripción de la actuación de quienes toman parte en los procesos de elaboración textual mediante la observación de los procedimientos de estructuración.

La complicación, sin embargo, surge a la hora de explicar la *elaboración textual* desde la metodología. Wienold desarrolla un

---

[23] Vid. *Semiotik der Literatur,* pág. 65.
[24] G. Wienold, «Zur Rolle thematischer Analyse in der Erforschung der Kommunikation mit Hilfe von Texten», *Die thematische Struktur der Texte,* Coloquio del ZIF, mayo de 1973, pág. 148.
[25] *Ibid.,* pág. 157.

instrumento analítico que en lo que concierne a la determinación del sistema de reglas, se lleva a efecto por *procedimientos de formulación,* que consisten en relacionar *elementos primarios* mediante la combinación de dos conjuntos en las series Xa, Yb, Zc, etc.; los elementos X, Y, Z se constituyen en representaciones abstractas de segmentos de la estructura superficial del texto, que pueden actuar como frases nominales, mientras que los elementos a, b, c que son representaciones de la misma naturaleza que los anteriores, pueden funcionar como frases verbales. De esta manera se hace posible especificar el tipo de texto a partir de la consideración de modelos generales [26]. Sin embargo, este aspecto sólo tiene sentido en tanto en cuanto es referido al segundo, es decir, al aspecto comunicativo, pues lo que realmente interesa es que, al examinar la comunicación sobre textos, se pueda deducir algo sobre la categoría, cualidad, etc., de los mismos. Aquí Wienold acude al concepto de «réarrangement», o proceso por el que se explica la participación del receptor y su compenetración con las peculiaridades del texto mediante la transformación de la sucesión de frases de una estructura superficial en un *texto profundo;* cree que este proceso se puede realizar de una manera experimental, sometiendo a los receptores a la comparación de lo que entiende por *formas normales* de textos con *formas específicas,* dado que en ellos se supone una capacidad común de estructuración.

El material de trabajo son, en un principio, textos de extensión breve y, por tanto, fáciles de manejar, a partir de los cuales pueden deducirse modelos de procedimiento provisionales. Algo que llama de una menera especial la atención —de ahí que los intentos de empirización de la literatura que realiza Wienold se queden simplemente en meros intentos— es que para el proceso de recepción no se ofrecen directrices que ayuden al lector a transformar el *texto superficial* en un *texto profundo,* sino que los respectivos receptores han de captar de una manera intuitiva el sentido a partir de

---

[26] Vid. «Aufgaben der Textsortenspezifikation...», pág. 98.

las hipótesis que se elaboran desde el análisis realizado por el procedimiento de «réarrangement». En cualquier caso, dado que dentro del proceso de *elaboración* es más importante el aspecto comunicativo entre los partícipes en el sistema de comunicación [27], es ineludible considerar el aspecto extratextual, las condiciones en que se produce la *estructuración;* es decir, se ha de tener en consideración que cuando un receptor analiza un texto y luego se manifiesta sobre el mismo, no se limita a considerar el texto escrito, sino que ha de incluir también la propia actividad y las actividades de todos los que se ocupan del mismo, que se extienden desde la creación de uno nuevo a partir del existente, hasta la traducción a otra lengua, el proceso de comprensión, el comentario, etc.

En cualquier caso sigue sin resolverse la oferta de un método que permita el reconocimiento de científico; a ello parece que Wienold se muestra dispuesto a renunciar. Hay que reconocer con él que no es fácil una solución empírica para los comportamientos de los receptores y los mismos analistas en cuanto hechos a tener en cuenta en el análisis textual. A algo que, con todo, se puede llegar, es a relacionar lo uno con las peculiaridades del otro, es decir, comportamiento de los receptores y estructura del texto mediante el análisis de contenidos y temático, como veremos más adelante de una manera más desarrollada. En cualquier caso la paráfrasis, la condensación, la descripción metatextual, la referencialización, la fundamentación y la valoración serían fórmulas posibles de solución [28].

Es cierto que así se llega a un nuevo texto y que el receptor se convierte en autor y en productor. Sin embargo, no se ha conseguido una oferta adecuada que permita un procedimiento por el

---

[27] Vid. «Zur Rolle...», pág. 146.

[28] Vid. R. Rieser, J. Wienold, «Vorüberlegungen zur Rolle des Konzepts der Textverarbeitung beim Aufbau einer empirischen Sprachtheorie» (G. Wienold); «Textgrammatik, Textverarbeitung und das Problem der Gewinnung von Beobachtungsbegriffen» (H. Rieser). Coloquio del ZIF, *Die Rolle der Grammatik in der nichtautomatisierten Textverarbeitung,* Bielefeld, 1974, pág. 17.

cual se compruebe la cientificidad de las afirmaciones, alusiones, referencias e hipótesis, base primera de toda investigación empírica. El intento, no obstante, no puede menosvalorarse; pues aunque al final no se llegue a unos resultados acordes con las intenciones, se limite de hecho al análisis del texto y se olvide de alguna manera los factores no lingüísticos, sus aportaciones teóricas van a ser tenidas en cuenta. Si esa limitación al texto y la consideración del mismo como una realidad objetiva, pudiera levantar la sospecha de continuidad de la orientación hermenéutica, el hecho de la concentración en pequeños textos y no tener en cuenta muchos datos, le lleva más allá de la pretensión de totalidad de que hace gala, al menos en sus inicios, la Escuela de Constanza.

Además de este intento por empirizar los estudios literarios, es de destacar el proveniente de otra disciplina tampoco crítico-literaria. Se trata de la lingüística y, dentro de ella, de una manera especial, de la de orientación pragmática. En el desarrollo de las disciplinas conocidas tradicionalmente como humanidades sobresalen los esfuerzos de los estudiosos por delimitar de una manera más precisa las fronteras de los respectivos objetos de estudio, llegándose en ocasiones a sobrepasar las reconocidas como tales e invadir el campo de otras. Esto ha sido así de una manera muy especial en la lingüística de orientación pragmática, hasta el punto de que se ha acuñado incluso el término de *lingüística poética* para referirse a la que se ocupa del estudio de aspectos tradicionalmente propios de la crítica literaria más genuina, si bien partiendo de los presupuestos teóricos propios de la lingüística.

Desde estas perspectivas no son pocos los que consideran que la lingüística precede a la crítica literaria, en el sentido de que si ambas se ocupan del mismo objeto de estudio, no se ocupan de los mismos aspectos. Y argumentan con la observación de que, dado que la lingüística se ocupa del estudio de la lengua y la literatura, los textos literarios, están constituidos por elementos lingüísticos, no es de extrañar que pueda ocuparse también del estudio de la lengua en su manifestación literaria y, en este sentido, preceda a la crítica literaria; lo que de ninguna manera quiere decir que pueda o tenga que suplantarla en sus tareas. Es de esta *lingüística poética* de donde provienen también algunos intentos por empirizar el estudio del fenómeno literario.

De entre los representantes que con mayor o menor éxito han pretendido este objetivo, hay que destacar a J. Ihwe, cuyos trabajos se han ocupado fundamentalmente de elaborar nuevos elementos teóricos referidos ante todo al objeto y campo de estudio, y de desarrollar una metodología empírica consecuente. Por lo que al primer punto respecta, destaca la noción de *literatura,* que si bien no difiere en gran medida de la de otros autores aquí mencionados, llama la atención por las consecuencias que de ello se deducen. Así, destaca de una manera especial el hecho de que, al plantearse la explicación de esa noción, lo que en realidad hace es poner en tela de juicio algo que parece tan evidente o que, al menos, es tenido por tal. Ihwe entiende que la literatura no consiste básicamente en textos, sino que los textos son más bien un resultado y, por tanto, sólo una parte de algo mucho más amplio, que es la actividad literaria en toda su complejidad. Por esta razón, lo que en la crítica literaria se somete a análisis es *todo* el proceso literario a través del cual se llega a la producción de textos; aquello que hace que un texto tenga la categoría de literario, la *literariedad* de una obra, está tan determinado por las circunstancias y el contexto en que se produce, transmite y recibe, que no puede ser considerada sino desde esas circunstancias y contexto. En último término, no es otra cosa que el reconocimiento de que lo que de hecho le interesa no es delimitar el concepto de literatura, sino la intención de buscar los caminos adecuados para analizar los contextos en que ésta se produce, pues es evidente que pueden diferir. Por todo lo cual es más importante someter a estudio —y esta es la tarea que hay que reconocer a la crítica literaria— la función que desempeñan los textos dentro del marco social de la actividad lingüística. De ahí a la conclusión de la necesidad de considerarla una ciencia social no hay más que un paso. Según ello, se entiende también que dentro del proceso lo más importante sean las personas, cuya actividad se centra en los textos, como lectores, receptores, estudiosos, etc. [29].

Por ello no ha de resultar raro que Ihwe se sirva de algunos de los conceptos del formalismo ruso para explicar el propio punto de vista. Nociones como la de *época* o la de *serie literaria,* en definitiva sólo se entienden desde una dimensión pragmática, es decir, desde la consideración de algo que aquí se refiere necesariamente a personas. El concepto de *evolución literaria* supone que el texto objeto de análisis no se presenta como algo, por así decirlo, puro, sino de algo que depende de múltiples factores, para cuyo estudio no queda otra solución que preguntarse por las *regularidades* que puedan deducirse de todos ellos en el texto en cuestión [30]. Ihwe cree que todo puede, en último término, realizarse de una manera empírica.

Con ello se llega a la consideración de la solución metodológica, y nos encontramos con que, al igual que en Wienold, se habla también de *elaborar,* de la *elaboración* de un texto, bien que entendiéndose por ello aquí la tarea de *evaluarlo,* en tanto en cuanto una «Persona P_i está en disposición de asignar un valor determinado a una manifestación lingüística a_i en un determinado momento t_i, en un determinado lugar r_i, en el contexto socio-cultural k_i y en el estado psico-físico z_i» [31]. De esta manera se establecen las premi-

---

[29] De esta problemática se ha ocupado Ihwe en prácticamente todas sus obras. De entre ellas destacan: *Linguistik in der Literaturwissenschaft. Zur Entwicklung einer modernen Theorie der Literaturwissenschaft,* Munich, 1972; «Textgrammatikken, Texttypologien, Textverarbeitung und Textdidaktik: Kriterien für eine Literaturwissenschaft als empirische und theoretische Erfahrungswissenschaft», Conferencia mecanografiada, Universidad de Amsterdam, 1972. La versión en inglés de este trabajo lleva por título «On the validation of text-grammars in the study of literature», J. S. Petöfi, H. Rieser (eds.), *Studies in text grammar,* Dordrecht, 1973, págs. 300-348.

[30] Vid. «Textgrammatiken...», pág. 18.

[31] *Ibid.,* pág. 17.

sas pragmáticas que han de tomarse en consideración para realizar la tarea de la *elaboración textual*. Unas premisas que responden más bien a los planteamientos teóricos fijados que a los objetivos metodológicos, pues era de esperar un paso siguiente necesario que supusiese la profundización de los mismos; el intento de solución sólo ofrece unas observaciones y orientaciones de naturaleza muy general. El resultado final no es una fórmula concreta de procedimiento, si bien pueden abrirse y de hecho se sugieren nuevas perspectivas. Así, por ejemplo, cuando Ihwe determina que lo primero a observar no son los textos, sino la función que éstos desempeñan dentro de un contexto social en tanto que manifestaciones de naturaleza lingüística, implica la necesidad de orientar la crítica literaria empírica dentro del ámbito de las ciencias sociales y, en consecuencia, de una manera interdisciplinaria, en que predomine el análisis del elemento social sobre el literario. En este sentido sería necesario intentar, al menos, ver la relación que existe entre estos dos factores, al mismo tiempo que correlacionar los aspectos meramente lingüísticos de los textos, como los fonéticos, sintácticos, semánticos, etc., con formas concretas de comportamiento, y determinar posibles influencias entre ambos. Cómo realizar de manera práctica una tarea semejante, es algo a lo que no se responde ofreciendo la solución empírica pretendida. Casi todo se queda en la reflexión sobre nuevos conceptos teóricos y nuevas sugerencias, como es por ejemplo, el concepto de *mundo* o construcción amplia que puede servir para la comunicación lingüística y al mismo tiempo explicarla, la relación entre ficcionalidad y literariedad, etc.

Los comienzos de la empirización de la crítica literaria no se agotan con la semiótica o la lingüística poética [32]. Y si hubiera que buscar una razón válida que explicara la insuficiencia de los intentos de estas disciplinas, se llegaría a la conclusión de que, aparte de la metodológica, llaman especialmente la atención unos planteamientos y puntos de partida inadecuados. La empirización de la crítica literaria sólo puede conseguirse desde unos presupuestos científicos que permitan un estudio del objeto con las garantías propias de las ciencias que operan a partir del principio de la *intersubjetividad* y la observación sistemática controlada y controlable. Para conseguirlo, se hace necesario, por otra parte, además una delimitación del objeto de estudio y de aquellos factores que desempeñan un papel importante en el conocimiento de su naturaleza. El posterior análisis científico y un consiguiente procedimiento metodológico completarán la totalidad necesaria para el objetivo de una crítica de esta naturaleza.

La dimensión empírica de la crítica recepcional se presenta como una alternativa científica a la solución que la estética recepcional pretendió aportar desde el principio del cambio de paradigma. Como ya se ha visto aquí, la teoría de la recepción no ha acertado

---

[32] Habría que referirse, entre otros, a los intentos procedentes del campo de la psicología de la literatura, como W. Bauer, R. Braunschweig-Ullmann, H. Brodmann, M. Buhr, B. Keisers, W. Mauser, *Text und Rezeption. Wirkungsanalyse zeitgenössischer Lyrik am Beispiel des Gedichts «Fadensonnen» von Paul Celan,* Frankfurt am Main, 1972; o los procedentes de la lingüística del texto, como T. A. van Dijk, en *Some aspects of text grammars,* La Haya, París, 1972; o el caso de N. Hillmann, «Rezeption - empirisch», W. Dehn (ed.), *Ästhetische Erfahrung und literarisches Lernen,* Frankfurt am Main, 1974, págs. 219-237, trabajo publicado también en H. Heuermann, P. Hühn, B. Röttger (eds.), *Literarische Rezeption,* págs. 113-130, en que se ofrece una solución metodológica de naturaleza estadística desde la perspectiva hermenéutica y sustancialista en la consideración del texto.

plenamente en el cumplimiento de las condiciones necesarias para la consumación del cambio de paradigma, es decir, en las consecuencias que debería sacar desde los planteamientos científicos que había establecido. Es a partir de la observación de estos resultados donde el empirismo crítico-literario cobra sentido y donde precisamente se establece un punto de referencia importante que explica su razón de ser.

La crítica empírica se entiende de una manera más adecuada en contraposición a la estética de la recepción no empírica, sin que ello quiera decir que se excluyan. En este sentido, uno de los puntos en que se aprecia ya de entrada la diferencia entre ambas orientaciones es la oposición básica entre empirismo y hermenéutica, pues fueron precisamente los residuos hermenéuticos de la teoría de la recepción no empírica los que impidieron la consumación del cambio de paradigma. Así, nos encontramos con que la estética recepcional, aun aceptando la capacidad del lector para generar significados a partir de la polivalencia del texto en el acto comunicativo de la lectura, reconoce la importancia del mismo dentro del texto, esto es, del *lector implítico* en el proceso recepcional comunicativo. Ello quiere decir, por un lado, que al *lector real* se le resta la posibilidad de intervención plena en la fijación del significado y sentido del texto, mientras que, por otro lado, surge una incoherencia de naturaleza científica, dado que la teoría de la interpretación no ha sabido diferenciar entre sujeto y objeto de recepción o concretización, esto es, entre la acción que realiza el receptor y la acción del intérprete; de tal manera que, como observa Groeben [33], el último sólo puede recurrir a la propia recepción y, como punto de referencia de control de la recepción adecuada, a la intención del autor reflejada a través del *lector implítico*.

---

[33] Vid. N., Groeben, *Rezeptionsforschung als empirische Literaturwissenschaft. Paradigma - durch Methodendiskussion an Untersuchungsbeispielen,* Tübingen, 1980, págs. 49-52.

Es evidente que toda observación, recepción o análisis de una obra, está determinada por la individualidad del sujeto receptor y, en consecuencia, es de suponer que el resultado que se derive ha de ser, en principio, subjetivo. Ello viene avalado especialmente por el principio, aquí defendido, sobre las posibilidades, prácticamente inagotables, de recepción de una obra literaria, dependiendo de si el sujeto de la recepción es uno o es otro lector. Se plantea entonces una cuestión complicada en un doble sentido: en primer lugar, nos encontramos con que se reconoce la cualidad subjetiva de la intervención de los receptores; por otra parte, además, surge la cuestión sobre el sentido que pueda tener un análisis supuestamente científico y además de pretensiones empiricistas, si los resultados a que puede llegar son múltiples y dispares como múltiples y dispares son los individuos sujetos de recepción. Como tendremos aún ocasión de ver, la objetividad en la observación de un texto no es peculiaridad del paradigma empírico, sino que el análisis sistemático realizado desde una perspectiva metodológica bien establecida, tiene su razón de ser científica en la *intersubjetividad,* esto es, en el reconocimiento y aceptación de una manifestación o resultado de análisis realizados por el mayor número posible de individuos. La subjetividad individual encuentra su complementariedad en la *intersubjetividad.* Ello implica, de otro lado, que como consecuencia de esa sistematización metodológica, pueda llegarse a concretizaciones o recepciones que permitan hipótesis verificables sobre la obra y se limiten, por tanto, las posibilidades de disparidad de los resultados. En toda esta actividad el sujeto lector, como afirma Groeben, «... funciona... como médium, a través de cuya concretización se comprenden los datos observables de contenido significativo de la obra literaria, como fundamento para la constitución de teorías crítico-literarias» [34].

Una crítica recepcional empírica que pretenda justificación ha de establecerse de manera que le sea posible verificar, tal y como

---

[34] *Ibid.,* pág. 68.

lo hacen las ciencias sociales, las hipótesis acerca de las recepciones realizadas por distintos lectores. Sólo así se evita la subjetividad de la interpretación. Ahora bien, es un hecho que el fenómeno literario representa algo nuevo para las técnicas de las ciencias psicológicas y sociales. La necesaria separación del lector e investigador, subjetivismo y empirismo, hace obligatorio un replanteamiento teórico que, enmarcándose dentro de la tradición crítico-literaria de manera adecuada, ofrezca una respuesta teórica convincente a sus deducciones metodológicas. Es precisamente en el aspecto teórico y de principios, donde el empirismo literario ha logrado hasta ahora mayores cotas de convicción, consiguiendo una construcción conceptual que no resulta difícil aceptar.

Por tanto, independientemente de estas observaciones puntuales y generalizadoras a favor de una crítica empírica y, por otra parte, también reveladoras de las insuficiencias de los intentos encaminados hacia la consecución de la misma, se hace necesario examinar los tres aspectos que fundamentan su construcción: los *principios científicos* en que se sustenta, la comprensión del *objeto* de estudio y la *metodología* de que se sirve para la consecución de sus objetivos.

PRESUPUESTOS TEÓRICOS

Como ya se observó más arriba, nadie cuestiona hoy día los principios fundamentales sobre los que se sustenta la cientificidad de un saber, así como tampoco el que un saber, sea del tipo que sea, pueda estar dotado de cualidad científica, siempre y cuando reúna las condiciones requeridas para ello. Lo que quiere decir, de entrada y en teoría, que no pueden existir diferenciaciones o grados de cientificidad en distintos saberes a pesar de lo que en la tradición se haya podido sustentar. Si la física y la química pueden ser tenidas por saberes científicos, no ha sido debido a que se las haya considerado tradicionalmente científicas, sino más bien por el hecho de que tanto la fundamentación científico-teórica, como el procedimiento metodológico se han orientado de acuerdo con lo que se ha tenido por científico. Si ello es así, no parece que exista inconveniente desde una perspectiva teórica para que la crítica literaria pueda proceder de una manera científica y, en consecuencia, también empírica, al igual que lo hacen otros saberes como los que se acaba de mencionar. Todo dependerá de la fundamentación, de la concepción concreta del campo de investigación y de la metodología correspondiente.

Si partimos del supuesto de que la crítica tiene por objeto el estudio de textos de naturaleza literaria, nos encontramos con que cualidades tenidas por peculiaridades específicas de aquéllos, tales como el propio de la *literariedad* o el más general y amplio de la *esteticidad,* no ofrecen un terreno muy apropiado para poder trabajar con ellas de una manera científica y llegar a unos resultados evidentes en el sentido tradicional de la ciencia. Con todo, nadie niega que sea posible establecer una hipótesis sobre la cualidad de la *literariedad* o sobre la de la *esteticidad* de una obra, establecer una metodología para someter a prueba la hipótesis planteada y de esta manera llegar a unos resultados comprobables.

Uno de los autores que han elaborado los presupuestos más completos de una ciencia literaria empírica, ha sido S. J. Schmidt a lo largo de los últimos quince años. Sus estudios se han orientado fundamentalmente según los principios de la teoría analítica de la ciencia y del racionalismo crítico, los cuales le han proporcionado las premisas para el desarrollo de la crítica por él denominada *racional* [35].

---

[35] Schmidt se ha orientado según obras que se ocupan de la teoría de la ciencia analítica, de corte positivista en su origen, pero, por así decirlo, no fisicalista, que ha evolucionado hacia una concepción unitaria de la ciencia. Así I. Lakatos, A. Musgrave (eds.), *Criticism and the growth of scientific knowledge,* Cambridge, 1970; dentro de esta obra destaca el trabajo de Th. S. Kuhn «Reflections on my critics», págs. 231-278. J. D. Sneed, *The logical structure of mathematical physics,* Dordrecht, 1971. W. Stegmüller, *Problem und Resultate der Wissenschaftstheorie und analytischen Philosophie.* Vol. I: *Wissenschaftliche Erklärung und Begründung,* Berlín, Heidelberg, Nueva York, 1969. Vol. II: *Theorie und Erfahrung,* 2.ª parte, Berlín, Heidelberg, Nueva York, 1973.

El punto de partida de su construcción teórica se configura desde la puesta en cuestión de los fundamentos de la hermenéutica, admitiendo de la misma los aspectos que considera positivos y rechazando los que no le parecen aceptables, con lo que se enmarca dentro de una tradición claramente delimitada. Su argumento se fundamenta en el hecho de que la teoría hermenéutica, a pesar de haber establecido unos principios de fácil aceptación, no sacó sin embargo las consecuencias que por lógica debería de haber sacado. Así, por lo que al *aspecto metodológico* se refiere, el procedimiento hermenéutico no es científico en el verdadero sentido de la palabra, por no ofrecer la garantía de que las hipótesis establecidas puedan someterse a verificación; el nivel de la *fundamentación teórica* es el mismo que el del *sujeto de estudio,* esto es, la lengua coloquial, mientras que en las ciencias experimentales se diferencia un *nivel de la teoría* y un *nivel de los hechos observables*. Por otra parte, el que sean presupuestos de todo acto de comprensión el conocimiento de una lengua natural, ciertos estados de cosas, ciertos textos y una cierta problemática, además de que la comprensión y el proceso de argumentación tengan lugar dentro de contextos sociales, no supone que haya de pasarse por alto las implicaciones que ello trae consigo; es el hecho, por ejemplo, de que tanto la *lengua* como los *contenidos* expresados en ella, sean dos realidades sometidas a un proceso permanente de transformación; o el que el principio lógico-científico «dado que... entonces...» se entienda como la expresión del perspectivismo y el relativismo específico de todo saber y conocimiento, no quiere decir que haya que llegar a la construcción de un círculo hermenéutico metódico indisoluble; o que haya que entender que existe un mundo vital natural como ámbito que fundamenta todas las ciencias. La falta de posibilidad hermenéutica de un análisis del proceso de constitución del sentido de un texto en el acto de comprensión y la falta de diferenciación entre la comprensión vivencial de un texto y el trabajo de un crítico literario mediante la ayuda de gramáticas textuales y de las ciencias de la naturaleza o al menos de las ciencias sociales, son

una prueba de que la Teoría de la Interpretación no ha recorrido
aún el camino que había iniciado y no ha ofrecido la solución que
puede ofrecer una crítica literaria más científica en otro sentido
del término [36].

¿Cómo fundamenta Schmidt los presupuestos científicos para
una crítica literaria racional y empírica? La respuesta a esta pregunta cree encontrarla en la teoría analítica de la ciencia; «... la categoría de científico», dice, «no está ligada a la exactitud de la medida
métrica o de las formas de representación matemática, sino que
depende del criterio de objetividad que es asequible a todas las ciencias» [37]. Esto significa, en primer lugar, el rechazo de la división
tradicional de ciencias *exactas* y ciencias *no exactas;* en segundo
lugar, que la *objetividad* es algo que puede ser pretendido por cualquier saber. Apoyándose en las teorías de O. Helmer y N. Rescher [38] rechaza también esa dualidad a partir de la observación de
que algunas de las ciencias pertenecientes al primer grupo no son
tan exactas como en principio cabría esperar. La cientificidad
de un saber no puede medirse por la *exactitud,* dado que esta categoría es, algo meramente incidental; su razón de ser hay que buscarla en la *objetividad,* esto es, en la *intersubjetividad,* o verificación intersubjetiva de los resultados a que se ha llegado en el análisis. Por otra parte, recogiendo los principios de esos autores, añade
que «la ciencia es una empresa de explicación y de pronóstico» [39];
explicar es un procedimiento que puede realizarse mediante unas
leyes determinadas, aplicables tanto en el caso de las ciencias exactas como en el de las ciencias tenidas por no exactas. La meta de
la objetividad no se deshace por el hecho de que haya que acudir
al conocimiento de expertos para explicar, por ejemplo, informa-

---

[36] Vid. *op. cit.,* págs. 29-32.

[37] *Ibid.,* pág. 37.

[38] O. Helmer, N. Rescher, «Exact versus inexact sciences: a more instructive
dichotomy?», L. I. Krimerman (ed.), *The nature and scope of social science,* Nueva
York, 1969, págs. 181-203.

[39] Vid. Schmidt, *op. cit.,* pág. 35.

ciones de tipo estadístico o similares. Las leyes y determinación de regularidades son posibles también en conocimientos considerados tradicionalmente no exactos.

Es obvio que con estas observaciones no se proporciona una solución práctica a la cuestión fundamental aquí planteada sobre la forma concreta de aplicación dentro de la crítica literaria de un corpus de leyes de naturaleza propia de las ciencias empíricas; no se hace ver la posibilidad de validez universal de leyes para los estudios literarios; lo único que puede deducirse —siempre dentro de un plano meramente teórico— es el reconocimiento de proposiciones generales que, sin disponer de una validez universal, pueden describir manifestaciones de fenómenos literarios. Schmidt realiza, con todo, un gran esfuerzo en esta dirección. Su objetivo consiste en una crítica empírico-racional de afirmación *intersubjetiva,* que los teóricos de la interpretación no habían logrado; aquella lógica que Dilthey había sugerido, pero que nunca llegó a establecer.

En este sentido elabora unos principios, cuya fundamentación se encuentra en la teoría de la ciencia de Popper —y otros autores—, de acuerdo con los cuales pueden orientarse los estudios literarios empíricos. De Popper asume la idea de que el conocimiento no empieza con percepciones, observaciones y recogida de datos, sino con el planteamiento de problemas; al igual que en las demás ciencias empíricas, la crítica literaria dispone de una metodología que consiste en proyectar soluciones susceptibles de ser sometidas a la observación intersubjetiva (método de la prueba y el error). La *objetividad científica* consiste en la objetividad de un método crítico (ninguna teoría está libre de la crítica); no existen ni la observación pura ni la descripción pura, sino solamente ciencias que teorizan de una manera más o menos consciente [40]. Por otra parte, Schmidt acepta de Groeben el principio de que la estructura formal de la comprensión es análoga a la explicación teórica, por lo que

---

[40] Vid. K. R. Popper, «Die Logik der Sozialwissenschaften», *Kölner Zeitschrift für Soziologie und Sozialpsychologie,* págs. 233-248.

el objetivo de la crítica empírica no es otro que el de la *comprensión conceptual,* entendida, de acuerdo con Hempel, como aquella «forma de comprensión, cuyo contenido se expresa en frases que pueden comprobarse de manera objetiva y ser comunicada a los demás» [41]. Así, la comprensión se manifiesta por medio de la argumentación lingüística, por medio de argumentos de lengua que necesitan de una prueba; se trata de aclarar y explicar lo que se afirma, aportando pruebas y mediante el procedimiento en los niveles psico-heurístico (búsqueda de la hipótesis), lógico-deductivo (sistematización de la hipótesis) e inductivo (comprobación de la hipótesis). «Estos postulados se apoyan sobre reflexiones del racionalismo crítico, según el cual puede entenderse el procedimiento de la crítica literaria como aquel que consiste en el planteamiento calculado (o al menos calculable) de una hipótesis y la verificación de la misma... lo que ha de construirse de manera interdisciplinar» [42].

Desde estos presupuestos teóricos básicos, Schmidt defiende el papel específico de la lógica de la argumentación, pues piensa que es principio básico de la ciencia teórica el que las ciencias se diferencian por el grado de consciencia y de crítica en la formulación teórica; si aceptan y cómo aceptan la lógica deductiva en cuanto órgano de la crítica, y si llegan y cómo llegan a resultados verificables empíricamente. De igual manera cree que es muy importante buscar la cooperación con la lingüística en la tarea de elaborar una gramática textual que tenga a disposición una lengua capaz de describir los textos examinados y que proporcione un modelo para la asignación de interpretaciones a las construcciones textuales. Dado que, por otra parte, se trata de investigar sobre la comunicación literaria, es de la opinión de que se hace necesario centrar la atención en la elaboración y verificación de métodos empíricos que

---

[41] C. G. Hempel, «Formen und Grenzen des wissenschaftlichen Verstehens», *Conceptus,* VI, n.° 1-3, pág. 15. Citado según Schmidt, *op. cit.,* pág. 42.

[42] S. J. Schmidt, *op. cit.,* pág. 43.

permitan investigar el comportamiento de los lectores en lo que se refiere fundamentalmente a la elaboración y valoración de textos [43].

En consecuencia, una crítica literaria concebida desde la comunicación y según los criterios de las ciencias empíricas, no supone en modo alguno una equiparación con el positivismo; la teoría más moderna de la ciencia se ha manifestado de una manera menos rígida en este sentido, especialmente en la utilización que de sus principios han realizado las ciencias sociales. Groeben cree que con ello se ha llegado a una situación de la teoría en que lo único que se puede conseguir, es la aproximación de criterios que, por ello, han de ser entendidos como «ideas regulativas a alcanzar» [44]. En cualquier caso, por lo que a la teoría literaria se refiere, son criterios no acordes con los de la teoría de la interpretación. En este sentido Groeben ha aportado unas precisiones de naturaleza teórica de relevancia especial en la fijación de los presupuestos de la crítica recepcional empírica.

Al igual que Schmidt, es de la opinión de que la *verificación intersubjetiva* constituye el criterio básico de todo trabajo de investigación empírico; lo que ha de ser considerado de importancia teniendo en cuenta sobre todo que es un criterio claramente opuesto al de la *evidencia,* propio de la teoría de la interpretación en el proceso metódico circular de la comprensión; evidencia que se acepta a partir de la observación de afirmaciones realizadas sin haber sido sometidas a una verificación.

Las consecuencias que Groeben saca de esta reflexión constituyen las aportaciones más significativas a la teoría, destacando de manera especial el criterio de la separación de sujeto y objeto.

Es práctica común en los estudios literarios confundir la *recepción* con la *interpretación;* cuando un crítico desarrolla su actividad, lo hace conjugando interpretación con recepción; se sirve de

---

[43] *Ibid.,* págs. 46-47.

[44] N. Groeben, «Empirische Literaturwissenschaft», en D. Hart, P. Gebhardt (eds.), *Erkenntnis der Literatur. Theorien, Konzepte, Methoden,* Stuttgart, 1982, pág. 271.

la recepción que él mismo realiza para la operación de la interpretación, lo que supone una limitación del objeto de estudio e incluso en algunos casos una falsificación del mismo [45]. Separar el sujeto del objeto es separar también intérprete y receptor y, en consecuencia, recepción e interpretación, entendidas como, en el primer caso, «... el proceso de concretización del texto, a través del cual se llega al significado del mismo y que el crítico observa de una manera sistemática e intersubjetiva en otras personas»; y en el segundo, como «... la construcción teórica de un sentido del texto mediante datos de recepción, que se reservan al intérprete como parte del proceso científico de conocimiento» [46].

Por esta separación es posible rendir cuenta al principio fundamental de la *intersubjetividad,* se hace posible la verificación intersubjetiva mediante un procedimiento de observación que se dirige desde la teoría, pero que se desarrolla de la forma más independiente posible de la misma. Aquí Groeben se refiere a la única posibilidad de objetividad, pues las concretizaciones de receptores distintos al intérprete sirven a este último para «falsificar» (en el sentido de refutar por medio de argumentos lógicos o por medio de la verificación perceptiva) enunciados teóricos, como es el caso de la construcción del sentido del texto elaborada por el intérprete. Ello supone, asimismo, una separación de la teoría y de la verificación en la realidad, niveles distintos en que se desarrollan conceptos a su vez también distintos. Son, por un lado, los conceptos de la teoría, caracterizados por la falta de relación directa con la realidad y, por otro, los del nivel de la observación, cuya peculiaridad, por el contrario, es la de hacer referencia directa a la realidad. La relación que tiene lugar entre ambos viene dada por el hecho de que los conceptos teóricos se definen por los de la observación, adquiriendo de esta manera mediatizada la relación con la realidad; «...

---

[45] Vid. N. Groeben, *Rezeptionsforschung als empirische Literaturwissenschaft,* pág. 259.

[46] N. Groeben, «Empirische Literaturwissenschaft», pág. 272.

los conceptos teóricos», dice Groeben, «son construcciones del hombre pensante, esto es, no designan algo que realmente tenga un lugar en la realidad, sino que se trata de constructos puestos en contacto con la realidad a través de determinados operacionalizaciones/indicadores» [47]. Utilizando procedimientos sistemáticos de observación independientes del observador, pueden conseguirse resultados objetivos.

OBJETO DE ESTUDIO

La cuestión a que se ha aludido más arriba sigue, no obstante, sin resolverse. ¿Cómo pueden trasladarse y aplicarse estos presupuestos científicos a un campo como el de los estudios literarios? ¿Cómo es posible desarrollar una crítica recepcional de fundamentación empírica? Con todo, una vez establecidos los criterios de cientificidad que puedan ser asumidos, nos encontramos ante un segundo problema con dos vertientes distintas, en primer lugar, la de la concepción que el empirismo recepcional desarrolla sobre el *objeto de estudio,* y la del *entramado conceptual* de los aspectos específicos que entran en consideración en el proceso de recepción e interpretación, entendidos como actividades decisivas.

Sin lugar a duda, la primera cuestión que se plantea en este momento es, tal y como ocurre en todo planteamiento crítico-literario científico, la referida al *objeto de estudio* y su naturaleza estético-conceptual. Resultaría un tópico afirmar que el objeto de estudio de toda crítica, incluida también la empírica, son las obras de lite-

---

[47] *Ibid.,* pág. 273. Así fija el intérprete los procedimientos que le sirven para la observación, tales como el cuestionario, la prueba de la asociación, el procedimiento de evaluación, etc. Groebe ofrece como ejemplos de constructos teóricos el «contenido» de un texto literario o el «horizonte de expectativas» de un grupo de lectores. Por otra parte, conceptos de observación serían los significados textuales conseguidos mediante la utilización de un cuestionario en relación con el «motivo» o el «tema», o las respuestas a la pregunta sobre las expectativas en relación con la realización o no realización de determinadas normas literarias (vid. *ibid.*).

ratura, los textos literarios. Y efectivamente es así. Sin embargo
es necesario hacer algunas observaciones y puntualizaciones.

Sin apartarse apenas de los principios de la teoría recepcional,
en su intento totalizador amplio, Schmidt piensa que «el objeto
de estudio de una crítica literaria empírica son no sólo los textos,
sino todo el ámbito de la comunicación literaria...» [48]. Esto supone
el amplio proceso que constituye este fenómeno, que va desde la
producción del texto, los textos, el proceso de mediación y distribución, hasta la recepción y elaboración textual. Que en esta determinación del objeto de estudio hay precisiones muy significativas con
respecto a los principios de la estética de la recepción no empírica,
es algo que todavía habrá ocasión de considerar. Dentro de este
programa, la crítica empírica centra su interés de una manera muy
especial en algo que, como ya se ha observado, había sido tenido
menos en consideración por los recepcionistas no empíricos, es decir, los textos. Aquí es donde empiezan las precisiones y diferenciaciones que llevan a cuestiones como la de la naturaleza de los mismos y la de la propia comunicación literaria.

Las características fundamentales del texto en la teoría empírica
de la literatura son, según formula Groeben, la *polivalencia,* la *polifuncionalidad* y, en consecuencia, la *poliinterpretabilidad* [49]. Si se
consideran estas tres cualidades de una manera general, puede observarse que nos encontramos ante algo no realmente novedoso,
pues se trata de un reconocimiento extendido en las corrientes más
modernas, que no es patrimonio único de la estética recepcional.
Una formulación de estas cualidades se encuentra ya en quienes
entienden como hecho irrefutable la dicotomía *obra abierta /
obra cerrada.* Así, mientras que defensores de la *obra cerrada*
son críticos como Ingarden, Wellek y Warren, Staiger, Kayser
y en general todos los que abogan por el carácter sustancialista de
la obra, aquellos autores que han reconocido la relevancia del

---

[48] *Literaturwissenschaft als argumentierende Wissenschaft,* pág. 128.

[49] Vid. *Rezeptionsforschung als empirische Literaturwisenschaft,* págs. 26-30.

lector en la constitución del significado del texto, de los que aquí
se ha rendido sobrada cuenta, al menos en una buena parte defien-
den la naturaleza de la *obra abierta.* La obra de arte se entiende
como una realidad que encierra un *mensaje múltiple,* un mensaje
dotado de múltiples posibles significados y sentidos, pero con la
particularidad de que ese mensaje se expresa por medio de, por
así decirlo y simplificando, un *único significante.* En esta dirección
se entendía la noción de *espacios vacíos* elaborada por Iser; es
como hay que entender también la cualidad de la *polivalencia* en
la conceptualización de Groeben. Ello, en último término, implica
una concepción *funcional* de la obra, en el sentido de que la determinación del significado dependerá en cada caso de las variables
que forman el texto, el lector y la situación concreta. La concretización de una obra tiene su razón de ser en el receptor que le ha
proporcionado un significado. Una cosa distinta será la interpretación que realiza el crítico a partir de los datos que le han puesto
a disposición los receptores.

Dentro de la tradición del estructuralismo de Praga y la propia
estética de la recepción, Schmidt ha diferenciado los conceptos de
comunicado y de *formulario textual.* Mientras que el primero se
refiere al aspecto comunicativo y funcional del texto, es decir, al
texto en tanto en cuanto existe en relación con el receptor y su
intervención en el mismo, por *formulario textual* se entiende, en
cambio, el fundamento material sobre el que se sustenta el *comunicado,* esto es, la cualidad material del texto [50]. Por su parte Groeben, haciendo suya la terminología de Schmidt, entiende por texto
literario «el texto comunicado (recibido, concretizado) como forma

---

[50] Vid. *Texttheorie. Probleme einer Linguistik der sprachlichen Kommunikation,*
Munich, 1973; también, *Literaturwissenschaft als argumentierende Wissenschaft,*
Grundriss der empirischen Literaturwissenschaft, Vol. I: *Der gesellschaftliche*
Handlungsbereich Literatur, Braunschweig, 1980; en esta última obra se sigue utili-
zando el término *comunicado,* pero ya no el de *formulario textual,* para cuya susti-
tución el autor se sirve simplemente del término *texto.*

situacional significativa (comunicado);... el fundamento material, objetivado lingüísticamente para este comunicado se denomina formulario textual» [51]. Es precisamente este *formulario textual* lo que en la crítica empírica puede someterse a análisis intersubjetivo. La *polivalencia* de un texto es la multiplicidad de significados que puede asignarse a un *formulario textual.* La *poliinterpretabilidad,* en cambio, es una variante de la *polifuncionalidad,* pero bien entendido que sólo a nivel de intérprete, mientras que un texto es polivalente para el lector, es poliinterpretable para el crítico empírico.

Avanzando un paso más a partir de esta noción de texto, al crítico empírico se le plantea tener que delimitar la tarea de la *recepción* frente a la de la *interpretación,* una vez que se ha establecido la separación entre ambas. La teoría de la recepción no empírica se ha ocupado también de los fenómenos de la recepción e interpretación; la teoría recepcional empírica realiza una serie de reflexiones que van más allá del punto al que había llegado aquélla, entre otras razones por haber establecido la diferencia tajante entre receptor e intérprete o crítico.

La dicotomía empírica *receptor/intérprete* lleva al establecimiento también de dos operaciones distintas, tal y como se acaba de observar; lo cual significa a su vez, una diferenciación conceptual ulterior relevante. Si la operación de la recepción es la que realiza el lector, por así decirlo, no crítico —lector no especialista— y la de la interpretación corresponde al crítico literario, a través de la primera el sujeto lector llega al resultado de asignar un significado al componente material textual, mientras que lo que el intérprete realiza es analizar el proceso de recepción propio o ajeno desde los datos que le han puesto a disposición los receptores. Sin embargo, esto que parece no muy complicado desde una perspectiva formal, sigue aportando grandes dificultades a la hora de la concreción práctica. La reflexión sobre los procesos de recepción e interpretación puede colaborar a una aproximación del fenómeno.

---

[51] *Rezeptionsforschung als empirische Literaturwissenschaft,* pág. 135.

Schmidt entiende «...la recepción de un texto T que realiza un receptor.... R como la asignación de una estructura EM (mundo textual) que realiza R, donde por EM ha de entenderse un modelo de T» [52]. Pues bien, dentro de este proceso se observan varios aspectos: el *texto* producido por un *autor* que crea una situación comunicativa junto con la actuación del receptor, que consiste en dotar a aquél de un significado. Hasta aquí no parece que haya una diferencia con respecto a otras teorías recepcionales. La novedad está en otra parte; radica fundamentalmente en la atención que se otorga al texto. Al igual que en la teoría recepcional no empírica, se parte del hecho de que el autor es una persona histórica que se sirve de un medio que le permite comunicar un contenido, un mensaje, etc., a un receptor que entiende el medio de expresión utilizado y cuyas posibles combinaciones de los componentes es capaz de interpretar. El texto es el resultado de la coactuación de una serie de condicionantes múltiples tanto de naturaleza *literaria* como de naturaleza *personal* y *social;* el texto está formado por elementos constitutivos que tienen la función específica de informar y a la vez estimular al lector a otorgarles un significado concreto. No se trata del significado preciso que tengan los componentes lingüísticos fijados en el diccionario en cuanto vocablos aislados; el significado que encierran los componentes textuales de una obra se concreta y establece, como observa el propio Schmidt, dentro de unos *contextos* determinados y del propio *co-texto* en que se estructura la obra, entendido a partir de su función de determinar una posibilidad de sentido que lleva a un «sistema de información» [53]. Por otra parte, al igual que ocurre en el aspecto genético, el receptor actúa determinado por situaciones que condicionan la recepción y la constitución del texto desde componentes puestos a su alcance que permiten la creación de un entramado coherente. Llegado este punto, los críticos empiristas se preguntan por la ade-

---

[52] *Ibid.,* pág. 161.
[53] *Op. cit.,* págs. 153-154.

cuación del sentido específico que se ha otorgado de esta manera
a los elementos constitutivos y llegan a la conclusión de que es algo
que no puede decidirse a partir del *formulario textual,* sino que
ha de utilizarse un procedimiento experimental empírico que se extienda a las recepciones realizadas por distintos receptores.

Frente al acto de *recepción* en sentido estricto —especificación
de un significado coherente dentro de un mundo textual desde la
perspectiva del receptor— está la *interpretación científica* o interpretación en sentido también estricto; pues hay que tener en cuenta
que el acto de recepción constituye hasta un determinado punto
también una interpretación. Así, ocurre que, cuando un receptor
ha leído una obra en la forma como nos estamos refiriendo aquí,
es posible que el significado que le otorga, se fije por escrito,
sirviéndose de la orientación de unas reglas o normas que se han
establecido previamente, lo que se puede considerar de alguna
manera como un acto de interpretación. No obstante, para que se
dé interpretación en el sentido en que lo entiende la crítica recepcional empírica, hay que sobrepasar el punto al que se llega con el
acto de recepción en el que el lector produce un texto, aunque sea
desde la consideración de una gramática textual o conjunto de reglas. Para conseguir la categoría de interpretación se necesita de
«una argumentación correcta desde un punto de vista lógico y verificable empíricamente, desde manifestaciones del receptor sobre aspectos de significados posibles y/o probables de un texto mediante
el establecimiento de hipótesis... que llevan a determinadas conclusiones» [54].

La interpretación entendida en este sentido se refiere tanto al
aspecto interno de la obra como a los aspectos que tienen que ver
con el mundo de la *ficción* literaria. Esto quiere decir, de un lado,
que en la obra hay que diferenciar, junto a la *estructura formal
significante,* la realidad que ha sido creada mediante elementos de
naturaleza lingüística, es decir, el *mundo autónomo* a que llega el

---

[54] *Ibid.,* págs. 168-169.

lector. Por otro lado, no puede perderse de vista que una obra constituye una realidad que se conoce como de ficción y que la ficción, es una cualidad que, aparte de ser propia de la naturaleza de toda obra, constituye un ámbito dentro del que se enmarcan individuos aislados —las obras literarias concretas— de modo que toda explicación que se pueda dar sobre un texto, ha de tener en cuenta que se trata de una obra de ficción. Ello trae unas implicaciones que han de ser tenidas en cuenta. Ocurre, sin embargo, que la ficción y junto a ella la cualidad de la *poeticidad,* en el sentido más amplio de la palabra, no puede entenderse como una cualidad *intratextual;* el carácter poético de una obra literaria ha de buscarse dentro de ella, pero considerando todo el proceso de comunicación, establecido básicamente por el texto (su producción y su distribución) y el lector (su recepción). Una forma de comunicación que se fija mediante una serie de normas de acuerdo con las cuales se comporta y orienta el lector en su actividad de receptor, en la de elaboración textual y, no en último término, en la de interpretación.

Éstos son, en definitiva, los aspectos de acuerdo con los cuales podría organizarse la interpretación científica literaria. Una vez establecido su carácter empírico, es el momento de preguntarse por la *tarea* que ha de desarrollar, partiendo para ello de la consideración de las peculiaridades reconocidas y de las premisas científicas que han orientado la determinación de su naturaleza. Conviene, con todo, hacer una doble observación. En primer lugar, no perder de vista que la crítica recepcional empírica constituye un entramado teórico-práctico, cuyos pasos se han comenzado a dar hace pocos años; lo cual quiere decir que ni se ha llegado a conclusiones o soluciones convincentes en todos los casos, ni el camino recorrido para ello ha sido el mismo en los distintos autores. Por otra parte, la amplitud del objeto de estudio supone tal cantidad de aspectos a tener en cuenta, que se hace difícil llegar a una formulación adecuada que los justifique desde una perspectiva empírico-recepcional. Pero teniendo en cuenta que se trata de una construcción teórica en formación y que los distintos tanteos muchas veces no abarcan la totalidad del objeto de estudio, puede intentarse sistematizar el campo de actuación.

La crítica literaria recepcional empírica se entiende como una disciplina de la comunicación, que se ocupa del estudio del proceso comunicativo amplio que constituye la recepción de textos literarios. La actividad de la comunicación literaria se fundamenta en una serie de convenciones que hacen que la literatura se constituya como un sistema objeto de estudio de la ciencia literaria empírica. Este sistema total se manifiesta en varios campos parciales, el de la producción, el de la transmisión, el de la recepción y el de la elaboración textual. El proceso literario, por otra parte, se desarrolla como algo histórico, como un proceso de proyección diacrónica; es un sistema que tiene lugar dentro de un grupo social, un sistema que incluye implicaciones de tipo psicológico-personal; y, no en último término, un sistema de implicaciones de naturaleza didáctica.

Un objetivo tan amplio perdería su razón de ser si no se explicase de una manera más concreta. Y si bien hay autores que, como Schmidt [55], proponen una tarea de este tipo, es evidente que ello no excluye la necesidad de una concreción.

Parece que existe una cierta coincidencia en que el objeto de estudio de la crítica recepcional empírica es, en principio y expresado de una manera general, el *análisis del sistema literario* o sistema de comunicación de ficción en un grupo o grupos sociales. Ahora bien, dentro de este amplio campo de cometidos, destacan aspectos concretos, cuya relevancia se justifica desde la observación de los elementos que conforman el amplio proceso comunicativo literario. Sobresalen los dos elementos básicos de la comunicación literaria. Sin el *receptor* que actúa dentro del sistema literario no sería posi-

---

[55] De esta cuestión se ocupa S. J. Schmidt en *Grundriss der empirischen Literaturwissenschaft,* Vol. I (ya citado) y Vol. II: *Zur Rekonstruktion literaturwissenschaftlicher Fragestellungen in einer empirischen Theorie der Literatur,* Braunschweig, 1982.

ble entender este sistema. Es por otra parte además el punto de referencia de toda explicación, en tanto que desarrolla una experiencia con el *texto,* que puede manifestar verbalmente. Es, por tanto, una tarea que se desarrolla en dos vertientes, una de las cuales tiene que ver con el texto como *objeto material* de explicación y la otra con la *reacción* que se produce en el receptor a propósito de la recepción de que es sujeto.

Por lo que al primer aspecto se refiere, es decir, para el estudio de la *construcción material del texto* y partiendo del hecho de que lo que con ello se pretende es reducir la polivalencia, se hace necesario analizar los *componentes* fonológicos, morfosintácticos y semánticos tanto a nivel elemental como a un nivel más amplio o textual, y el *estilo* o manifestación de un modelo desarrollado en el texto, que se conforma de acuerdo con la estructura de un género literario. Mediante todo ello se consigue especificar la pertenencia a un autor, a un grupo o a una época literaria; se explica la relación existente entre las estructuras semántica y sintáctica, y entre todas las posibles recepciones; se establecen diferencias entre textos de naturaleza literaria o no literaria, etc.

En relación con el segundo aspecto, el referente al *comportamiento del receptor,* se trata de explicar las razones por las que los receptores reaccionan de una manera determinada y cómo sus reacciones tienen que ver con las estructuras específicas del texto. Lo que naturalmente ha de ser puesto en relación, como es norma común en toda estética recepcional, con las expectativas del lector o lectores, la norma estética de la época, las leyes propias del género literario, etc.

Tanto en el estudio del primer punto como en el del segundo, la consecución de los datos que llevan al establecimiento de hipótesis y a las posibles conclusiones se realiza de una manera empírica. En el primer caso, mediante la fijación de un procedimiento que sirva para que el receptor disponga de una orientación en el análisis de las estructuras textuales que van a llevar a la consecución de datos empíricos. Estos datos en conjunto rendirán cuenta sobre el

significado del texto, aunque sea de una manera solamente parcial,
dado que ayudan a deshacer la polivalencia y a fijar el mundo estructurado del mismo. En el segundo, mediante el análisis de los
datos conseguidos acerca del comportamiento de los receptores tanto en la recepción como en las manifestaciones sobre el texto. En
cualquier caso, ha de quedar claro que la reacción, sea del tipo
que sea, tiene que ver necesariamente con la estructuración específica del mismo.

La crítica recepcional empírica se ocupa de una manera especial
de la formulación de hipótesis para el análisis, que han de ser con-
firmadas empíricamente, sometidas a la *verificación intersubjetiva*.
Los puntos y aspectos concretos sobre los que se establecen son
los mismos que los que constituyen el objeto de la teoría clásica
de la interpretación, es decir, el texto como portador de elementos
identificables y analizables. Es cierto que todos los críticos empíricos se inclinan por esta dirección, si bien divergen en matizaciones
claras. Así, mientras que Schmidt toma una dirección encaminada
al estudio del sistema literario amplio, tal y como se ha observado
más arriba, Heuermann/Hühn/Röttger se centran en los aspectos
tratados tradicionalmente por la hermenéutica; Groeben [56] también
se inclina por esta orientación, bien que con el objetivo de establecer construcciones teóricas que posteriormente habrán de ser comprobadas de una manera empírica. Esas construcciones transcien-
den la realidad textual en cuanto que se relacionan con aspectos
de la producción, transmisión y elaboración de la obra literaria.
Los problemas de análisis de que se ha ocupado la hermenéutica
son los referidos, en primer lugar, al estudio directo del texto: forma y contenido textual (temática, imágenes, figuras retóricas, etc.);
en segundo lugar, cuestiones de género y de estilo; en tercero, cuestiones de valoración; por fin, el estudio de la obra desde la perspectiva de la diacronía.

[56] Vid. Groeben, *op. cit.*

Como ejemplo de formulación de hipótesis para el estudio de estos aspectos, sirvan algunas de las construcciones elaboradas por Groeben. Para el estudio de la parte material establece: «El texto T en la dimensiones de las figuras... y de la tematología... tiene para el grupo de lectores GL el significado/sentido ST/ST» [57]. Se trata de una categoría hipotética que cree aplicada en el estudio que realiza Wolff sobre la metáfora en *Los gatos* de Baudelaire [58]. O el ejemplo de hipótesis referido al estilo: «Los formularios textuales $FT_{i...n}$ ...del autor A_i muestran en las dimensiones del ritmo y la estructura temporal... las características típicas $ctp_{i...n}$, que diferencian al autor A del/de los autor/es$_{k...n}$» [59], etc. De la misma manera se establecen hipótesis sobre aspectos del sistema recepcional comunicativo amplio y el sistema de producción, distribución y elaboración, de la que la aportación más evolucionada hasta el momento sigue siendo la de Groeben.

PROCEDIMIENTO

Establecidas las hipótesis sobre el sentido del texto, el paso siguiente consiste en la comprobación intersubjetiva, en la verificación de las mismas en un grupo o grupos de receptores. Con ello nos encontramos ante la cuestión más problemática de la crítica empírica, ante sus posibilidades metodológicas.

Aunque desde las reflexiones aquí realizadas sobre los presupuestos teóricos las posibilidades metodológicas son múltiples, hay que reconocer que, por lo que a realizaciones concretas se refiere, se está también en los comienzos. Ello viene dado por la naturaleza peculiar del objeto de estudio, tal y como se acaba de ver: la estruc-

---

[57] «Empirische Literaturwissenschaft», pág. 278.

[58] R. Wolff, *Strukturalismus und Assoziationspsychologie. Empirisch-pragmatische Literaturwissenschaft im Experiment: Baudelaires 'Les Chats'*, Tübingen, citado según Groeben, *ibid.*, págs. 278 y 297.

[59] *Ibid.*, pág. 284.

tura del texto, el comportamiento recepcional de los lectores en el
proceso de comprensión y las relaciones e implicaciones mutuas.
En este punto conviene insistir en que en la recepción de un texto
surgen una serie de cuestiones que no pueden resolverse únicamente
desde su observación y desde los datos que se le presentan al receptor; una y otra vez van surgiendo aspectos, cuya explicación sólo
se consigue trascendiendo las fronteras internas. Sirvan aquí a modo
de ejemplo las cuestiones de tipo semántico o las que se presentan
en el análisis del acto concreto de recepción o de producción. La
propia observación de que lo que una conciencia entiende en el
análisis del texto puede ser distinto a lo que entienden otras conciencias, es una prueba evidente de que fuera del texto existe algo
que tiene un papel muy relevante en la comprensión. Cada receptor
determina y fija un sentido a una obra a partir de los convenciona-
lismos, normas y medidas de valor específicos de la sociedad o grupo social en que vive y de la literatura o sistema literario que ese
grupo desarrolla.

El hecho de que el desarrollo metodológico empírico se encuentra aún en sus inicios, se debe también a la naturaleza de la teoría
de esta crítica. No se trata, pues hay que reconocer que no es posible, de una descripción objetiva al estilo de la intentada por algunos de los críticos aquí mencionados. Un análisis objetivo se limitaría
al estudio de la materialidad del texto y no iría más allá de la consideración de los niveles formales fonemáticos, grafemáticos o incluso gramaticales de la lengua literaria. Las dificultades que se le pre-
sentarían a una metodología de este tipo en el nivel semántico serían simplemente insalvables.

Pero partiendo de un campo de estudio tan amplio que hasta
requiere la asistencia de otras disciplinas en el análisis de alguno
de sus aspectos, ¿qué solución metodológica puede ofrecerse desde
una perspectiva empírica? Por otra parte, ¿cómo llevar a cabo este
objetivo si se tiene en consideración el hecho de que apenas existe
una tradición mínimamente consolidada que pueda servir de punto
de apoyo y de referencia en el proceso de desarrollo metódico? La

solución primera y única en que puede pensarse en la actualidad es desarrollar fórmulas de procedimiento aplicables a estudio y análisis de aspectos parciales del campo total de estudio, pues pretender llegar a una solución para la consideración de todo el sistema no parece que sea factible. Por ello puede intentarse una salida razonable limitándose a la investigación sobre el texto y su estructura, y a la recepción que sobre los mismos realizan grupos de lectores. Tanto el primer aspecto como el segundo abren las puertas a diferentes posibilidades metodológicas parciales.

Con todo, la crítica literaria empírica no ha configurado en un primer momento procedimientos metodológicos propios, sino que ha tenido que acudir en la mayoría de los casos a los utilizados por otras disciplinas. Por ello hay que analizar, en primer lugar, los préstamos, por así denominarlos, tomados de las ciencias sociales, lo que no impide referirse a los intentos de desarrollo de procedimientos propios, provenientes de manera especial de la crítica estructuralista.

Independientemente de la fórmula que se utilice, hay que observar que no se trata del estudio del análisis que sobre un texto pueda llevar a cabo un crítico, es decir, del estudio de la concretización de un especialista, sino que el objeto de análisis son las concretizaciones que realizan receptores no necesariamente especialistas y por lo general no especialistas. La función del crítico consiste en recopilar las concretizaciones de un grupo de lectores, a partir de las cuales se llega a la constitución del significado que para ese grupo encierra el texto. Para ello se parte, en definitiva, de la separación del acto de recepción del de interpretación, de la diferenciación entre la acción del lector de aquella propia del investigador.

En su actuación al científico se le ofrecen dos posibilidades; puede organizarse, bien partiendo de la fijación de un sentido del texto que él ha elaborado previamente y que se considera una hipótesis que requiere confirmación o «falsificación», bien en sentido contrario, partiendo de las concretizaciones de los lectores, proceder a ordenarlas según los diferentes sentidos a que se ha llegado en cada una de ellas o en grupos de las mismas, para, en un último paso, llegar a una especie de resumen o núcleo de significación en torno al cual giran los diferentes sentidos otorgados por los receptores. La forma de procedimiento puede ser de desarrollo deductivo o de desarrollo inductivo.

Aceptada la separación de funciones del científico literario empirista y del receptor, lo que le incumbe a aquél es acercarse a los lectores para investigar la acción por la que, como sujeto de una recepción, asigna un sentido al texto. No es otra cosa que llegar a los lectores, en su calidad de componentes del sistema literario y formularles preguntas, entrevistarles, observar sus reacciones y actuaciones, experimentar con ellos, discutir en grupo, observar cómo dotan al texto de un significado o lo analizan, cómo lo valoran, etc.; todo ello mediante un procedimiento ordenado y perfectamente estructurado. Las fórmulas de las ciencias sociales pueden servir adecuadamente a este objetivo.

De entre los procedimientos metodológicos de estas ciencias, que se están utilizando unas veces con más fortuna otras con menos, son de destacar la *paráfrasis,* el *análisis de contenidos,* la *asociación libre,* el *diferencial semántico* y el *«cloze procedure»* [60].

Mediante la *paráfrasis* se somete al lector de un texto a la operación de describir con palabras propias el contenido del mismo, lo que permite investigar y analizar el proceso de comunicación que se establece en el acto de comprensión.

El *análisis de contenidos* [61] está configurado sobre el interrogante general y básico de *quién dice algo a quién, cómo, por qué y con qué efecto.* Se caracteriza por el hecho de que el investigador no entra en contacto directo con las personas objeto de análisis, sino que analiza 'corpora' amplios de textos sobre la base de dife-

---

[60] Son los procedimientos aceptados de manera general por los críticos empiristas, aunque en algunos casos se amplíen o, por el contrario, se reduzcan.

[61] El trabajo más amplio y a la vez orientado a la aplicación que se ha realizado es el de R. Lisch, J. Kriz, *Grundlagen und Modelle der Inhaltsanalyse,* Reinbek, 1978.

rentes manifestaciones realizadas sobre los mismos por diferentes lectores, estableciéndose a continuación una hipótesis sobre el tema, que sirve para iniciar el trabajo propio de análisis del contenido. Entonces se establecen, en un primer paso, las *dimensiones* en que se estructura la temática general, entendidas como conceptos o magnitudes deducidas de la teoría y diferenciadoras de las distintas partes en que ha de entenderse el corpus de trabajo. El proceso de estructuración de las dimensiones lleva al establecimiento de *categorías,* y tanto ésta como la operación anterior proporcionan un sistema clasificatorio que se organiza teniendo en cuenta la elaboración de esquemas y orientaciones de procedimiento que se han establecido con anterioridad. Una peculiaridad específica de esta fórmula es que la recogida de datos es llevada a cabo por varios especialistas, quienes en sus análisis respectivos actúan en concordancia con los principios y categorías orientativas.

El procedimiento de la *asociación libre* se fundamenta en la idea de la interdependencia contextual de dos realidades de naturaleza psíquica; por tanto, también de palabras o elementos textuales, en tanto en cuanto para su constitución entran en juego aspectos y elementos de aquella naturaleza. Esta idea de la interdependencia contextual es de relevancia para el análisis de la realidad textual, puesto que de ella se deduce que el significado de una parte de un texto o de un elemento lingüístico se manifiesta asociativamente, esto es, en asociación con otras partes o elementos [62].

El *diferencial semántico* parte también del principio de la *asociación libre,* pero teniendo en cuenta matizaciones y puntualizaciones muy importantes. Como allí, también aquí es fundamental el que las palabras provocan asociaciones en los lectores en determinados momentos y que estas asociaciones pueden ser entendidas como los significados de aquéllas. Específico de este procedimiento

---

[62] Según Groeben tanto este procedimiento como el del *diferencial semántico* fueron utilizados por W. Bauer *et al., Text und Rezeption. Wirkungsanalyse zeitgenössischer Lyrik am Beispiel des Gedichtes «Fadensonnen» von Paul Celan.*

es el concepto de *espacio semántico,* o lugar en que se sitúa cada palabra o elemento del texto, que se puede fijar de una manera empírica, dado que dentro del mismo se da una escala de diferentes niveles. Estos niveles que se pueden determinar mediante el establecimiento de parejas de oposiciones son de carácter variable. La dificultad mayor que se produce en la fijación y tratamiento del espacio semántico es la construcción de las escalas; se resuelve utilizando los denominados *perfiles de polaridad* específicos.

El *diferencial semántico* es el procedimiento que más se ha desarrollado en la crítica recepcional empírica y se ha llegado mediante él a fijaciones bastante desarrolladas de las dimensiones del *espacio semántico.* En este sentido es de destacar la construcción realizada por Zobel en siete *dimensiones*: la general de valores, la del valor ético, la de la realidad-irrealidad, la de los efectos, la de más/menos vivacidad/movilidad, la de la potencia y la de la complejidad [63]. Las personas objeto de investigación encuentran dentro de estas siete posibilidades las variaciones de significado en la comunicación literaria.

La fórmula del «*cloze procedure*» [64] consiste en la presentación a las personas objeto de investigación de un texto en el que se ha suprimido una de cada cinco palabras. Es un procedimiento que puede utilizarse lo mismo para el análisis de pocas frases o textos breves, como para el caso en que se analizan series largas de frases o textos más extensos. El crítico especialista es quien determina las palabras que han de ser suprimidas, si bien se parte del principio de que son palabras que el investigador considera relevantes y, por

---

[63] Para más información, vid. *Angewandte Literaturwissenschaft,* edición del grupo de trabajo NIKOL, Braunschweig, Wiesbaden, 1984. También, R. Zobel, «Textverarbeitung und Semantisches Differencial. Hermeneutische Interpretationen auf dem Prüfstand eines empirischen Messinstrumentes?», en N. Groeben (ed.), *Rezeption und Interpretation. Ein interdisziplinäres Versuch am Beispiel der «Hasenkatastrophe» von Robert Musil,* Tübingen, 1981, págs. 117-160.

[64] Vid. W. L. Taylor, «Cloze procedure: a new tool for measuring readability», *Journalism Quarterly,* 30, 1953, págs. 415-433.

tanto, constitutivas de sentido. La función del receptor consiste en llenar los espacios vacíos dejados por los términos eliminados; el resultado sirve de referencia para determinar el sentido del texto.

De todas estas posibilidades metodológicas se observa un desarrollo que se caracteriza por la falta de confirmación de la validez de las mismas. Pero aun siendo así, conviene tener en cuenta que no se trata de conseguir un método o métodos válidos por razón del método o métodos en sí. Todo procedimiento se caracteriza por el hecho de que desarrolla una función, cuya naturaleza viene determinada por el tipo de problema que se plantea y que se pretende resolver. En muchas ocasiones se afirma y hay incluso quien ha defendido que es la categoría del texto la que determina el tipo de metodología adecuada para emprender su análisis. Sin embargo, puede decirse que ello no es así; y de manera especial si se aceptan los principios básicos de la teoría recepcional empírica, según los cuales se entiende que el método es algo que se fija teniendo en cuenta dos factores; de un lado, la fundamentación teórica del objeto de estudio; de otro, la propia cuestión que se ha planteado. Hay que decir que, en este sentido, todo procedimiento se caracteriza por ser básicamente funcional.

De acuerdo con este principio se entiende la validez —la funcionalidad— de estos recursos metodológicos, a pesar de que no resuelvan totalmente el objetivo propuesto ni desde la perspectiva de uno de los factores mencionados ni desde la perspectiva del otro; así ocurre en la *paráfrasis* como consecuencia de limitarse a los efectos que produce la espontaneidad de los lectores en la determinación del texto. Los resultados se completarían con la utilización del *análisis de contenidos,* procedimiento que se critica hasta el punto de ser considerado no válido por el hecho de que en él es peculiar la exigencia de univocidad; lo que supone la eliminación del factor de la variabilidad del texto literario, es decir, del principio de la polivalencia. Con todo, parece aceptado como procedimiento válido y fructífero especialmente para el análisis de la temática, la teoría de los géneros, la estilística del texto, etc... La *asocia-*

ción libre, considerada de fácil aplicación por la poca complejidad técnica que depara al investigador, se completa con el *diferencial semántico* que, por su parte, tiene la desventaja de centrarse en el análisis de factores y dimensiones del espacio semántico, que son, por lo general, de naturaleza abstracta; podría corregirse emprendiendo un análisis concreto de las escalas. Mediante el «*cloze procedure*» se consigue comprender las expectativas que desarrolla el lector dentro de un contexto determinado y la reacción que se produce en el mismo en el proceso de recepción. No obstante, no se llega a la comprensión de la totalidad del significado del texto, pues, entendido éste como un producto del lector, la utilización del «*cloze procedure*» no considera la forma de actuación en el proceso por el que se genera el significado.

La crítica recepcional empírica ha intentado también una solución metodológica partiendo de posibilidades abiertas por la propia crítica literaria. Hay que destacar el intento realizado por Heuermann/Hühn/Röttger, cuyo objetivo se centra en la investigación de la parcela que es el texto dentro del proceso comunicativo amplio de la recepción. La justificación teórica del procedimiento se fundamenta desde las peculiaridades de la *explicidad, sistematicidad* y *objetividad,* que Schmidt exige para un procedimiento de características empiricistas [65]; y ven posible llegar a ellas a partir de los logros de la crítica estructural semiótica, especialmente el modelo desarrollado por Lotman en *Die Struktur literarischer Texte.*

Estos críticos justifican la validez de este procedimiento y, en consecuencia, la apropiación que hacen del mismo, por considerar que reúne las condiciones requeridas [66]. El método es válido, en primer lugar, por tener una orientación semántica, dado que consi-

---

[65] Vid. H. Heuermann, P. Hühn, B. Röttger, *Werkstruktur und Rezeptionsverhalten. Empirische Untersuchungen über den Zusammenhang von Text-, Leser- und Kontextmerkmalen,* Göttingen, 1982, pág. 46. Peculiaridades desarrolladas ya por Schmidt, como se indicó más arriba.

[66] *Ibid.,* págs. 54-58.

dera que la organización de las estructuras primarias de la lengua contienen significados distintos en formas de organización distintas. Por respetar, en segundo lugar, el concepto de polivalencia del texto, reflejado en el principio de que los elementos textuales pueden pertenecer simultáneamente a varios subsistemas o a varios códigos del sistema. En tercer lugar, por atender el proceso de recepción, entendiendo que el lector realiza solamente parte de la potencialidad semántica. Por fin, por ofrecer la posibilidad de la inter-subjetividad en la descripción del texto, pues se mantiene la diferencia entre la recepción individual y la descripción que realiza el investigador.

Los autores piensan que son dos los puntos que de manera explícita han de tenerse en consideración en el análisis de un texto tal y como ocurre en el modelo semiótico-estructural de Lotman. De un lado se analiza el nivel de las macroestructuras en que está configurado; ello debido a la hipótesis de que la comprensión se produce a este nivel en un primer estadio, pues de acuerdo con Lotman el significado general de un texto, al igual que su temática, surge de la interacción de macrosistemas; los microsistemas sólo participan de una manera indirecta. Parece, según las investigaciones, que se trata de un fenómeno que encuentra confirmación desde una perspectiva psicológica [67]. De otro lado, y dentro de ese mismo nivel, se obervan los subsistemas de las macroestructuras. Así, *el marco,* o medio limitado por un principio y un fin, frontera que separa al texto de aquello que no es texto. *El espacio* o lugar limitado que es la obra y que representa un objeto finito en su «finitud». *El tema* o acontecer del texto, en cuanto «transgresión que realiza una figura de las fronteras de su campo semántico». *La figura* o portador, por lo general antropomórfico, de la acción. *La postura,* entendida como técnica de presentación literaria mediante la que se crean de una manera diferente textos o partes de textos sucesivos, dilatando, por ejemplo, el tiempo en algunos de

---

[67] *Ibid.,* pág. 59.

ellos o concentrándolo en otros. *El punto de vista* o «relación de un sistema con su sujeto» o conciencia que produce ese sistema. Finalmente, *las modalidades* de las correlaciones o interrelaciones de subsistemas, interrelaciones entre sistemas de macroestructuras o entre ellos aisladamente.

Para aplicar el esquema, sus autores determinan proceder, en primer lugar, a la generación de un sentido: es una operación que realiza el investigador. En segundo lugar, se confirma ese sentido —y es de suponer que, en su caso, también «falsifica»— con la comprobación en un grupo de lectores mediante formularios estructurados de acuerdo con los análisis llevados a cabo o mediante otros medios que valoren las recepciones. Dado que el procedimiento se encuentra en sus comienzos, los autores consideran recomendable partir del análisis de textos poco polivalentes. Otra medida de apoyo consitiría en·tener en consideración las interpretaciones realizadas por otros críticos [68].

De todo ello puede deducirse una conclusión que ya ha sido adelantada expresamente en otra parte. Las soluciones metodológicas empíricas se encuentran en sus comienzos; y tanto en los procedimientos tomados de las ciencias sociales, como en los desarrollos por la propia crítica literaria desde presupuestos propios, hay aspectos no libres de crítica. Así, por ejemplo, se puede considerar inadecuado el *análisis de contenidos* por limitar excesivamente el principio de la polivalencia textual; o ver en la adaptación del modelo de Lotman una vuelta a lo que en un principio se pretendía evitar,- esto es, a los presupuestos de la teoría de la interpretación.

Con todo, puede considerarse justificadamente que el desarrollo se ha iniciado y que las perspectivas parecen augurar buenas posibilidades.

---

[68] Para más detalles sobre la aplicación práctica, vid. *ibid.* partes B. C. D. y E.

BIBLIOGRAFÍA

Abrams, M. H., *The mirror and the lamp: romantic theory and critical tradition,* Nueva York, 1953. Trad. alemana, *Spiegel und Lampe. Romantische Theorie und die Tradition der Kritik,* Munich, Fink, 1978.

Acosta, L. A., «El procedimiento hermenéutico como modelo de conocimiento en la actual ciencia literaria», *Studia Philologica Salmanticensia 2* (1978), págs. 25-51.

Adorno, T. W., *Noten zur Literatur,* Frankfurt am Main, Suhrkamp, 1958. Trad. española, *Notas de literatura,* Barcelona, Ariel, 1962.

—, *Ohne Leitbild. Parva Aesthetica,* Frankfurt am Main, Suhrkamp, 1967.

Anderegg, J., *Fiktion und Kommunikation. Ein Beitrag zur Theorie der Prosa,* Göttingen, Vandenhoeck und Ruprecht, 1973.

Anz, H., «Erwartungshorizont. Ein Diskussionsbeitrag zu H. R. Jauss' Begründung einer Rezeptionsästhetik der Literatur», *Euphorion* (1976), 4, págs. 398-408.

Appel, J. W., *Werther und seine Zeit. Zur Goethe Literatur,* Leipzig, Engelmann, 1855.

Arbeitsgruppe (Grupo de autores), «Böll in Reutlingen. Eine demoskopische Untersuchung», G. Grimm (ed.), *Literatur und Leser. Theorien und Modelle zur Rezeption literarischer Werke,* págs. 240-271.

Auerbach, E., *Das französische Publikum des 17. Jahrhunderts,* Munich, Hueber, 1965.

—, *Literatursprache und Publikum in der lateinischen Spätantike,* Berna, Francke, 1958.

Austin, J. L., *How to do things with words,* Cambridge, Mass., Harvard University Press, 1962.

Autorenkollektiv (Colectivo de autores), *Zum Verhältnis von Ökonomie Politik und Literatur im Klassenkampf. Grundlagen einer historisch-materialistischen Literaturwissenschaft,* Berlín, Oberbaumverlag, 1971.

Backes, H. (ed.), *Festschrift für H. Eggers zum 65. Geburtstag,* Tübingen, Niemeyer, 1972.

Badura, B., *Sprachbarrieren. Zur Soziologie der Kommunikation,* Stuttgart, Fromann-Holzboog, 1971.

Bar-Hillel, V. (ed.), *Pragmatics of Natural Language,* Dordrecht, Reidel, 1971.

Bark, J., «Rezeption als Verarbeitung von Texten. Am Beispiel von Anthologien und Lesebüchern», E. Raitz, E. Schütz (eds.), *Der alte Kanon neu. Zur revision des literarischen Kanons in Wissenschaft und Unterricht,* Opladen, Westdeutscher Verlag, 1976.

Barner, W., «Wirkungsgeschichte und Tradition. Ein Beitrag zur Methodologie der Rezeptionsforschung», G. Grimm (ed.), *Literatur und Leser,* págs. 85-100.

—, «Rezeptions- und Wirkungsgeschichte der Literatur», *Funkkolleg Literatur,* pág. 35-60.

Bauer, W., «Goethe in China. Verständnis und Missverständnis», H. Reiss (ed.), *Goethe und die Tradition»,* págs. 117-197.

Bauer, W. et. al., *Text und Rezeption. Wirkungsanalyse zeitgenössischer Lyrik am Beispiel des Gedichtes 'Fadensonnen' von Paul Celan,* Frankfurt am Main, Athenäum, 1972.

Benjamin, W., *Angelus novus. Ausgewählte Schriften 2,* Frankfurt am Main, Suhrkamp, 1966.

—, *Illuminationen. Ausgewählte Schriften,* Frankfurt am Main, Suhrkamp, 1969.

Bleicher, T., *Homer in der deutschen Literatur (1450-1740). Zur Rezeption der Antike und zur Poetologie der Neuzeit,* Stuttgart, Metzler, 1972.

Blumenberg, H., *Die kopernikanische Wende,* Frankfurt am Main, Suhrkamp, 1967.

—, *Die Legitimation der Neuzeit,* Frankfurt am Main, Suhrkamp, 1966.

Breuer, D., *Einführung in die pragmatische Texttheorie,* Munich, Fink, 1974.

Bühler, K., *Sprachtheorie. Die Darstellungsfunktion der Sprache,* Frankfurt am Main, Fischer, 1982.

Colin, Ch., *Kommunikationsforschung - eine neue Wissenschaft,* Frankfurt am Main, 1967.

Dehn, W. (ed.), *Ästhetische Erfahrung und literarisches Lernen,* Frankfurt am Main, Athenäum-Fischer, 1974.

Dickmann, H. (ed.), *Cinq leçons sur Diderot,* Ginebra, 1959.

Dijk, T. A. van, *Some aspects of text grammars,* La Haya-París, Mouton, 1972.

—, *Beiträge zur generativen Poetik,* Munich, Schulbuchverlag, 1972.

Dilthey, W., *Gesammelte Schriften,* Leipzig-Berlín, Teubner, 1914.

Eggert, H., *Studien zur Wirkungsgeschichte des deutschen historischen Romans 1850 bis 1875,* Frankfurt am Main, Klostermann, 1971.
—, *et. al.,* «Zur notwendigen Revision des Rezeptionsbegriffs», W. Müller-Seidel (ed.), *Historizität in Sprach- und Literaturwissenschaft,* páginas 423-432.
Ehrismann, O., *Das Nibelungenlied in Deutschland. Studien zur Rezeption des Nibelungenlieds von der Mitte des 18. Jah.s bis zum Ersten Weltkrieg,* Munich, Fink, 1975.
—, «Thesen zur Rezeptionsgeschichtsschreibung», *Historizität in Sprach-und Literaturwissenschaft,* págs. 121-131.
Enders, K., *Schiller und die Gegenwart,* Wuppertal, Abendlandverlag, 1948.
Erlich, V., *Russischer Formalismus. Geschichte und Lehre,* Munich, Hanser, 1964.
Escarpit, R., *Sociologie de la littérature,* París, Presses Universitaires de France, 1958. Trad. española, *Sociología de la literatura,* Barcelona, Oikos-Tau, 1971. Trad. alemana, *Das Buch und der Leser. Entwurf einer Literatursoziologie,* Colonia, Westdeutscher Verlag, 1966.
—, *La revolution du livre,* París, Presses Universitaires de France, 1965.
—, (ed.), *Le littéraire et le social. Éléments pour une sociologie de la littérature,* París, Flammarion, 1970. Trad. española, *Hacia una sociología del hecho literario,* Madrid, Edicusa, 1974.
Fechter, W., *Das Publikum der mittelhochdeutschen Dichtung,* Darmstadt, Wissenschaftliche Buchgesellschaft, 1966.
Fieguth, R., «Zur Rezeptionslenkung bei narrativen und dramatischen Werken», *Sprache im technischen Zeitalter 47* (1973), págs. 186-201.
—, (ed.), *Literarische Kommunikation. Sechs Aufsätze zum sozialen und kommunikativen Charakter des literarischen Werks und des literarischen Prozesses,* Kronberg am Taunus, 1975.
Fucks, W., *Mathematische Analyse von Sprachelementen, Sprachstil und Sprachen,* Colonia-Opladen, Westdeutscher Verlag, 1955.
Fucks, W., Lauter, J., «Mathematische Analyse des literarischen Stils», *Mathematik und Dichtung,* págs. 107-123.
Funkkolleg Literatur, *Studienbegleitbrief 9,* Weinhein-Basilea, Beltz, 1977.
Fügen, H. N., *Die Hauptrichtungen der Literatursoziologie und ihre Methoden. Ein Beitrag zur literatursoziologischen Theorie,* Bonn, Bouvier, 1964.
— (ed.), *Wege der Literatursoziologie,* Neuwied-Berlín, 1968.
Gadamer, H. G., *Wahrheit und Methode. Grundzüge einer philosophischen Hermeneutik,* J. C. B. Mohr, Tübigen, 1960. Trad. española, *Verdad y método,* Salamanca, Ediciones Sigueme, 1977.

Garaudy, R., «Statts eines Nachwortes zu "D'un realisme sans rivages"», F. J. Raddatz (ed.), *Marxismus und Literatur,* Reinbek y Hamburgo, Rowohlt, vol. III, págs. 223-226.

George, D. E., *Henrik Ibsen in Deutschland. Rezeption und Revision,* Göttingen, Vandenhoeck und Ruprecht, 1968.

Goldmann, L., *Le Dieu caché,* París, Gallimard, 1955.

—, *Pour une sociologie du roman,* París, Gallimard, 1964.

Gorman, J., *The reception of Federico García Lorca in Germany,* Göppingen, Kümmerle, 1973.

Greimer, M., «Literatur und Gesellschaft. Literatursoziologie als Wirkungsgeschichte der Dichtung», V. Žmegač (ed.), *Methoden der deutschen Literaturwissenschaft,* Frankfurt am Main, Suhrkamp, 1973, págs. 225-234.

Grimm, G. (ed.), *Literatur und Leser. Theorien und Modelle zur Rezeption literarischer Werke,* Stuttgart, Reclam, 1975.

—, «Lessings' Stil. Zur Rezeption eines kanonischen Urteils», G. Grimm (ed.), *Literatur und Leser,* págs. 148-180.

—, «Einführung in die Rezeptionsforschung», G. Grimm (ed.), *Literatur und Leser,* págs. 11-84.

—, *Rezeptionsgeschichte. Grundlegung einer Theorie. Mit Analyse und Bibliographie,* Munich, Fink, 1977.

Groeben, N., *Rezeptionsforschung als empirische Literaturwissenschaft. Paradigma- durch Methodendiskussion an Untersuchungsbeispielen,* Tübingen, Gunter Narr, 1980.

—, (ed.), *Rezeption und Interpretation. Ein interdisziplinärer Versuch am Beispiel der 'Hasenkatastrophe' von Robert Musil,* Tübingen, Gunter Narr, 1981.

—, «Empirische Literaturwissenschaft», D. Hart, P. Gebhart (eds.), *Erkenntnis der Literatur. Theorien, Konzepte, Methoden,* Stuttgart, Metzler, 1982.

Gumbrecht, H. U., «Konsequenzen der Rezeptionsästhetik oder Literaturwissenschaft als Kommunikationssoziologie», *Poetica* 7 (1975), págs. 388-413.

Gumbrecht, H. U., *et. al.* (eds.), *La actual ciencia literaria alemana,* Anaya, Salamanca, 1971.

Gülich, E., Raible, W. (eds.), *Textsorten: Differenzierungskriterien aus linguistischer Sicht,* Frankfurt am Main, Athenäum, 1972.

Habermas, J. (ed.), *Hermeneutik und Ideologiekritik,* Frankfurt am Main, Suhrkamp, 1971.

Habermas, J., Luhmann, N., *Theorie der Gesellschaft oder Sozialtechnologie,* Frankfurt am Main, Suhrkamp, 1971.

Hansen, V., *Thomas Manns Heine Rezeption,* Hamburgo, Hoffmann und Campe - Heinrich Heine Verlag, 1975.

Harth, D., «Begriffsbildung in der Literaturwissenschaft. Beobachtungen zum Wandel der 'semantischen Orientierung', *Deutsche Vierteljahrschrift für Literaturwissenschaft und Geistesgeschichte 45* (1971), págs. 397-433.

Haseloff, O. W. (ed.), *Kommunikation. Forschung und Interpretation,* vol. 3, Berlín, Colloquium Verlag, 1969.

Hauser, A., *Sozialgeschichte der Kunst und Literatur,* Munich, Beck, 1982.

Hehn, V., *Gedanken über Goethe,* Berlín, Bornträger, 1888.

Heidegger, M., *Sein und Zeit,* Tübingen, Niemeyer, 1967.

Helmer, O., Rescher, N., «Exact versus inexact sciences: a more instructive dichotomy?», L. I. Krimerman (ed.), *The nature and scope of social science,* Nueva York, 1969, págs. 181-203.

Hempel, C. G., «Formen und Grenzen des wissenschaftlichen Verstehens», *conceptus VI,* n.° 1-3.

Hennig, J., Huth, L., *Kommunikation als Problem der Linguistik,* Göttingen, Vandenhoeck und Ruprecht, 1975.

Heringer, H. J., *Praktische Semantik,* Stuttgart, Klett-Cotta, 1974.

Heuermann, H. *et al.* (eds.), *Literarische Rezeption. Beiträge zur Theorie des Text-Leser-Verhältnisses und seiner empirischen Erforschung,* Paderborn, Schöningh, 1975.

—, *Werkstruktur und Rezeptionsverhalten. Empirische Untersuchungen über den Zusammenhang von Text-, Leser- und Kontextmerkmalen,* Göttingen, Vandenhoeck und Ruprecht, 1982.

Hillmann, N., «Rezeption - empirisch», W. Dehn (ed.), *Ästhetische Erfahrung und literarisches Lernen,* págs. 219-237; también en H. Heuermann *et al., Literarische Rezeption,* págs. 113-130; también en W. Müller-Seidel (ed.), *Historizität in Sprach- und Literaturwissenschaft,* págs. 433-449.

Hohendahl, P. U. (ed.), *Sozialgeschichte und Wirkungsästhetik. Dokumente zur empirischen und marxistischen Rezeptionsforschung,* Frankfurt am Main, Athenäum, 1974.

—, (ed.), *Rezeptionsforschung. Zeitschrift für Literaturwissenschaft und Linguistik (LiLi) 4,* 1974.

Hörmann, H., *Psychologie der Sprache,* Springer, Berlín, 1970. Versión española, *Psicología del lenguaje,* Madrid, Gredos, 1973.

Husserl, E., *Gesammelte Werke,* ed. de W. Biemel, La Haya, Nijhoff, 1950-52.

Ihwe, J., *Linguistik in der Literaturwissenschaft. Zur Entwicklung einer modernen Theorie der Literaturwissenschaft,* Munich, Bayerischer Schulbuchverlag, 1973.

—, «Textgrammatiken, Texttypologien, Textverarbeitung und Textdidaktik: Kriterien für eine Literaturwissenschaft als empirische und theoretische Erfahrungswissenschaft», Conferencia mecanografiada, Universidad de Amsterdam. Este trabajo fue publicado en versión inglesa bajo el título «On the validation of text grammars in the study of literature», J. S. Petöfi, H. Rieser (eds.), *Studies in text grammar*, Dordrecht, Reidel, 1973, págs. 300-348.

Ingarden, R., *Das literarische Kunstwerk*, Tübingen, Niemeyer, 1931.

—, *Von Erkennen des literarischen Kunstwerks*, Tübingen, Niemeyer, 1968.

Ingen, F. van, «Die Revolte des Lesers oder Rezeption versus Interpretation. Zu Fragen der Interpretation und der Rezeptionsästhetik», R. Labroisse (ed.), *Rezeption-Interpretation. Beiträge zur Methodendiskussion. Amsterdamer Beiträge zur neueren Germanistik 3*, págs. 83-147.

Iser, W., *Die Appellstruktur der Texte. Unbestimmtheit als Wirkungsbedingung literarischer Prosa*, Constanza, Universitätsverlag, 1970. También en R. Warning (ed.), *Rezeptionsästhetik*, págs. 228-252.

—, *Der implizite Leser. Kommunikationsformen des Romans von Bunyan bis Becket*, Munich, Fink, 1972.

—, «Der Lesevorgang», R. Warning (ed.), *Rezeptionsästhetik*, págs. 253-276. Anteriormente en lengua inglesa bajo el título «The reading Process. A Phenomenological Approach», *New Literary History* 3 (1972), págs. 279-299.

—, «Die Wirklichkeit der Fiktion. Elemente eines funktionsgeschichtlichen Textmodells», R. Warning (ed.), *Rezeptionsästhetik*, págs. 277-324.

—, «Im Lichte der Kritik», R. Warning (ed.), *Rezeptionsästhetik*, páginas 325-342.

—, *Der Akt des Lesens. Theorie ästhetischer Wirkung*, Munich, Fink, 1976.

Jäger, G., «Die Wertherwirkung. Ein rezeptionsästhetischer Modellfall», W. Müller-Seidel (ed.), *Historizität in Sprach- und Literaturwissenschaft*, págs. 389-409.

Jakobson, R., *Essais de linguistique générale*, Trad. del inglés con prólogo de N. Ruwet, París, Editions de Minuit, 1970.

Jauss, H. R., *Literaturgeschichte als Provokation der Literaturwissenschaft*, Constanza, Universitätsverlag, 1967. Reelaborado en H. R. Jauss, *Literaturgeschichte als Provokation*, págs. 144-207. También en forma más abreviada en R. Warning (ed.), *Rezeptionsästhetik*, págs. 126-162. Trad. española, H. U. Gumbrecht *et al.* (eds.), *La actual ciencia literaria alemana*, págs. 37-114.

—, *Literaturgeschichte als Provokation*, Frankfurt am Main, Shurkamp, 1970. Trad. española, *La literatura como provocación*, Barcelona, Península, 1976.

—, «Paradigmawechsel in der Literaturwissenschaft», *Linguistische Berichte 3* (1969), págs. 44-56. También en, V. Žmegač (ed.), *Methoden der deutschen Literaturwissenschaft. Eine Dokumentation,* Frankfurt am Main, Athenäum, 1972, págs. 274-292.

—, «Racines und Goethes Iphigenie. Mit einem Nachwort über die Partialität der rezeptionsästhetischen Methode», *Theorie literarischer Texte. Neue Hefte für Philosophie 4* (1973), págs. 1-46. También en R. Warning (ed.), *Rezeptionsästhetik,* págs. 353-400.

—, *Ästhetische Erfahrung und literarische Hermeneutik,* Munich, Fink, 1977. Trad. española, *Experiencia estética y hermenéutica literaria,* Madrid, Taurus, 1986.

—, «Zur Fortsetzung des Dialogs zwischen 'bürgerlicher' und 'materialistischer' Rezeptionsästhetik», R. Warning (ed.), *Rezeptionsästhetik,* págs. 343-352.

Kaiser, G., «Überlegungen zu einem Studienplan Germanistik. Literaturwissenschaftlicher Teil», H. Turk (ed.), *Fragen der Germanistik. Zur Begründung und Organisation des Faches,* Munich, Fink, 1971, págs. 59-65.

—, «Nachruf auf die Interpretation? Wolfgang Iser: Die Appellstruktur der Texte», *Poetica 4* (1971), págs. 267-277. También en G. Kaiser, *Antithesen. Zwischenbilanz eines Germanisten 1970-1972,* Frankfurt am Main, Aula, 1972, págs. 51-70.

Košík, K., *Dialektik des Konkreten,* Frankfurt am Main, Suhrkamp, 1967.

—, «Historismus und Historizismus», P. U. Hohendahl (ed.), *Sozialgeschichte und Wirkungsästhetik,* págs. 202-214.

Kracauer, S., «Time and history», *Zeugnisse - Theodor W. Adorno zum 60. Geburtstag,* Frankfurt am Main, Europäischer Verlagsanstalt, 1963, págs. 50-64.

Kraus, W., *Studien zur deutschen und französischen Aufklärung,* Berlín, Rütten und Loening, 1963.

Kreuzer, H., Gunzenhäuser, R. (eds.), *Mathematik und Dichtung. Versuche zur Frage einer exakten Literaturwissenschaft,* Munich, Nymphenburger Verlag, 1965.

Krusche, D., «Rezeptionsästhetik und die Kathegorie der Veränderung», *Jahrbuch Deutsch als Framdsprache 1,* Heidelberg, 1975, págs. 17-26.

Kuhn, H., *Dichtung und Welt im Mittelalter,* Stuttgart, Metzler, 1959.

—, *Text und Theorie,* Stuttgart, Metzler, 1969.

Kuhn, Th. S., *Die Struktur wissenschaftlicher Revolutionen,* Frankfurt am Main, 1967.

—, «Reflections on my critics», I. Lakatos, A. Musgrave (eds.), *Criticism and the growth of scientific knowledge,* págs. 231-278.

Kunne-Ibsch, E., «Rezeptionsforschung: Konstanten und Varianten eines literaturwissenschaftlichen Konzepts in Theorie und Praxis», R. Labroisse (ed.), *Rezeption-Interpretation. Beiträge zur Methodendiskussion. Amsterdamer Beiträge zur neueren Germanistik 3,* 1974, págs. 1-37. Trad. española D. W. Fokkema, E. Ibsch, «La recepción de la literatura (Teoría y práctica de la 'estética de la recepción')», *Teorías de la literatura del siglo XX,* Madrid, Cátedra, 1981.

Labroisse, R. (ed.), *Rezeption-Interpretation. Beiträge zur Methodendiskussion. Amsterdamer Beiträge zur neueren Germanistik 3,* Amsterdam, Rodopi, 1974.

—, «Überlegungen zu einem Interpretations-Modell», *Rezeption-Interpretation. Beiträge zur Methodendiskussion. Amsterdamer Beiträge zur neueren Germanistik 3,* (1974), págs. 149-161.

Lakatos, I., Musgrave, A. (eds.), *Criticism and the growth of scientific knowledge,* Cambridge, Cambridge University Press, 1970.

Landwehr, J., *Text und Fiktion. Zu einigen literaturwissenschaftlichen und kommunikationstheoretischen Grundbegriffen,* Munich, Fink, 1974.

Lanson, G., «L'histoire littéraire et la sociologie», *Revue de Metaphysique et de Morale 12* (1904), págs. 621-642.

Lepenies, W. *et al.,* «Stichworte aus einer Diskussion zu: Literatur - ein Kommunikationsmodell? Literaturwissenschaft - eine Kommunikationstheorie?, *Sprache im technischen Zeitalter 46* (1973), págs. 144-145.

Link, H., «'Die Appellstruktur der Texte' und ein 'Paradigmawechsel in der Literaturwissenschaft'?», *Jahrbuch der deutschen Schillergesellschaft 17* (1973), págs. 532-583.

—, *Rezeptionsforschung. Eine Einführung in Methoden und Probleme,* Stuttgart - Berlín - Colonia - Maguncia, Kohlhammer Urban Taschenbücher, 1976.

Lisch, R., Kritz, J., *Grundlagen und Modelle der Inhaltsanalyse,* Reinbek, Westdeutscher Verlag, 1978.

Lotman, J. M., *Die Struktur literarischer Texte,* Munich, Fink, 1972.

Loewenthal, L., *Literatur und Gesellschaft. Das Buch in der Massenkultur,* Neuwied, Luchterhand, 1964.

Luhmann, N., *Soziologische Aufklärung,* 3 vols., Reinbek, Westdeutscher Verlag, 1974-1981-1982.

—, *Zweckbegriff und Systemrationalität,* Frankfurt am Main, Suhrkamp, 1973.

Luhmann, N., Habermas, J., *Theorie der Gesellschaft oder Sozialtechnologie,* Frankfurt am Main, Suhrkamp, 1971.

Lukács, G., *Gesamtausgabe,* 17 vols., Neuwied, Luchterhand.

—, *Schriften zur Literatursoziologie,* Neuwied - Berlín, Ullstein, 1970.

Mannheim, K., *Mensch und Gesellschaft im Zeitalter des Umbaus*, Darmstadt, Wissenschaftliche Buchgesellschaft, 1958.

Marcus, S., (ed.), *Poetics and Mathematics. Poetica 10*, (1974).

Martin, R. M., *Toward a Systematic Pragmatics*, Amsterdam, North Holland, 1959.

Mathematisch orientiert Textwissenschaft, con trabajos de B. Rieger, D. Wickmann, H. M. Dannhauer, H. D. Maas, M. Faust, *Zeitschrift für Literaturwissenschaft und Linguistik (LiLi) 2*, 8 (1972).

Mayoral, J. A. (ed.), *Estética de la recepción*, Madrid, Arco Libro, 1987.

Meggle, G., *Grundbegriffe der Kommunikation*, Berlín - Nueva York, Walter de Gruyter, 1981.

Moles, A. A., *Informationstheorie und ästhetische Wahrnehmung*, Colonia, DuMont Schauberg. Trad. alemana de *Théorie de l'information et perception esthétique*.

Mukařovský, J., *Studie z estetiky*, Praga, Odeon, 1966. Trad. alemana, *Kapitel aus der Ästhetik*, Frankfurt am Main, Suhrkamp, 1970.

—, *Kapitel aus der Poetik*, Frankfurt am Main, Suhrkamp, 1967.

—, *Studien zur strukturalistischen Ästhetik und Poetik. Mit einem Nachwort: Die strukturalistische Ästhetik und Poetik Jean Mukařovský*, Munich, Hanser, 1974.

—, *Escritos de Estética y Semiótica del Arte*, Barcelona, Gustavo Gili, 1977.

Müller-Hanpf, S., *Lyrik und Rezeption. Das Beispiel Günter Eich*, Munich, Hanser, 1972.

Müller-Seidel, W. (ed.), *Historizität in Sprach- und Literaturwissenschaft*, Beiträge und Berichte der Stuttgarter Germanistentagung, 1972, Munich, Fink, 1974.

Naumann, M., «Literatur und Leser», *Weimarer Beiträge 16* (1970), 4, págs. 92-116. También con el título «Literatur und Probleme ihrer Rezeption», P. U. Hohendahl (ed.), *Sozialgeschichte und Wirkungsästhetik*, págs. 215-237.

— (ed.), *Gesellschaft - Literatur - Lesen. Literaturrezeption in theoretischer Sicht*, Berlín - Weimar, Aufbau, 1973.

NIKOL (Grupo de trabajo) (ed.), *Angewandte Literaturwissenschaft*, 7 vols., Braunschweig - Wiesbaden, Vieweg, 1984.

Nietzsche, H., *Die Geburt der Tragödie aus dem Geiste der Musik*, Munich, Goldmann, 1984.

Okopién-Sławińska, A., «Die personalen Relationen in der literarischen Kommunikation», R. Fieguth (ed.), *Literarische Kommunikation*, páginas 127-147.

Oksaar, E., «Stilstatistik und Textanalyse», H. Backes (ed.), *Festschrift für H. Eggers zum 65. Geburtstag*, págs. 630-648.

Piraiinen, I. T., «Quantitative Vorgehensweisen in der automatischen Analyse der älteren deutschen Trivialliteratur», H. Schanze (ed.), *Literatur und Datenverarbeitung,* págs. 88-106.

Plett, H. F., *Textwissenschaft und Textanalyse. Semiotik, Linguistik, Rhetorik,* Heidelberg, Quelle und Meyer, 1975.

Popper, K., «Naturgesetze und theoretische Systeme», H. Albert (ed.), *Theorie und Realität,* Tübingen, Mohr, 1964.

—, «Die Logik der Sozialwissenschaften», *Kölner Zeitschrift für Soziologie und Sozialpsychologie 14* (1962), págs. 233-248.

—, «Normal science and its dangers», I. Lakatos, A. Musgrave (eds.), *Criticism and the Growth of knowledge,* págs. 51-58.

Probst, G. F., «Gattungsbegriff und Rezeptionsästhetik», *Colloquia Germanica 10* (1976-77), 1, págs. 1-14.

Raddatz, F. J. (ed.), *Marxismus und Literatur,* Hamburgo, Rowohlt, 1969.

Reese, W., *Literarische Rezeption,* Stuttgart, Metzler, 1980.

Reiss, H. (ed.), *Goethe und die Tradition,* Frankfurt am Main, Athenäum, 1972.

Rieser, R., Wienold, J., «Vorüberlegungen zu Rolle des Konzepts der Textverarbeitung beim Aufbau einer empirischen Sprachtheorie» (G. Wienold), «Textgrammatik, Textverarbeitung und das Problem der Gewinnung von Beobachtungsbegriffen» (H. Rieser). Coloquio ZIF «Die Rolle der Grammatik in der nichtautomatisierten und automatisierten Textverarbeitung», Bielefeld, 1974.

Saussure, F., *Cours de linguistique générale,* publicado por Charles Bally y Albert Sechehaye, Edición crítica de Tullio de Mauro, Payot, París, 1972.

Schalk, F., *Das Publikum im italienischen Humanismus,* Krefeld, Scherpe, 1955.

Schanze, H. (ed.), *Literatur und Datenverarbeitung,* Tübingen, Niemeyer, 1972.

Schleiermacher, F. D. E., *Werke,* 4 vols., Leipzig, 1910-13.

Schlieben-Lange, B., *Linguistische Pragmatik,* Stuttgart - Berlín - Colonia - Maguncia, Kohlhammer, 1975. Traducción española, *Pragmática lingüística,* Madrid, Gredos, 1987.

Schmidt, S. J., *Ästhetizität. Philosophische Beiträge zu einer Thorie des Ästhetischen,* Munich, Bayerischer Schulbuch Verlag, 1971.

—, (ed.), *Foundations of modern poetics, Poetics 7* (1973).

—, *Thexttheorie. Probleme einer Linguistik der Sprachkommunikation,* Munich, Fink, 1973.

—, *Literaturwissenschaft als argumentierende Wissenschaft,* Munich, Fink, 1975.

—, *Grundriss der empirischen Literaturwissenschaft,* vol. I: *Der gesellschaftliche Handlungsbereich Literatur,* vol. II: *Zur Rekonstruktion literaturwissenschaftlicher Fragestellungen in einer empirischen Theorie der Literatur,* Braunschweig, 1980 y 1982, Grupo NIKOL.

Schücking, L. L., *Die Soziologie der literarischen Geschmacksbildung,* Leipzig-Berlín, Teubner, 1931.

—, «Literaturgeschichte und Geschmacksgeschichte. Ein Versuch zu einer neuen Problemstellung», *Germanisch-Romanische Monatsschrift 5* (1913), págs. 561-577.

—, «Literarische Fehlurteile. Ein Beitrag zur Lehre vom Geschmacksträgertyp», *Deutsche Vierteljahrschrift für Literaturwissenschaft und Geistesgeschichte 10* (1932), págs. 371-386.

Searle, J. R., *Speech acts. An essay in the philosophy of language,* Cambridge, Cambridge University Press, 1969.

Seeba, H. C., «Wirkungsgeschichte der Wirkungsgeschichte. Zu den romantischen (F. Schlegel) Quellen einer neuen Disziplin», *Jahrbuch für internationale Germanistik III* (1971), 1, págs. 145-167.

Silbermann, A., «Kunst», R. König (ed.), *Das Fischer-Lexikon: Soziologie,* Frankfurt am Main, Fischer, 1958, págs. 156-166.

Sklovsky, V., *Theorie der Prosa,* Frankfurt am Main, Fischer, 1966.

Sneed, J. D., *The logical structure of mathematical physics,* Dordrecht, Reidel, 1971.

Sørensen, P. E., *Elementaer litteratursociologi. Et essay om litteratursociologiske grundproblemer,* Kongerslev, 1973. Trad. alemana, *Elementare Literatursoziologie. Ein Essay über literatursoziologische Grundprobleme,* Tübingen, Niemeyer, 1976.

Statistik, Textanalyse, ästhetische Wertung. Zeitschrift für Literaturwissenschaft und Linguistik (LiLi) 1 (1971), 4.

Stegmüller, W., *Probleme und Resultate der Wissenschaftstheorie und analytischen Philosophie.* Vol. I: *Wissenschaftliche Erklärung und Begründung.* Vol. II: *Theorie und Erfahrung,* Berlín - Heidelberg - Nueva York, Springer, 1973.

Steinmetz, H., «Rezeption und Interpretation. Versuch einer Abgrenzung», R. Labroisse (ed.), *Rezeption-Interpretation. Beiträge zur Methodendiskussion. Amsterdamer Beiträge zur neuren Germanistik 3,* páginas 37-81.

Stierle, K., «Was heisst Rezeption bei fiktionalen Texten?», *Poetica 7* (1975), 3-4, págs. 345-387.

Taylor, W. L., «Cloze procedure: a new tool for measuring readability», *Journalism Quarterly 30* (1953), págs. 415-433.

Tynjanov, T., *Die literarischen Kunstmittel und die Evolution in der Literatur,* Frankfurt am Main, Suhrkamp, 1967.

Tynjanov, T., Jakobson, T., «Probleme der Literatur- und Sprachforschung», *Kursbuch 5* (1966), págs. 74-76.

Vodička, F. V., *Die Struktur der literarischen Entwicklung,* Edición del equipo de investigación de lingüística y crítica literaria de la Universidad de Constanza, Introducción de J. Striedter, Munich, Fink, 1976.

—, «Die Rezeptionsgeschichte literarischer Werke», R. Warning (ed.), *Rezeptionsästhetik,* págs. 71-82.

Warneken, B. J., «Zu Hans Robert Jauss' Programm einer Rezeptionsästhetik», *Das Argument 14* (1972), 3/4, págs. 360-366. También en P. U. Hohendahl (ed.), *Sozialgeschichte und Wirkungsästhetik,* páginas 238-268.

Warning, R. (ed.), *Rezeptionsästhetik. Theorie und Praxis,* Munich, Fink, 1975.

—, «Rezeptionsästhetik als literaturwissenschaftliche Pragmatik», R. Warning (ed.), *Rezeptionsästhetik,* págs. 9-45.

Weber, H. D. (ed.), *Rezeptionsästhetik. Der Deutschunterricht* 29 (1977), 2.

Weimann, R., *Literaturgeschichte und Methodologie. Methodologische und historische Studien,* Berlín - Weimar, Aufbau, 1971.

—, «'Rezeptionsästhetik' und die Krise der 'Literaturgeschichte'», *Weimarer Beiträge 19* (1973) 8, págs. 5-33.

—, «Das Traditionsproblem und die Krise der Literaturgeschichte», R. Weimann (ed.), *Tradition in der Literaturgeschichte,* págs. 9-25.

— (ed.), *Tradition in der Literaturgeschichte,* Berlín, Akademie-Verlag, 1972.

Weinrich, H., «Für eine Literaturgeschichte des Lesers», *Merkur 21* (1967), págs. 1026-1038. También en H. Weinrich, *Literatur für Leser. Essays und Aufsätze zur Literaturwissenschaft,* Stuttgart - Berlín - Colonia - Maguncia, Kohlhammer, 1971. También en V. Žmegač (ed.), *Methoden der deutschen Literaturwissenschaft. Eine Dokumentation,* Frankfurt am Main, Athenäum, 1973. Trad. española, «Para una historia literaria del lector», H. U. Gumbrecht *et al.* (eds.), *La actual ciencia literaria alemana,* págs. 115-134.

Wellek, R., «Zur methodischen Aporie einer Rezeptionsgeschichte», R. Rosselleck, W. D. Stempel (eds.), *Geschichte: Ereignis und Erzählung,* Munich, Fink, 1973, págs. 515-517.

Wienold, G., *Semiotik der Literatur,* Frankfurt am Main, Athenäum, 1972.

—, «Textverarbeitung. Überlegungen zur Kategoriebildung in einer strukturellen Literaturgeschichte», *Zeitschrift für Literaturwissenschaft und Linguistik (LiLi) 1* (1971), págs. 59-89. También en P. U. Hohendahl (ed.), *Sozialgeschichte und Wirkungsästhetik,* págs. 97-134.

—, «Aufgaben der Textsortenspezifikation und Möglichkeiten der experimentellen Überprüfung», E. Gülich, W. Raible (eds.), *Textsorten: Differenzierungskriterien aus linguistischer Sicht,* págs. 144-160. También en H. Heuermann *et al.* (eds.), *Literarische Rezeption,* págs. 50-71.

—, «Experimental research on Literature: its need and appopriateness», S. J. Schmidt (ed.), *Foundations of modern poetics. Poetics 7 (1973),* págs. 77-85.

—, «Zur Rolle thematischer Analysen in der Erforschung der Kommunikation mit Hilfe von Texten», *Die thematische Struktur der Texte,* Coloquio ZIF, Bielefeld, 1973.

Wolff, R., *Strukturalismus und Assoziationspsychologie. Empirisch-pragmatische Literaturwissenschaft im Experiment Baudelaires 'Les Chats',* Tübingen, Niemeyer, 1977.

Wunberg, G., «Modell einer Rezeptionsanalyse kritischer Texte», G. Grimm (ed.), *Literatur und Leser,* págs. 119-133.

Wunderlich, D., «Pragmatik, Sprechsituation, Deixis», *Zeitschrift für Literaturwissenschaft und Linguistik (LiLi) 1* (1971), págs. 153-190.

— (ed.), *Linguistische Pragmatik,* Frankfurt am Main, Athenäum, 1972.

Zimmermann, B., *Literaturrezeption im historischen Prozess. Zur Theorie einer Rezeptionsgeschichte der Literatur,* Munich, Beck, 1977.

—, «Der Leser als Produzent: Zur Problematik der rezeptionsästhetischen Methode», *Zeitschrift für Literaturwissenschaft und Linguistik (LiLi) 4* (1974), 15, págs. 12-26.

Zobel, R., «Textverarbeitung und semantisches Differential. Hermeneutische Interpretationen auf dem Prüfstand eines empirischen Messinstrumentes?», N. Groeben (ed.), *Rezeption und Interpretation,* págs. 117-160.

ÍNDICE ONOMÁSTICO

ÍNDICE DE MATERIAS

ÍNDICE GENERAL

Parte II

TEORÍA Y ESTÉTICA DE LA RECEPCIÓN